阅读成就梦想……

Read to Achieve

未来的企业

中国企业高质量发展之道

符永康◎主编

姚毅婧 王全宝◎副主编

CORPORATIONS
OF THE FUTURE

中国人民大学出版社
·北京·

图书在版编目（ＣＩＰ）数据

未来的企业：中国企业高质量发展之道 / 符永康主编；姚毅婧，王全宝副主编. -- 北京：中国人民大学出版社，2022.10
ISBN 978-7-300-30987-3

Ⅰ．①未… Ⅱ．①符… ②姚… ③王… Ⅲ．①企业发展－研究－中国 Ⅳ．①F279.23

中国版本图书馆CIP数据核字(2022)第166618号

未来的企业：中国企业高质量发展之道

符永康　主编

姚毅婧　王全宝　副主编

Weilai de Qiye：Zhongguo Qiye Gaozhiliang Fazhan zhi Dao

出版发行	中国人民大学出版社	
社　址	北京中关村大街31号	**邮政编码**　100080
电　话	010-62511242（总编室）	010-62511770（质管部）
	010-82501766（邮购部）	010-62514148（门市部）
	010-62515195（发行公司）	010-62515275（盗版举报）
网　址	http://www.crup.com.cn	
经　销	新华书店	
印　刷	北京联兴盛业印刷股份有限公司	
规　格	170mm×230mm　16开本	**版　次**　2022年10月第1版
印　张	19.5　插页2	**印　次**　2022年10月第1次印刷
字　数	260 000	**定　价**　89.00元

版权所有　　侵权必究　　印装差错　　负责调换

编 委 会：李礼辉　王忠民　黄益平　张燕生　赵　萍　田　轩
　　　　　刘国恩　王晓红　滕　泰　孙　克　李晓华　丁俊发
　　　　　魏小安　王喜文　郭招金　盘和林　符永康　姚毅婧
　　　　　王全宝　陈艳红　罗　琨　孙庆阳

主　　编：符永康

副 主 编：姚毅婧　王全宝

编　　审：陈艳红　孙庆阳　宋亚芬

编　　辑：魏　薇　常　涛　闫淑鑫　薛宇飞　付玉梅　赵佳然
　　　　　高铂宁　张芷菡　马　静　李惠聪　林琬斯　张燕征

专家寄语

　　未来中国发展的基点、增量，需要高度重视高科技、数字化和碳中和。把握准了这三点以及"四个面向"，在"十四五"期间，中国企业一定能创造新的高度。

王　文

中国人民大学重阳金融研究院执行院长

　　在百年未有之大变局中，经济的全方位转型涉及科技变革、产业升级、数字基建、数实融合、现代服务业和消费体系重构等方方面面；先锋企业作为市场经济的创新者，在这一大变局中承担着摸索、导航和引领的独特责任。通过《未来的企业》书中的案例，读者可以快速了解这些宏大变化中的本土企业的代表性实践。

王志峰

中国经济体制改革研究会 ESG 与可持续金融专委会副主任

北京大学汇丰金融研究院学术委员会委员

　　数字化转型是企业发展的必由之路。企业通过数字化转型将数字技术整合到业务的所有领域，以优化运营的流程与模式，提升为客户创造价值的能力。

王建宙

中国移动原董事长兼总裁、中国上市公司协会原会长全球新一轮科技革命和产业变革的大潮方兴未艾，创新已经成为时代赋予每个行业、每家企业和每个人的使命。近年来，在中国社会经济发展的过程中涌现的创新层出不穷，从新技术、新产品、新服务、新业态到新模式，形成了一批具有创新引领作用的新企业，甚至是具有全球引领作用的独角兽企业。本书真实地记录了中国企业在创新过程中的奋力探索和实践，并从纷繁的实践中努力探寻创新背后的动因和本质。《未来的企业》这本书不仅有记录，也有经验总结和实践感悟，具有非常重要的思想性和创新性，可以成为更多企业开启创新之旅的"启明星"。

王　微

国务院发展研究中心市场经济研究所所长、研究员

"十四五"是宏观经济治理向纵深挺进、社会主义现代化强国建设的加速推进期，同时也是企业发展的重大机遇期。《未来的企业》这本书展示了"十四五"期间政府与市场互动，共同推动经济社会大发展的历史画卷。

白景明

中国财政科学研究院研究员、原副院长

读《未来的企业》你会知道，企业家就是敢于带领企业直面市场困难，勇于责任担当，创新求未来的人。风雨之后再见彩虹，通衢已筑就，只要信心在，希望就在。

朱宏任

中国企业联合会党委书记、常务副会长兼理事长

从数据成为第五大生产要素的角度来讲，数字经济的发展至今已有 35 年。数据仓库、数据挖掘、商务智能、大数据等新概念不断涌现、不断完善，最终归于数字经济，也终于走出了纯技术的范畴。但是，万变不离其宗，这一切的核心就在于通过技术手段对分散的数据进行有效整合，从数据中获取有用信息，再将这些信息转化为知识，用于决策，进而提升我们的创新能力、竞争力、生产效率和管理能

力。本书收集的案例都是对当今数字经济领域的先行者和成功者的经验总结。相信这些宝贵的经验对于数字经济的进一步发展和繁荣会起到积极的推动作用。

刘世平

中国科学院大学教授、金融科技研究中心主任、吉贝克公司董事长

创新，说到底就是把知识变成价值，而实现这一过程的场域只能是市场。让市场在资源配置中的决定性作用得以最大限度优化的则是企业家精神。中国的未来呼唤企业家精神！

刘亚东

南开大学新闻与传播学院院长、《科技日报》原总编辑

第四次工业革命与中国经济转型共生共融，是"十四五"发展的逻辑主线。

刘　刚

南开大学经济研究所副所长

全国统一大市场的建设，将为中国产业链的现代化奠定制度基础。在这种市场结构下，产业中往往存在若干相互激烈竞争的大型和特大型企业，它们就是在产业链治理中发挥主导作用的"链主"；其背后则是一大批纳入产业链治理体系的中小微专精特新企业。这些中小微企业处于产业链的上游，是链主的中间投入品供应商，具有专门的知识或技术诀窍，是产业链上的"隐形冠军"。

刘志彪

南京大学长江产业经济研究院院长、教授

《未来的企业》一书记录的一个个案例，代表着一个个企业未来的增长点；未来的企业，正是未来的期待。

刘尚希

中国财政科学研究院院长

中国经济面临转型升级，中国企业必须具备多元化发展战略，以适应国家日新月异的政策导向。新一代中国企业家正逐步走入一线、认知民生，《未来的企业》这本书是其难得的向导手册。

许维鸿

甬兴证券副总裁兼首席经济学家

案例注解轨迹，思想提示未来。

李礼辉

中国银行原行长、中国互联网金融协会区块链研究工作组组长

企业是国民经济的细胞。借助于科技力量与产业升级的未来企业将在数字经济的大潮中浴火重生。高质量的经济依赖于高质量的企业，而高质量发展的企业有赖于企业家这个创新群体的活力与激情。相信由中新经纬精心策划、中国人民大学出版社出版的《未来的企业》一书能使关心中国经济发展的国内外人士开卷有益。

李 康

湘财证券首席经济学家、中国证券业协会首席经济学家委员会主任委员

当今世界正处于百年未有之大变局，市场面临的挑战明显增多，但危机中也孕育着先机。《未来的企业》这本书全方位梳理与解析了未来具备重大发展潜力的产业赛道，论断高屋建瓴、案例鲜活翔实，对理解企业发展与寻找市场机遇具有前瞻性指引！

李 超

浙商证券首席经济学家

当前，推动经济高质量发展、构建现代产业新体系已成为我国直面增长挑战、寻找新动力的重要选择。经济发展方式的转变，要依靠高质量的企业主体来夯实

基础，承载产业结构转型与全要素生产率的提升，有效促进就业和服务于共同富裕。在数字化新时期，无论是从对传统产业的数字化改造中，还是在新兴的数字产业化浪潮中，都涌现出了大量的优秀企业。《未来的企业》这本书不仅提供了丰富的企业案例素材，并对这些素材进行了既高屋建瓴又深入浅出的全面剖析，相信会给各方读者带来良好的阅读收益。

杨　涛

中国社科院国家金融与发展实验室副主任

案例研究是中国商科教育的短板。《未来的企业》这本书围绕新经济领域的一批新锐企业，以案例的形式就其最新发展及未来几年的发展战略，进行了深入的分析研判。抽丝剥茧，以了解不同行业的龙头企业的发展脉络；见微知著，以一隅而知中国经济的全局。

张岸元

红杉中国首席经济学家、中信建投证券原首席经济学家

《未来的企业》一书指出，创新是企业的灵魂，是企业持续发展的原始动力，是企业实现自身价值并不断攀登的高峰与基本竞争战略。中国最擅长的是应用创新，要在这个前提下构建新发展格局，必须解决科技自立自强的问题。国家的创新体系，加上企业的创新能力，必将带来中国综合实力的提升。

陈文玲

中国国际经济交流中心总经济师

当前，中国经济的发展面临着需求收缩、供给冲击和预期转弱的三重压力，外部环境也日趋复杂严峻和充满不确定性，经济工作将以"稳字当头、稳中求进"为核心，加大对实体经济融资的支持力度，实现"精准滴灌"。那么，市场核心的驱动力有哪些新的变化，现代企业将迎来哪些新变革？总的来看，新老基建、数字经济、高端制造三大领域有望接力成为托底经济三大引擎，面向未来的企业也

将迎来更多新的挑战。《未来的企业》这本书通过分享最新的企业成长案例，把脉经济的发展动向，剖析一些成功的民族企业转变思维、迎难而上的经历，为后来者提供了很好的指引，非常值得企业家和投资者参阅。

陈雳

川财证券首席经济学家

企业是人类构建的共同体，是经济运行的细胞，嵌入时代又塑造了时代。伟大的时代催生伟大的企业，伟大的企业都有自己的价值观、使命和愿景，引导着时代的发展。高质量增长、大变局时代和数字世界都将深刻影响企业的外部环境和支撑条件，企业感受着时代脉搏并悄然发生转变。企业探寻着未来的变革方向，在当下有特别的价值。

陈道富

国务院发展研究中心金融研究所副所长

"稳字当头、稳中求进"是当前宏观政策的主旋律；"稳"是经济发展的下限，"进"是解决经济发展中的上限。精准把握政策方向，将给各类市场主体带来好处，有利于实现多方共赢。中国人民大学出版社出版的《未来的企业》一书开卷有益，定会助力企业憧憬未来、赢得未来。

宗良

中国银行研究院首席研究员、跨境金融50人论坛学术委员会秘书长

《未来的企业》大型系列报道和图书，以"百年未有之大变局"为背景，以"十四五"规划和2035年远景目标纲要为蓝图，站在未来看现在，放眼世界看自己，诠释成功的企业是如何坚持历史观、大局观，如何既服务全球又保持中国特色的。

赵庆祥

北京房地产中介行业协会秘书长

谁抓住产业变革的先机，谁就能抢占未来发展的制高点。《未来的企业》这本书精彩呈现的案例企业，已得赛道之先，必将辉映未来。

胡　敏

中央党校报刊社副社长

无论是专精特新，还是涅槃重生，企业都是"十四五"时期中国经济高质量发展的基石。

钟正生

平安证券首席经济学家

《未来的企业》这本书提供了丰富的案例，让我们看到了中国企业在过去取得的巨大成绩及其未来的巨大发展空间。对于想从企业层面了解中国未来技术发展前景的读者来说，本书具备很强的参考意义。

姚　洋

北京大学博雅特聘教授、北大国家发展研究院院长

在后疫情时代，企业该如何选择发展方向？中新经纬研究院的最新研究成果《未来的企业》通过鲜活的案例分析并回答了这个问题，可为企业家指点迷津、答疑解惑。敢问路在何方？我的回答是：路在眼前，就在你的脚下。开卷有益，特此推荐。

徐洪才

中国政策科学研究会经济政策委员会副主任

时代潮流，浩浩荡荡；企业发展，纲举目张。对于微观企业而言，顺势而为，始终是事半功倍的选择；对于宏观经济而言，见微知著，则是长期理性的保障。《未来的企业》是一本宏观与微观相结合的卓越著作，从一系列前沿宏观趋势着眼，从一连串重要行业龙头切入，描绘了"十四五"及更远的未来的中国经济高

质量发展的锦绣蓝图。一本书知天下事，未来的企业和企业的未来尽在于此。良心巨制，诚意推荐。

程　实

工银国际首席经济学家

实体经济是国家的本钱，是立国之本，而未来的实体经济将是与数字经济相结合的新实体经济。制造业企业应适应数字化、绿色化、服务化的大趋势，在保住"世界工厂"地位的同时，为争取"世界市场"和"创新高地"桂冠做贡献。

焦新望

中制智库理事长

"十四五"将展开的是一幅我国经济迈向高质量发展的壮阔画卷，创新引领下的数字化、智能化与绿色化异彩纷呈，将极大地改变我们的生产和生活。而这幅画卷的主人公，毫无疑问应该是那些勇立潮头的企业和企业家们！《未来的企业》这本书将展现给大家的，正是这幅画卷的一角。

鲁政委

兴业银行首席经济学家、华福证券首席经济学家

企业是市场经济的主体，技术是企业核心竞争力的源泉。在数字经济时代，只有以新技术、新业态、新模式为引领，企业才能更好地拥抱未来，推动中国经济高质量发展。

温　彬

中国民生银行首席研究员

以"青山"喻指市场主体，从"留得青山，赢得未来"到"青山常在，生机盎然"，是 2020 年和 2021 年连续两年出现在政府工作报告中的"金句"，围绕市场主体活力持续发力，已经在很大程度上成为未来 5 年、15 年乃至整个新发展阶段中国经济工作的主线。

市场主体安全之所以被置于如此重要的位置，有以下几点原因。

第一，市场主体是国民经济的细胞，在整个国民经济体系中居于基础环节。市场主体好，则国民经济好。市场主体兴，则国民经济才能兴。市场主体的发展和安全是经济的发展和安全的根本和起点，经济的发展和安全又系于市场主体的发展和安全之上。统筹经济发展和安全，首先要统筹好市场主体发展和安全。所谓"基础不牢，地动山摇"，讲的就是这个道理。

第二，"黑天鹅"也好，"灰犀牛"也罢，其所带来的各种风险挑战，市场主体往往首当其冲。每逢如新冠肺炎疫情全球大流行这样的严重灾难发生，市场主体经营困难、利润下滑甚至破产倒闭，都是我们首先要面对的风险。防范和化解风险，要从防范和化解市场主体风险做起。

第三，历史和现实的经验一再表明，在各种风险挑战面前，尤其是在极端情况下，保证经济正常运行和社会大局总体稳定的基本前提，是保住、稳住市场主体。只有"留得青山"，才能"赢得未来"。只有"青山常在"，才能"生机盎然"。倘若市场主体出了问题，经济运行和社会大局肯定会出问题。

可以观察到的一个基本事实是，自 2020 年以来，我国的经济工作始终是围绕"六保""六稳"展开的，2022 年已经进入"六保""六稳"的第三个年头。无论是"六保"还是"六稳"，都是建立在首先保住、稳住市场主体的基础之上的，都是以首先保住、稳住市场主体为优先政策选项的。

就"六保"而言，其间的逻辑关系在于，"后三保"较之"前三保"分量更重，要求无疑也更硬。在"前三保"中，保市场主体无疑又最为关键，系基础所在。这是因为只有保住了市场主体，才能保住居民就业。只有保住了居民就业，才能保住基本民生。只要保住了市场主体，保住了居民就业，保住了基本民生，也就保住了经济基本盘。以此为基础，才能保住粮食、能源安全，保住产业链、供应链稳定，保住基层运转。

就"六稳"而言，其间的逻辑关系在于，稳就业是排在第一位的优先选项，而稳就业的基础和前提又在于稳市场主体。这是因为只有稳住了市场主体，才能稳住就业。只要稳住了就业，也就稳住了基本民生，进而稳住经济基本盘。在此基础上，便可进一步稳住金融、稳住外贸、稳住外资、稳住投资、稳住预期。

事实上，近几年来，特别是 2020 年以来，我国的宏观政策配置，从总体上来说，其着力点和着重点是扎根在市场主体上的。直面市场主体需求，围绕市场主体精准实施财政政策、货币政策、就业政策，从根上"浇水施肥"，在我国正日益演化为一道宏观政策配置的全新景观。

减税降费便是一个十分突出的例子。不同于以往，疫情冲击之下的减税降费操作，是以市场主体为中心的，是围着市场主体而转的，是奔着为市场主体降成本目标而去的。这主要表现在：其一，在给谁减降税费问题上，锁定的主要是企业而非包括企业和自然人在内的一般意义上的纳税人，明确重点减降的是涉企税费而非涉自然人税费；其二，在减降什么税费问题上，锁定的主要是企业缴纳的流转性税费而非所得性税费，明确纳入减降范围的主要是发生在生产经营过程中的增值税、社保费而非利润分配环节的企业所得税；其三，在以什么方式减降税费问题上，锁定的主要是制度变革而非政策调整，明确减降适用的时间具有稳定性和长期性，而非阶段性、临时性。

如果把经济社会发展比喻为一棵参天大树，那么保市场主体就是保住经济社会发展根基。从某种意义上可以说，正是因为我们将疫情冲击之下的政策调整、制度变革的主要聚焦点放在了市场主体上，直接面向市场主体出台政策，围绕市场主体实施改革，夯实了市场主体这个支撑发展、应对经济运行困难的基础，我国经济社会的恢复才能走在全球前列。也只有继续以市场主体为中心，把宏观经济政策和深化改革的着力点扎根于市场主体，促进它们进一步恢复元气，进一步增强活力和内生动力，才能持续巩固经济恢复性增长态势，为经济可持续健康发展奠定坚实基础。

在进入新发展阶段的中国，市场主体的经济环境前所未有，市场主体的地位和作用前所未有。这些变化对于企业家而言，躲不开、绕不过，绝非可关注可不关注的一般性问题，而是必须关注、非关注不可的时代课题。只有站在新的历史起点上用心体会，深刻把握其间的趋势性变化，全面转换企业经营的理念、思想和战略，为企业发展找准发力点和着重点，才能走出一条契合新发展阶段中国经济发展规律的新路子。

中新经纬要编写一本以国家宏观政策和行业发展趋势为内核，同时透过企业实际发展案例反映经济政策发展方向的书籍，我认为这对于今天的企业界来说无疑是件好事情，在当前情况下也很有必要。

正是考虑到这一切，我应邀写下了这篇序言。

中国社会科学院副院长、中国社会科学院大学党委书记

目 录

第3章　新基建新趋势

第4章　飞跃的数字经济

第 5 章　现代服务业之道

第 6 章　消费的下一站

后　记 ／291

第 1 章

科技的力量

这是一个科技飞速发展的时代，新一轮科技革命正在孕育、兴起。有专家预测，生物技术将会成为继农业经济、工业经济、信息经济之后的第四个浪潮。因此，我们特别邀请了北京大学全球健康发展研究院院长刘国恩，就新冠肺炎疫情对医疗服务领域的长期影响进行重点论述。

当然，科技涵盖的范围非常广泛，包括信息与通信科技、生物科技、医药科技等。每个行业都可能成为未来中国占领世界科技高地的突破点。本章内容将通过各行业龙头企业的发展与探索一窥科技行业的进步与突破。

医疗服务与经济增长：新冠肺炎疫情带来的长期挑战

刘国恩

北京大学全球健康发展研究院院长

新冠肺炎疫情的流行病学特征

全球新冠肺炎疫情暴发已两年有余，尽管疫情仍在多国变异蔓延，但就其对感染患者的健康和生命影响程度而言，2021 年以来已大幅缓解，总体趋势持续向好。根据最新统计数据，截至 2021 年 12 月 7 日，全球累计新冠肺炎确诊病例约为 2.65 亿例，累计死亡病例约为 526 万例；累计新冠肺炎的病死率为 1.98%，其中绝大多数死亡病例为多发基础性疾病患者和高龄老人。为了更好地理解新冠肺炎致死率的高低，我们可以做个对比：2003 年的 SARS 的病死率为 9.6%，埃博拉病毒的病死率为 39.5%，季节性流感的病死率约为 0.1%。

有必要指出，不同于 SARS 等全球大流行病的显性症状特征，新冠肺炎疫情的特征之一是存在大量的无症状感染者，各国难以对感染者进行精准统计。另外，对于众多轻症患者，很多贫穷国家的检测手段落后，且申报系统不完善，进一步导致了对感染数据的低报。因此，考虑到新冠感染人群在全球范围内存在的严重低估问题，真实世界的新冠病死率应该比2%低不少，大概率是小于1%（Anthony et al.，2020）。

各国疫情防控效果的决定性因素

自新冠肺炎疫情暴发以来，世界各国对疫情的控制效果大不相同。就其决定性因素而言，除了新型冠状病毒的类型及其影响程度等在各国的自然分布差异之外，人类自身的决定性因素也起着重要作用：一是各国政府的领导力和行动力；二是各国民众因文化背景差异所表现出的配合程度。

在大多数亚洲国家，政府的严防措施与民众文化的风险理念具有更高的契合度。在中国，中央政府应对疫情的统一部署能够在全国上下得以快速、全面的贯彻，离不开两大关键条件的支撑：一是各级政府自上而下的紧密执行关系；二是广大民众对政府防控措施的高度遵从。中国有句古话："留得青山在，不怕没柴烧。"这样的文化背景，反映了人们普遍的生命至上的价值取向，表现为在应对威胁生命健康的重大风险时，人们能够大幅让渡个人空间的文化底色，为政府有效实施快速、严格的防疫措施奠定了强大的群众基础。

在大多数西方国家，各级政府之间以及政府与民众之间的执行关系则相对松散。更重要的是，民众生活的自我主导意识很强。西方有这样一句话："不自由，毋宁死。"这深刻反映了民众在自治与公共约束的权衡中明显偏好前者的价值观。在此背景下，政府若要推行快速、统一的干预措施，不仅难以在各级政府之间达成共识，而且即使政府方案能够通过，也未必能够克服来自公众的巨大阻力而顺利推行。

疫情防控措施的最优选择：要钱还是要命

根据经济学原理，任何选择都必然伴随相应的机会成本，"天下没有免费的午餐"。对抗疫措施的选择自然也不例外，政府采取的任何干预措施都对应着一定的机会成本。因此，在生命损失和收入损失之间必然存在取舍关系，即如果选择对生命健康风险最小的阻断措施，人们就得为阻断措施买单，付出更多的自由空间和经济活动代价。

麻省理工学院的经济学家德隆·阿西莫格鲁（Daron Acemoglu）在 2020 年明确指出，生命损失和收入损失之间存在反向曲线关系，即生命损失越小则收入损失越大，反之亦然。简言之，在抗疫措施的选择中，存在"要钱还是要命"的取舍关系。在此关系上，他强调：如果采取"一刀切"的措施，即不论对象的性别、种族、年龄、健康状况等个体差异，都执行"统一"干预，虽然简单易行，但生命损失和收入损失之间的反向曲线关系会更强，对应的机会成本也更高。

反之，如果通过科学手段识别具有不同风险的人群，进而采取因人而异的精准"靶向"防控措施，那么生命损失和收入损失的反向曲线关系就会减弱，每项抗疫措施的机会成本就会降低。比如，年龄就是非常突出的识别特征，各国数据都一致显示：新冠病毒的最大威胁人群是老年人，其住院和死亡风险几乎随年龄的增长呈指数递增。因此，如果能够根据人群风险实施精准防控，不仅能为高风险人群提供更好的医护条件和生活保障，还能大幅降低更多低风险人群所付出的代价，实现"革命生产两不误"。毋庸置疑，因人而异的精准措施肯定比"一刀切"的机会成本更低。当然，识别风险和推行"靶向"抗疫本身也有操作上的挑战和额外成本。总之，这一观点的核心思想是，防控措施的选择受经济学的机会成本约束，因此有必要思考抗疫方案的优化问题。对长期抗疫而言，因为涉及更大的机会成本，更有理由全面评估抗疫选项的生命与经济的成本效益关系。

另一种观点则认为，在抗疫措施的选择上，上述经济学的取舍关系可能难以成立。普林斯顿大学的诺贝尔经济学奖得主安格斯·迪顿（Angus Deaton）在其

2020 年的论文中坚称，抗疫方案并不一定是"要钱还是要命"的二选一问题，也存在"要钱也要命"的选项。他认为，通过严格、快速的疫情管控，短期内不但保住了更多的生命，从长期来看也能获得更多的财富。反之，如果前期放松疫情管控，也许经济活动所受影响暂时较小，但会增加疫情风险，不仅会增加短期的生命健康损失，还会影响长期的经济复苏。因此，生命损失和经济损失之间更是同向关系，而非反向关系。

上述两位学者都是世界顶尖的经济学家，代表着对同一重大问题截然不同的两类观点。基于各自的视角，这两类观点似乎都不无道理，难以从绝对意义上判断谁对谁错。由此可见，在人类该如何理性应对这场世纪之疫这一问题上，人们选择"最优方案"时面临的约束条件空前复杂，它不仅对包括经济学、流行病学在内的人类科学提出了新的挑战，也警示人类增加对影响其生存发展的自然力量的敬畏。

富国与穷国的疫情：直觉与现实不太一样

纵观人均收入水平由低到高的国家，新型冠状病毒呈现了令人好奇的特别分布。全球层面的感染数据显示，非洲地区的感染率最低，其次是亚洲地区，发达国家的感染率最高。这意味着，越富裕的国家感染程度越高，越贫穷的国家则越低，这个结果有违直觉。无论是在公共卫生设施、医疗服务技术，还是在民众的健康素养、国家治理能力，以及经济实力等几乎所有后天的发展条件方面，发达国家都优于贫穷国家。因此，除了政府作为、文化背景、社会经济等人为因素之外，自然力量的巨大影响也许能为解释上述反常的分布情况提供更多信息。

首先，新型冠状病毒的变异毒株在世界各地的分布并不相同，比如在印度等地首先发现的变异毒株德尔塔毒株目前就在欧美相当盛行。其次，不同种族的遗传基因及其免疫系统差异对同种入侵病毒的反应也有可能不同。最后是人口密度以及地理条件的影响差异。麻省理工学院的诺贝尔经济学奖得主本特·霍姆斯特罗姆（Bengt Holmström）2020 年指出，新型冠状病毒在紫外线的照射下特别脆弱，而南北半球的纬度差异和季节变化都会影响紫外线强度。不难看出，自然条件的差异也有可能成为影响国家间感染程度差异的重要变量。

近期，我们对 2020 年各国的感染数据进行了比较分析，其中考察了各国防控措施的严格指数对最终感染人数的影响。根据牛津大学发布的各国新冠肺炎防控严格指数（取值范围为 0~100），如果不考虑其他因素，各国构成的散点图趋势符合直觉判断，即防疫严格指数越高的国家，其每百万人的感染率就越低。基于相关数据库，我们还构建了防疫反应速度由慢到快的时间指数。该二元图示也表明，如果不考虑其他条件，政府采取防控措施的速度越快，新冠肺炎感染的程度也就越低。因此，从二维变量的关系图示看，严格的、反应快速的疫情防控措施无疑都对疫情防控产生了积极的影响。

与此同时，两个散点图示的分布也清楚表明，各国在散点图上的坐标并非完全拟合于一条直线。也就是说，在抗疫严格程度和反应速度相同的国家中，各国感染率仍然具有高度的异质性，这意味着人为干预外的自然因素也在同时发挥作用，交叉影响着各国的实际感染程度。因此，在人类抗疫的征程中，敬畏自然是必须要有的科学态度。

新冠肺炎疫情带来的长期挑战：加强资源配置的全局观

自新冠肺炎疫情暴发以来，人类对其认识仍有待深入，同时有两大启示值得关注。

第一，人类史无前例地在一年之内就研发出了新冠肺炎疫苗，说明人类的创新研发潜力不可低估。除了疫苗，有效的治疗性药物也在不断快速上市，有望发挥更大的作用。此外，不少非药物的防疫措施也成了人们日常生活的一部分，包括佩戴口罩、保持社交距离、洗手消毒等卫生习惯。其实，良好的卫生习惯不仅有利于长期防疫，也有助于降低其他公共传染性疾病的风险，特别是季节性流感。

第二，根据目前的数据看，新型冠状病毒与人类长期共存基本上是大概率事件。因此，从长远的角度看，合理配置医疗卫生资源更为必要。道理很简单，从长期来看，人类除了要应对新冠肺炎、流感等大型传染性疾病以外，还要继续面对非传染性的若干重大慢性疾病，包括心脑血管疾病、肿瘤、糖尿病、慢性阻塞性肺疾病（COPD，简称慢阻肺）等。事实上，就全球疾病负担而言，非传染性慢性病对人类健康的威胁更大。根据全球的汇总统计，从 2020 年年初到 2021 年 11 月底，新型冠状病毒平均每天导致全球 7500 多人死亡。与此同时，非传染性重大疾病仍在威胁着人类的生命，心脑血管疾病每天致死 4.8 万人以上，肿瘤为 2.6 万人，慢阻肺为 1.07 万人。

新冠肺炎疫情对经济增长的影响

新冠肺炎疫情危机与传统经济危机的异同

新冠肺炎疫情的暴发突如其来，全球各国均毫无预警和防备，各国经济在 2020 年遭到全面重创，几乎无一幸免。中国的经济表现一枝独秀，实现了 2.3% 的正增长。2021 年，几乎所有经济体都在前三季度实现了不同程度的正增长，尽管 2020 年全球经济大幅下滑，各国经济普遍在 2021 年实现了反弹。各国经济在遭受全面重创之后的第二年很快实现普遍复苏，是新冠肺炎疫情导致的经济危机的一大特征。

反观传统经济危机，无论是 20 世纪 30 年代的经济大萧条，还是 1998 年的亚洲金融危机或 2008 年的全球金融危机，都呈现出"冰冻三尺，非一日之寒"的特点，这在根本上源于市场供需结构失衡的内生性问题，并逐渐累积到最终的市场崩溃。大多数经济危机都与总需求不足有关，首先表现在始于某些行业的市场疲软，并逐渐蔓延到其他行业，最终危及全行业经济，甚至波及地区经济或全球市场。相应地，传统经济危机后的市场复苏也是一个相对缓慢的过程，其周期低谷往往跨度数年，呈现出所谓的"U"形复苏周期。

另外，传统经济危机发生后，面对总需求的疲软，市场的供给侧通常会尽力开工、维持生产，直到不得不减产、停业为止。新冠肺炎疫情导致的经济危机则不同，因为社会抗疫的客观要求，在市场需求侧突然大幅下降的同时，供给侧的经济活动几乎同步停摆，市场供需两端的这种"雪上加霜"的现象，在传统经济危机中不曾也不会出现。事实上，从美国的数据分析可知，疫情导致的供给侧的衰退比需求侧更为严重，而且几乎所有行业都未能幸免。

相对于传统经济危机，新冠肺炎危机的经济周期之所以"来、去"更快，其主要原因是新型冠状病毒与人类经济体本质上是"外生"关系，突击性的外生冲击不仅速度快，而且产生了全方位的影响。因此，经济复苏的周期在根本上取决于疫情得以控制的时间。以中国为例，疫情于 2019 年年底暴发，因为政府主导的统一、快速、强大的抗疫措施，疫情在 2020 年第一季度末基本得到管控，经济活动从二季度开始逐步恢复。虽然各国经济复苏的情况有所差异，但大多数经济体在 2019—2021 年都呈现出年度性"V"形经济复苏周期。中国经济表现更佳，几乎从 2020 年中就开始呈现出季度性"V"形复苏。

新冠肺炎疫情对医疗行业的影响

2003—2013 年，美国全行业就业指数几乎呈"顺周期"变化，在 2008 年金融危机发生前不断上升，2008 年之后就开始剧烈下降，直到金融危机过后才又逐渐恢复。但在同一时期，美国医疗卫生行业的就业指数却完全没受金融危机影响，呈线性上升的趋势。危机导致了其他行业停产、停工，但医疗卫生行业照常运转，人们在没有工作的时候可能有更多的时间去看病。新冠肺炎疫情则不然，医疗卫生行业并未像金融危机时那样躲过此次"劫难"。数据显示，美国居民用于医疗卫生项目的开支在 2020 年 3–6 月间同样遭受重创。

2020 年，哈佛大学经济学家哈吉·柴提（Raj Chetty）把市场需求分成三个部分，并进行了相关比较分析。他指出，在 2008 年金融危机中，耐用消费品需求受到的冲击最大，下跌幅度高达 58.6%。相对而言，新冠肺炎疫情对耐用消费品的需求的影响只有 19.5%。同样，2008 年的非耐用消费品需求下跌了 44.3%，而它在新冠肺炎疫情期间只下降了13.3%。然而，服务类需求在2008年金融危机中基本上没受到影响，而在新冠肺炎疫情中则下跌高达67.2%。换言之，2020年美国市场需求下行的决定性部分是服务消费。原因不难理解，服务业离不开人与人的密切接触，这导致它成了各国新冠肺炎疫情防控的首要控制目标，所以受新冠肺炎影响的市场"重灾区"必然集中在服务业。

新冠肺炎疫情对国内消费需求的影响

根据经济学原理，市场总需求包括投资、消费和出口三部分。2015—2020年，消费在总需求中所占的份额平均超过一半，其次是投资性需求。2020年一二季度的市场总需求下降很多，其中下降幅度最大的是消费部分（包括居民消费和政府消费），同时投资、出口性需求也都有所下降。

2020年二季度中国经济实现V形反弹，但总需求的回升主要源于各地短期增加的投资，消费需求并没有很快回升，直到第三季度后消费需求才转负为正。2020年，国家提出"双循环"增长模式，旨在继续促进对外出口的同时，加大国内市场的循环力度，从而更好地应对越来越复杂的国际市场需求变化。

加强国内市场的循环，自然离不开总需求的提升及其结构的优化。就投资所占的比重而言，目前投资在总需求中的占比已高达40%以上，而全球的平均水平一般在25%上下。从长期来看，这会导致投资回报过低的问题。"增量资本产出率"常被用于衡量投资回报水平，即生产单位GDP的投资增量成本。根据世界银行的研究数据，全球平均的增量资本产出率在3元左右，中国在2010年之前也基本保持在这个水平，但之后一路上升，近期已超过6元。因此，继续依靠投资拉动经济，尽管当期的GDP增长效果不错，但长期的增长代价会越来越高。

再看消费数据，2019—2020年G7（七国集团）国家的最终消费占总需求的比重都高于50%，美国更是接近70%，而中国目前还不到40%。不难看出，相对于大多数经济体，中国经济的消费需求明显偏低，同时投资比重明显偏高。凯恩斯曾说，消费是所有经济活动的唯一目的。事实上，国内外经济学家对此问题的共识程度相当高，即扩大消费内需应该成为促进中国经济增长的大方向，这不仅有利于优化需求结构，降低增长的投资代价，同时也有助于提升居民的获得感和社会整体福利。

医疗服务在 GDP 中的占比持续上升

有关居民消费增长的决定性因素，可以从两大方面进行分析：第一是决定居民消费能力的收入源泉；第二是居民消费结构的变化趋势。首先，如何提升居民的消费能力？一方面是增加创收机会，这主要取决于经济的增长；另一方面是改善收入分配结构。根据经济合作与发展组织（OECD）的统计数据，在每 100 元人均 GDP 的分配结构中，中国有 67 元是居民的可支配收入，美国更是高达 81 元。从横向比较，国家统计局公布的 2020 年中国人均 GDP 为 72 447 元，同年的居民可支配收入为 32 189 元，占比为 44%。换言之，在我们每 100 元的人均 GDP 中，居民可获得的可支配收入为 44 元。因此，相对于 OECD 国家的平均分配水平，中国 GDP 的居民可支配收入比重还有 20 个百分点的提升空间。这意味着，即便未来中国的经济增长速度可能逐渐减缓，我们的"工具箱"里还有可以应对的有效工具，包括通过进一步改革与完善国家的收入分配制度，提高居民的消费内需，以促进经济的持续增长和公平发展。

其次，我们考察居民消费结构。一个突出特征是随着收入的增加，人们的医疗保健支出比重也随之不断提高。根据国家统计局公布的 2015—2019 年的全国居民消费数据，在食品烟酒、居住、交通、教育文化、医疗、穿衣、生活用品及其他等八项开支中，尽管每项开支额都在随收入的增长而增加，但就比例而言，只有居住和医疗两项的比例在持续上升。需要指出的是，居住开支既有消费属性，也可能包涵投资属性。因此，除住房开支外，只有医疗保健开支的比重在持续上升。

以上数据的时间跨度也许较短，我们还考察了另一组时间跨度近 30 年的数据，得出的结论仍然一致。根据北京大学经济学院研究生陈雨露的研究论文（2021），中国居民在 1988—2018 年间的居民消费结构变化显示，在七大类消费中，医疗保健所占的比重是唯一在这 30 年里保持持续上升的项目。

宏观数据分析也得出了与上述微观数据一致的结论。1970 年，G7 国家的医疗卫生占 GDP 的比重为 5% 左右。在随后的 45 年里，所有 G7 国家的该项比重都在持续上升，目前平均在 10% 之上，其中美国的该项占比高达 18% 左右。这意味着，发达国家的医疗卫生增速超过了同期 GDP 的增速。

作为发展中国家，中国的增长情况也差不多。1978 年，中国的医疗卫生总费用占 GDP 的比重不到 3%。尽管起点很低，但其比重在之后的 40 年里持续上升，2020 年已经达到 7.12%，同样意味着医疗卫生增速高于同期的 GDP 增速。在经济学里，消费比重随收入的增长而递增的物品被称为"奢侈品"。基于各国的医疗服务长期稳定增长的奢侈品属性，有理由推测，医疗卫生服务业在未来宏观经济中的占比将持续走高。事实上，根据斯坦福大学的经济学家罗伯特·霍尔（Robert Hall）和查尔斯·琼斯（Charles Johns）2007 年的计量模型估算，到 2050 年，美国的医疗卫生占 GDP 的最优比重至少会上升到 30% 左右。应用同样的计算方法，北京大学国家发展研究院研究生苏瑞冰的研究（2021）显示，到 2050 年，中国的医疗卫生产业占 GDP 的比重将上升到 20% 左右。

医疗服务、劳动生产率与经济增长

鲍莫尔病

随着医疗服务在宏观经济中的比重持续上升，该行业的劳动密集型特征及其劳动生产率将如何影响未来的经济增长趋势呢？事实上，早在 1965 年，美国经济学家威廉·鲍莫尔（William Baumol）就在《美国经济评论》（*The American Economic Review*）上撰文指出：

宏观经济中各产业的劳动生产率增长并不平衡。总体来看，伴随着技术进步，对于人工劳动需求弹性大的行业，其自动化程度会随之提高，进而助推劳动生产率的提高，最终促使其行业的工资收入上涨、产品价格下降。相对而言，还有劳动密集型程度更高的行业，比如文化艺术、教育、医疗，劳动密集型服务是其生产的本质属性，技术进步对其生产方式的自动化影响更慢，因此，其劳动生产率的提高相对滞后。对于这些服务行业，尽管其劳动生产率的提高缓慢，只要人们的市场需求不减，服务者的平均工资收入与服务价格就会相应上涨，以提高供给，满足需求，并不断吸纳其他行业的转移劳动力。因此，长期而言，只要劳动密集型行业的规模不断扩大，全行业的劳动生产率就会趋于下行，从而形成制约经济增长的力量。

医疗行业的劳动生产率

对于医疗行业，就目前人类对医学的认知判断来看，临床人工服务要实现自动化的流水线作业替代还不太现实。从美国 20 世纪 90 年代以来的全要素生产率情况来看，医疗服务业的全要素生产率确实显著低于全行业的平均生产率。美国劳工部的统计数据显示，2000—2020 年，在主要商品和服务的价格指数当中，电视机的价格指数降幅最大，超过了 100%；与此同时，医院服务的价格指数增幅位居榜首，高达 200%。另外，国际货币基金组织（IMF）近期的工作论文发现，在 2014—2018 年美国医疗费用的持续增长中，医疗服务的价格上涨占了 3/4，而服务数量的增加只占了 1/4。

按照传统增长理论的观点，经济增长的根源在于技术创新。新技术的特征之一表现在越来越高的生产自动化、数字化和规模化，从而不断实现对传统人工作业的替代。然而，基于过去的常规观察，医疗服务业似乎缺乏技术替代人工的比较优势。尽管在上游的医药技术研发和要素生产市场（比如药品、材料、器械的生产制造），其生产率的确在随着自动化程度的提高而不断提高，但在下游市场的临床服务端，仍然需要大量医护人员提供个性化的咨询、诊断、治疗、康复、关怀等人工服务。

21 世纪以来，全球经济似乎正在经历由工业革命到信息革命的转型，步伐快慢有待观察，而新冠肺炎疫情的冲击也许会成为一个巨大的自然外力，从客观上推动人类在信息革命的道路上迈出一大步。特别是在医疗健康服务技术领域，为了应对新冠肺炎疫情对人类生命的威胁和对生活的干扰，在 700 多天的时间里，从科学家到普通居民，都在流行病学、生物医学、信息科学的认知方面获得了不同层次的空前进步。与此同时，各国的专业人士都在尝试各种大胆创新的招数，集中开展有关病毒检测、防控、治疗的技术研发，不少领域的创新步伐在过去是难以想象的。以疫苗为例，基于历史经验，没人能够想象人类可以在几个月内成功研发出病毒疫苗。然而，不可能居然成了可能，多种新冠肺炎疫苗在 2020 年底相继成功问世。

事实上，除了疫苗研发，其他远程诊疗、数字技术、人工智能等技术在医疗服务行业的研发应用，也因新冠肺炎疫情危机的倒逼，呈现出前所未有的倍增加速。根据麦肯锡公司 2021 年的调查报告，从 2020 年 2 月到 2021 年 2 月，美国的远程医疗服务增加了近 38 倍，2021 年的远程医疗投资收入则比 2020 年提高了 83%。从对远程医疗技术的市场调研看，消费者需求从 2019 年的 11% 大幅提升到 2021 年的 76%。另外，监管部门也与时俱进，大幅改进了支持 / 促进远程医疗服务的相关规定措施，美国医疗保险和医疗补助服务中心（CMS）批准 / 接受了高达 80 项的新增远程医疗项目。

关于经济增长的展望

在 2021 年 9 月 28 日的世界互联网大会·乌镇峰会上，刘鹤副总理指出："当前互联网发展跃升到全面渗透、跨界融合的新阶段，数字技术深度改造生产函数并不断创造新业态，为各国带来新的发展机遇。科技向善是人类命运共同体的内在要求，世界各国要共同维护基础设施的安全可靠，坚持科技伦理，打击网络不法行为，真正保护公平竞争和推动创新，合理界定数字产权，克服'鲍莫尔病'和'数字鸿沟'，实现包容性增长。"

凡事有利必有弊。英国前首相丘吉尔曾说："永远不要浪费一场危机。"新冠肺炎疫情对人类的突袭，以及人类做出的反应，似乎成了一场人类如何应对此类危机的真实大考。如果对新冠肺炎危机催生的"正能量"使用得当，就有可能显著降低甚至抵消医疗服务业受劳动密集型约束条件的负向影响，从而提高其全要素生产率，进而成为助推经济增长的积极因素。事实上，汉斯－赫尔穆特·科茨（Hans-Helmut Kotz）等人 2021 年的研究显示，为应对新冠肺炎疫情对各种创新的市场需求，欧美市场的供给响应力度空前，因此它所促进的技术创新生产率在各个行业都会普遍提高，而其中医疗技术的生产率将遥遥领先，其年均增长率可能高达 3%。

综上所述，一方面，新冠肺炎疫情无疑是百年来全球遭受的影响最大的世纪大流行病，疫情防控需要更加精准、科学，并做好应对新型冠状病毒周期性来临的长期准备。与此同时，各国需要进一步携手共进，只有更好地分享有关信息和科学技术，才能最终实现平安世界。另一方面，新冠肺炎疫情所产生的外生冲击力量，将如何持续推动人类创新的步伐，在包括数字技术、虚拟平台、远程医疗以及元宇宙等技术领域实现"创造性破坏"，提升劳动密集型服务业的劳动生产率，从而动摇服务业的鲍莫尔病对长期经济增长的约束，答案虽然见仁见智，但对于关键的一点估计不会有太多分歧，即创新源于新的思想，而它是成见和常规的"天敌"。因此，只要社会能够包容挑战成规的思想，就会催生创新的源泉，从而引领社会迈向技术创新的发展方向。

案例
||||||||||

华为：有质量地活下来

张燕征

2021 年，华为公司内部提到最多的一句话就是"有质量地活下来"。

如何有质量地活下来？2021 年 8 月，华为技术有限公司创始人、董事兼

CEO 任正非在华为中央研究院创新先锋座谈会上回答了这个问题："我们公司现在有两个漏斗：一是 2012 实验室基础理论研究，负责生产知识；二是开发队伍，负责把产品做出来，创造更多商业价值。立足于这个研发体系上，我们不仅要在 5G 上引领世界，更重要的是，我们要在一个扇形面上引领世界。"

从卖交换机到世界 50 强

早在 30 多年前，华为只是一家卖交换机的通信设备供应商。1987 年，任正非筹资 2.1 万元在深圳创立了华为公司，并靠代理香港某公司的程控交换机赚到了第一桶金。随着业务线的不断扩展，华为的产品和服务除了卖给运营商、政府、企业，其终端产品也开始进入千家万户。

如今再提到华为，不少人首先想到的是手机、笔记本、平板、鸿蒙系统等。实际上，这些只是华为的消费者业务，华为还从事着运营商业务和企业业务等，包括运营商网络、企业无线、华为云、数据存储、机器视觉等。

华为官网显示，公司是全球领先的 ICT（信息与通信）基础设施和智能终端提供商。截至 2020 年底，华为约有 19.7 万名员工，业务遍及 170 多个国家和地区，服务全球 30 多亿人口。另据全球知名财经杂志《财富》（*Fortune*）发布的 2021 年年度世界 500 强企业排行榜，华为的排名由 2020 年度的第 49 位上升到了第 44 位，第 2 次进入世界 50 强。

值得一提的是，作为一家科技企业，华为是世界 500 强中唯一一家没有上市的公司。从股权关系看，华为是一家 100% 由员工持有的民营企业。华为通过工会实行员工持股计划，参与人数有 12 万余人，参与人均为公司员工，没有任何政府部门、机构持有华为的股份。

要管理好如此庞大的一家公司，自然需要对应的组织架构和制度。据了解，华为董事会是公司战略、经营管理和客户满意度方面的最高责任机构，一共有 17 名董事会成员，由持股员工代表会选举产生并经股东会表决通过。其中，华为公司董事会及董事会常务委员会由轮值董事长主持，轮值董事长在当值期间是公司最高领袖，轮值期为六个月。

组建五大"军团"

实际上，自 2018 年以来，为了应对外部的打压和制裁，华为在战略、运营和财务等层面展开了一系列调整，不过仍难以避免遭受重大负面影响。2021 年 10 月 29 日，华为发布的 2021 年前三季度的业绩报告显示，前三季度华为实现销售收入 4558 亿元人民币，净利润率为 10.2%。其中，C 端业务受到较大影响，B 端业务表现稳定。

对此，华为轮值董事长郭平表示："我们将继续加强技术创新、研发投入和人才吸引，不断提升运营效率，我们有信心能够为客户和社会持续创造价值。"

华为轮值董事长徐直军在 2021 年中期业绩发布会上也曾表示："我们明确了公司未来五年的战略目标，即通过为客户及伙伴创造价值，活下来，有质量地活下来。"

不同于传统意义上的军事战争，要想在今天的商业战争中"活下来"，各方需要在技术创新的"战场"上大力投入。

任正非组建了五大"军团"以寻求"破壁"之法。2021 年 10 月 29 日，华为在松山湖园区（见图 1–1）举行军团组建成立大会，任正非以及董事长梁华、轮值董事长郭平、徐直军、胡厚崑，常务董事、终端 BG CEO、智能汽车解决方案 BU CEO 余承东，常务董事、运营商 BG 总裁丁耘等一众高管出席了大会。

他们分别为煤矿军团、智慧公路军团、海关和港口军团、智能光伏军团和数据中心能源军团授旗，并为来自这五个军团的 300 余名将士壮行。任正非在大会上表示，和平是打出来的，我们要用艰苦奋斗、英勇牺牲，打出一个未来 30 年的和平环境。

图 1–1　华为松山湖园区

图片来源：华为提供。

煤矿军团组建于 2021 年 4 月；2021 年 10 月 11 日，华为发文正式成立了另外四个军团。据了解，华为希望通过集结内部行业专家将各个业务的潜力最大限度地挖掘出来。目前，在组织架构上，军团是独立组织，由任正非亲自督导。

任正非称，通过军团作战，打破现有的组织边界，快速集结资源，穿插作战，提升效率，做深做透一个领域，对商业成功负责，为公司多产粮食。也就是说，在当前华为发展的关键时期，五个军团将担负起冲锋突围的重任。

研究 6G 是未雨绸缪

五大军团成立了，那华为内部的行业专家又将攻克哪些领域？2021 年 8 月，在华为中央研究院创新先锋座谈会上，任正非在与部分科学家、专家、实习生的讲话中，透露了他的想法。

会上，一位来自先进无线技术实验室的人员提出，6G 潜在研究和标准化有分裂的风险，并询问任正非对这方面是否有指导性意见和建议。任正非回应称，从现实的商业角度来看，华为要聚焦在 5G+AI 的行业应用上，要组成港口、机场、逆变器、数据中心能源、煤矿等军团，准备冲锋。

"那我们为什么还要拼命研究 6G 呢？科学，无尽的前沿。"任正非表示，每一代的无线通信都发展出了新的能力，4G 是数据能力，5G 是面向万物互联的能力，6G 会不会发挥出新的能力，会不会有无限的想象空间？"无线电波有两个作用：一是通信，二是探测。我们过去只用了通信能力，没有用探测感知能力，这也许是未来一个新的方向。"

在任正非看来，6G 未来的增长空间可能不只包括大带宽通信，也包括探测感知能力、通信感知一体化，这是一个比通信更大的场景，是一种新的网络能力，能更好地支持与扩展业务运营。"我们研究 6G 是未雨绸缪，抢占专利阵地，不要等到有一天 6G 真正有用的时候，我们因没有专利而受制于人。"

宏伟的长远目标要有，可眼下如何"活下去"也是一个问题。任正非表示，经过这次美国对中国科技脱钩的打击，以及新冠肺炎疫情的蔓延，我们会更加尊重知识分子，更加尊重科学。他指出，面对未来的基础研究，或许几十年、几百年以后，人们才会看到你做出的贡献。你的论文或许就像梵高的画，一百多年无人问津，但现在价值连城。

对于长期搞研究的人，我认为他们不需要担负产粮食的直接责任，他们只需做基础理论研究即可。任正非强调，如果一边研究一边担忧，患得患失是不行的，不同的道路有不同的评价机制。我们允许海思这些做研发的人继续去爬喜马拉雅山，我们大部分人在山下种土豆、放牧，把干粮源源不断地送给爬山的人，因为珠穆朗玛峰上种不了水稻，这就是公司的机制。

华为注重基础研发并不是一句空话，而是砸了数千亿元的"真金白银"的。华为官网显示，华为坚持每年将 10% 以上的销售收入投入研发。据披露，2020 年华为从事研究与开发的人员约有 10.5 万名，约占公司总人数的 53.4%；近 10 年华为累计投入的研发费用超过了 7200 亿元，其中 2020 年的研发费用支出为 1418.93 亿元，约占全年收入的 15.9%。

如今，华为是全球最大的专利持有企业之一。截至 2020 年底，华为在全球共持有有效授权专利 4 万余族（超过 10 万件），其中 90% 以上的专利为发明专利。

案例

‖‖‖‖‖‖‖‖‖

百度 Apollo：自动驾驶探路"商业化"

常涛

走过了技术验证"上半场"的自动驾驶正逐渐驶入落地商用的"下半场"。这意味着如何做好成本控制和运营优化变得越来越重要了。而对于百度等头部玩家来说，在日渐拥挤的赛道中，这是一场与时间赛跑的战斗。

三大商业模式

百度从 2013 年开始布局自动驾驶，2017 年推出了全球首个自动驾驶开放平台 Apollo（阿波罗）。目前，百度 Apollo 已经在自动驾驶、汽车智能化、智能交通三大领域拥有解决方案。

行业普遍认为，自动驾驶的发展有三个层面，分别是技术研发、道路测试，以及商业化。在技术研发层面，百度自动驾驶以 Apollo 为抓手。截至 2021 年底，百度 Apollo 拥有的全球生态合作伙伴共计 210 家，汇聚了全球 135 个国家的65 000 名开发者，拥有的开源代码达 70 万行。

在道路测试方面，根据百度提供的数据，Apollo 测试车队的规模已达 500 辆，获得专利 2900 件，测试总里程超过 1200 万千米。

此外，百度 Apollo 共获得测试牌照 278 张，其中载人测试牌照 218 张。百度Apollo Robotaxi 目前正在北京、长沙、沧州、美国加利福尼亚州四地进行开放道路无人化测试（见图 1-2）。

图 1-2　自动驾驶测试

图片来源：中新经纬提供。

2020 年 8 月，在百度 Apollo Robotaxi 自动驾驶出租车服务在湖南长沙全面开放四个月后，百度公司组织了一次媒体体验。自那次体验之后，媒体报道中讨论最多的是车速以及车辆运行是否平稳、是否安全等技术问题。

但自动驾驶仅仅具备技术和应用的可行性是远远不够的。业内人士坦言，中国智能驾驶产业的核心矛盾，已经开始从技术与行业应用的不成熟，转向商业化路径的破局问题。

在百度 2021 年一季度财报中，百度董事长兼 CEO 李彦宏首次明确了百度 Apollo 的三大商业模式，分别是为主机厂商提供 Apollo 自动驾驶技术解决方案、造车，以及共享无人车。

为主机厂商提供 Apollo 自动驾驶技术解决方案的目的是帮助车企快速搭建自动驾驶能力。百度预测，2021 年下半年 Apollo 智能驾驶将迎来量产高峰，每个月都会有一款新车上市，未来 3~5 年内预计前装量产搭载量将达到 100 万台。

在造车方面，则是端到端整合百度自动驾驶方面的创新。2021 年初，百度与吉利合作成立智能新能源汽车公司——集度汽车，并计划 5 年内投资 500 亿元，第一款车将于 2022 年在北京车展上亮相。

共享无人车方面近日也传出了新消息。目前，百度 Apollo 在沧州获得了中国首批自动驾驶示范运营资质，这是共享无人车服务商业化的重要里程碑。百度称，百度 Apollo 共享无人车已经在中国的 5 个城市开展服务，未来 3 年内，Apollo 计划在 30 个城市部署 3000 辆无人车，为 3000 万人提供服务。

从成本及运营的角度看，百度也在验证共享无人车的可能性。2021 年 6 月 17 日，百度 Apollo 和 ARCFOX 极狐共同发布了新一代量产共享无人车 Apollo Moon。作为一款可投入规模化运营的无人车，Apollo Moon 的成本仅为 48 万元，是行业 L4 级自动驾驶车型平均成本的 1/3。

业内人士指出，只有当成本足够低，甚至月均成本低于人类司机时，无人车的商业化落地才指日可待。百度称，按稳定运营 5 年计算，Apollo Moon 的月均成本为 8000 元，与雇用一位一线城市网约车司机的成本相当，加之自动驾驶车可以实现 24 小时运营，这意味着 Apollo Moon 在成本上已经具备了替代现有网约车的可能。李彦宏也在 Apollo Moon 相关新闻下留言表示，"必须要比打车便宜"。

自动驾驶的"下半场"

自动驾驶的"下半场"由商业化开启，但发挥基础作用甚至是决定作用的是自动驾驶发展的技术路线——车路协同。

2021 年 6 月 24 日，清华大学智能产业研究院（AIR）与百度 Apollo 发布的《面向自动驾驶的车路协同关键技术与展望》白皮书指出，目前自动驾驶存在单车智能自动驾驶和车路协同自动驾驶两种技术路线。车路协同是单车智能的高级发展形式，能让自动驾驶行车更安全、行驶范围更广泛、落地更经济。车路协同就像路灯，而单车智能就像车灯，在两者的协同作用下，自动驾驶规模化商业落地的门槛就能大大降低，加快单体智能向协同智能的转变。因此，自动驾驶的规模化落地一定需要车路协同。

百度集团资深副总裁、智能驾驶事业群总经理李震宇表示，在单车智能发展到一定阶段后，我们才愈发认识到 5G 和车路协同的重要作用。单车智能做得好是基础，5G、车路协同好比路灯，可以助力自动驾驶商业化大规模落地提前到来，这是我国现阶段得天独厚的优势。

李震宇认为，相比世界上很多其他国家，我国在基于 5G 通信的 V2X、智能信控等技术上已经领先，得益于此，规模化部署自动驾驶，以及解决自动驾驶和交通的融合问题变得没有那么困难了。因此，我国的自动驾驶商业化大规模落地，相比国外，也一定会提前到来。

这里提到的 V2X 是一种车对外界的信息交换技术，比如，自动驾驶汽车在经过一个十字路口时，红绿灯的信息能够被传输到车上，实时同步每个红绿灯的倒计时读秒。

此外，基于车路协同的预期功能还能提升自动驾驶的安全性。以往在极端天气、不利照明、物体遮挡等情况下，单车智能的感知与预测能力面临严峻挑战。而车路协同可弥补车端感知能力的不足，有效扩大单车智能的安全范围。

与时间赛跑

提前到来是哪一年到来？对于自动驾驶何时能迎来规模化商用，李彦宏曾给出一个时间点。

2020 年 9 月，李彦宏曾表示，在 5 年之内，自动驾驶技术一定会进入规模化的商用阶段，也就是不迟于 2025 年。

这是行业的普遍共识。《2020 智能汽车产业研究报告》也预测，自动驾驶出租车预计将在 2025 年到 2027 年间达到商用拐点。

对百度而言，时间还较为宽裕，但自动驾驶赛道上不只有百度一家。

目前，包括滴滴、小马智行、AutoX、文远知行等企业都在围绕如何降低成本以实现量产以及规模化运营方面进行布局。

在量产方面，AutoX 选择投资整车制造商艾康尼克，以此为主导并推进 L4 级自动驾驶量产车型的生产；小马智行则计划于 2023 年量产车规级自动驾驶系统；2021 年 4 月，上汽通用五菱与大疆合作，称双方的战略合作成果将率先应用于宝骏（BAOJUN）品牌车型，计划 2021 年年内实现量产上市；滴滴则通过先后联手比亚迪、广汽、埃安等车企在自动驾驶领域展开布局，目标是实现全自动驾驶新能源车的量产和规模化应用。

即使上述玩家对已早早布局的百度尚不构成威胁，但面对自动驾驶安全、立法等带来的挑战，百度还需要逐一应对。就好比眼下，虽然对共享无人车的运营可行性已经做了论证，但何时能拿到相关牌照并展开试运营，还需等待。

案例

‖‖‖‖‖‖‖‖‖

科大讯飞：人工智能 2.0 的新商业生态布局

赵佳然

2021 年是"十四五"规划的第一年。在这一年，科技创新被放到了前所未有的高度。"十四五"规划提出把科技自立自强作为国家发展的战略支撑，加快建设科技强国，并瞄准人工智能、量子信息等前沿领域，实施一批具有前瞻性、战略性的国家重大科技项目。

科大讯飞近年的发展，则见证了中国人工智能产业的变革与创新。

"未来人工智能的应用在于解决刚需问题，简单来说就是让这个社会更加个性化、高效率地服务于每个人的需求。在这些方向上，会出现很多个细分的场景与方向来留给人们去探索。"在谈及未来人工智能的发展时，科大讯飞总裁吴晓如说道。

2021 年，科大讯飞结束了轮值总裁制度，恢复了总裁制度。在 2014 年开始启动的轮值总裁制度中，三位联合创始人吴晓如、胡郁、陈涛轮流担任总裁；2021 年 2 月，吴晓如被正式聘任为公司总裁，负责公司常规经营管理工作。

在"十四五"规划开启的第一年，面对人工智能 2.0 时代的来临，吴晓如对人工智能产业以及科大讯飞的发展充满了期待。

2.0 阶段更强调应用落地

在 2021 年 7 月召开的世界人工智能大会上，科大讯飞展示了 AI 赋能城市、教育、医疗、工业等最新应用成果。吴晓如在会上指出，AI 新基建的"基"体现在三个方面：第一是做好技术底座，方便开发者开发出更好的应用；第二是人工智能要能够帮助行业解决一些问题，成为行业的一种基础性能力；第三，它不仅仅要给开发者使用，更应该给更多人带来生活中的便捷。

在业内看来，2021 年有可能成为人工智能技术规模化商用的元年。华安证券在研报中称，人工智能产业已经从技术探索走向了各行业的规模化落地，未来 AI 技术有望融入千行百业，成为无处不在的基础设施。华安证券称，看好全年人工智能产业的盈利过程，而具备专业领域数据积累和场景化落地能力的 AI 龙头企业或将迎来利好。

在吴晓如看来，人工智能已进入 2.0 阶段，相比 1.0 阶段，2.0 阶段更注重看得见、摸得着的 AI 技术应用案例，并且能够通过统计数据来证明应用成效，进行规模化推广。

"人工智能 1.0 时代强调的是核心技术上的突破，比如说科大讯飞突破了语音识别技术、自然语言处理技术并在认知智能技术方面取得了进步。而人工智能 2.0 时代更强调应用落地，以及思考如何在智能物联网时代构建新的商业生态。"吴晓如说。

秉承强调应用落地的原则，科大讯飞的技术革新也在产品中得以体现。

吴晓如介绍到，最近公司获得了两个技术类突破。其一是在新一届国际说话人角色分离比赛（DIHARD-3）上获得了冠军。这项技术可以让机器在复杂环境下辨别说话人的角色的能力得到进一步提升。目前，这一技术已经在讯飞的部分产品中投入使用，比如讯飞听见，你在采访完将录音上传至讯飞听见并选择机器转写后，就会收到一个区分了说话人角色的转写文本。

另一项突破则是科大讯飞联合中国科学技术大学陈恩红教授团队共同完成的项目——"面向智能教育的自适应学习关键技术与应用"。吴晓如称，该项目在大数据和人工智能方面取得的技术突破，有利于改变千人一面的教育现状，通过促进因材施教、优化教学模式，从而提高学生的学习效率。

在 2021 世界人工智能大会的"长三角产业智能"论坛上，吴晓如表示，机器不仅要能听会说，还要能理解和思考。人工智能的发展是一个已被广泛应用的研究结果，在未来二三十年里，很多工作会发生巨大变化。

以科大讯飞的语言识别技术为例，虽然机器语音同步识别已经达到较精准的水平，但在复杂环境下多人同时说话时，机器语音同步识别的错误率依然较高。不过，根据 CHiME-6 技术检测，科大讯飞语音识别的错误率已经从原来的 46%下降到 30%。展望未来，机器还可能将语言结构化，并完成阅读理解、总结归纳。

赋能多领域

新冠肺炎疫情可谓科大讯飞的"试金石"，人工智能在科学防控、医疗、智慧教育、社区服务等方面发挥了巨大作用。后疫情时代，人工智能也在各领域的应用中迎来了更多机会。

吴晓如介绍到，以智慧医疗领域为例，讯飞医疗坚持"用人工智能服务健康中国"，致力于将人工智能技术与医疗行业深度融合，打造人工智能＋医疗的新蓝海，推动健康医疗产业发展，助力国家医改政策的落实。通过构建智慧医院、智医助理、智联网医疗平台三大产品体系，提升医务人员的工作效率与服务能力，实现优质医疗资源的公平可及。

未来，人工智能全科医生将全面落地，赋能基层医疗体系。比如，为每个家庭提供个性化的"医疗助理"，对人们进行全面的健康管理；手术机器人可以非常精准地做微创手术，手术过程会越来越方便、安全；外骨骼机器人将走进人们的日常生活，各类运动辅助机器人可以帮助弱者变得更加强大。

疫情期间"停课不停学"的号召，使智慧教育的重要程度迅速提升，教育因此成为人工智能赋能的重要领域之一。吴晓如介绍道，科大讯飞构建了覆盖"教、学、考、评、管"的智慧教育产品体系，在教育教学模式创新，以及为学生、教师和各级教育管理者提供便捷服务上有所助益。目前，科大讯飞的智慧教育产品已在全国 3.8 万多所学校中应用。

对于人与人工智能的关系，科大讯飞数年前便已提出，"比人类更强大的不是人工智能，而是掌握了人工智能的人类"。

在吴晓如看来，人工智能可以将人类从一些简单、重复的劳动中解放出来，从而有更多的时间与精力来发展自己，去做更有创意、更有灵感、更有乐趣的工作。人工智能更像人类的一个助手、一个工具甚至一个朋友，协助我们快速高效地处理工作，解决生活中遇到的问题。早期的人工智能相关产品的学习成本可能会很高，大家也在努力去让新的产品更加适应我们人类，让我们可以更加高效地使用这种工具。

在人工智能技术的发展过程中，科大讯飞也看到了许多行业应用方向，应用于技术的改进形成了互哺，形成了相互迭代，从而实现双轮驱动。比如说，我这个技术越好，它提供的应用体验可能就越好，愿意用的人就越多；愿意用的人越多，它产生的场景中的数据也就越多，场景中的数据又会帮助人工智能实现在这些行业中更好地应用。

未来的人工智能要解决刚需问题

人工智能的发展潜力是巨大的。艾媒咨询的报告显示，2020 年人工智能行业核心产业的市场规模已超过 1500 亿元，预计在 2025 年将超过 4000 亿元；中国人工智能产业在各方的共同推动下进入爆发式增长阶段，市场发展潜力巨大，未来，中国有望发展为全球最大的人工智能市场。艾媒咨询的调查显示，八成受访企业表示对人工智能的重视程度较高，近六成企业表示未来会重点布局人工智能。

2021 年 2 月，科大讯飞董事长刘庆峰在 2021 年度计划总结大会上明确了科大讯飞在人工智能 2.0 时代的奋斗目标：十亿用户、千亿收入、万亿生态。他提出，要实现千亿收入带动万亿产业生态，科大讯飞的目标是成为中国人工智能产业的领导者；要成为用科技创新引领未来、用人工智能建设美好世界的公司。

吴晓如当时亦在现场讲话中提及科大讯飞战略聚焦的关键点。"要将集团级的战略产品线做大做强。提升系统性的创新能力并非一个单点创新，而是一个系统性的创新，只有系统性创新能力得到提升，科大讯飞才能够抓住更大的未来；同时，还应通过市场运营型的业务来建设城市根据地；通过不断深化应用场景，规模化地实现我们客户的价值。"

随着技术创新与产品实践的落地，利用人工智能建设美好世界在后疫情时代已变成全社会的共识。在未来，科大讯飞等人工智能企业更要着力于解决人们的刚需问题。

吴晓如表示，通过引入人工智能，数字化经济可实现链接和智能化；在出现规模效应之后，人工智能在数字化经济时代会有更大的发展空间。他认为，将技术研究更好地嫁接到工业经济中是企业的责任。

"如果一个基础研究在有了成果后，不能最终实现商业化，它就不能反哺这种技术研究，不能促进技术的迭代与升级。所以，影响人工智能技术发展的关键还是应用。由于人工智能产业的特性，它需要技术的快速进步、突破，能够不断地同技术研究领域形成互相的支撑和反哺。"吴晓如希望，基础研究和工业界之间的接口会更加高效。

"对于未来人工智能的应用，我们一直强调的是解决刚需问题，解决因材施教的问题，助力医疗资源均衡、高效学习与智慧办公等。简单来说，就是让这个社会更加个性化、高效率地服务于每个人的工作和生活需求、服务于企业高效管理的需求。比如，我们的企业数字化业务加快了企业的数字化转型升级等。这些方向上，会出现很多细分的场景与方向让人们去探索。"吴晓如说。

案例
||||||||||

汇医慧影：闯入高端医学影像业的一匹"黑马"

林琬斯

2014 年 11 月，斯坦福大学博士后柴象飞从硅谷回国创业。这次回国，他想留下，推动医疗影像 AI 落地，实现把"影像科变检验科"的愿望。

技术出身的柴象飞回国前曾在斯坦福大学癌症中心、荷兰癌症研究所和比利时鲁汶大学放射科等世界顶尖医学影像机构工作学习。早在 2011 年，柴象飞便发现，影像是医疗诊断的核心依据，但影像诊断的主观化程度较严重，很容易出现误诊。

"把依靠医生解析影像的中间过程自动化，降低误诊率、漏诊率刻不容缓，如果能在圣诞节拿到投资，我就回国创业！"彼时的柴象飞在心里盘算着。幸运的是，在 2015 年圣诞节前夕，他就拿到了水木易德 500 万元的天使轮投资。四个月后，慧影医疗科技（北京）有限公司（下称汇医慧影）在中关村东升科技园成立。

踩着"AI+"的巨浪，到 2021 年，汇医慧影已走过了六个年头，也是医疗人工智能行业最早成立的企业之一。然而，后续一系列问题向柴象飞袭来：如何招聘人才？如何破解数据化困局？商业化应如何落地？

AI 变革医学影像的效率和准确率

谈到 AI+ 医疗影像的发展，柴象飞十分兴奋。他表示，AI+ 医疗影像是中国第一次与欧美同步引领全球的新兴医疗技术。

柴象飞进一步解释，此次回国创业，不仅因为国内对 AI+ 医疗影像的需求大于国外，更因为我国对医疗资源的平衡需求更大。

"在中国，一家医院往往有几十台 CT 核磁设备，设备保有量大，拍片数量比国外多，"柴象飞强调，"中国医疗的民生属性强，公平性和普适性永远是第一诉求，但目前各地医疗水平不平衡，基层医生不多，在这个过程中一定要依赖科技手段来扩大产能。"

据了解，X 线成像设备是所有医疗机构（包括三级医院、二级医院、一级医院、社区卫生服务中心、乡镇卫生院和专科医院）必备的影像学检查设备。他认为，在精准医学中，有两大类决策依据：第一是检验类；第二是影像类。而在很多科室中，影像是诊断的核心依据，但恰恰影像诊断的主观化程度较严重，很容易出现误诊。

"由于诊断的不精准且工作量较大，漏诊率可以达到 20%~30%，最终导致诊断结果出现问题，各地患者带着片子找不同的医生来分析情况的现象很常见。"柴象飞解释道。

考虑到这些痛点，柴象飞认为，汇医慧影要做的就是在场景越来越复杂，工作量越来越大的情况下，将医生的经验和智慧汇聚到一起，通过人工智能、大数据与智能化模型，使影像诊断的整个流程更加智慧化，提高医生识别疾病类型与疾病的严重程度的精准性与效率，减少漏诊率。

依靠图像深度学习的核心技术和多项专利技术，柴象飞正带领团队加速推进新产品的研发与落地进程。基于云计算、大数据、人工智能技术，汇医慧影目前拥有三大产品体系，让医学影像数字化、移动化、智能化，形成了从筛查、诊断到治疗决策支持的闭环。形成闭环是汇医慧影最大的特点。

目前，汇医慧影的 AI 产品日调用率接近 80%，日均服务患者 10 万名。据介绍，汇医慧影已与中国医学科学院肿瘤医院、中山大学附属肿瘤医院、北京大学肿瘤医院等三甲医院合作，产品及服务已接入 1000 多家医院，其中顶级三甲医院超过 300 家。

斯坦福博士后与铁三角战队

柴象飞的搭档、汇医慧影创始人郭娜，本科和硕士均就读于清华大学，曾在美国华盛顿智库尼克松中心工作，也曾任中国电信北京公司政企客户部国际 IT、互联网行业销售总监。

在柴象飞看来，自己能够让技术回到临床，而郭娜则让临床回到商业价值，完成商业化落地的最后一千米。团队的两个支点已经建立，另一支点又该由谁撑起？

彼时，柴象飞的博士后导师——斯坦福大学终身教授、医学物理系主任邢磊（从事医学影像、肿瘤放射，以及生物信息方面的研究超过 20 年）一直希望将实验室的科研成果应用于临床。在柴象飞的邀请下，邢磊于 2017 年加入汇医慧影，担任首席科学家。

柴象飞直言，AI 医疗是相对较新的行业，目前更需要交叉型人才：在研发上需要 IT 技术和医疗技术的结合，在营销上需要新兴技术与传统医疗的结合，行业内现成的人才并不多。邢磊的加盟，使汇医慧影吸引了一大批人才。汇医慧影 60 多人的技术成员中，拥有医疗和人工智能结合背景的人才有 30 多位，他们构成了汇医慧影"梦之队"。

就在团队建成之时，"AI+"的巨浪裹挟着资本接踵而至。2015 年 5 月发布的《中国制造 2025》提出用 10 年时间，使我国迈入制造强国行列。2017 年 7 月，国务院发布了关于印发《新一代人工智能发展规划》的通知。

资本也早已闻风而动。2016 年 10 月，汇医慧影拿到了蓝驰创投的数千万元 A 轮融资；2017 年与 2018 年，汇医慧影又引进了鼎晖投资，分别拿到总额达数亿元的 B 轮、C 轮融资；2020 年，汇医慧影又引入具有国资背景、兼备深厚医疗资源的市场化投资基金，拿下了首钢基金、国药控股旗下基金国药君柏、坤健信泰的数亿元的 C2 轮融资，成为唯一一家同时获得 3 家全球 500 强企业投资的 AI 医疗企业。

如何破解数据化困局

就在一切稳步发展之时，新冠肺炎疫情的暴发让 CT 诊断再次成为大众关注的焦点。

"一开始大家并没有把医疗影像作为重要的诊断手段，后来医疗影像却成了重要的诊断依据。"柴象飞介绍说，在新冠肺炎疫情中，在核酸检测产能供应不足的情况下，胸片、CT 等影像学检查成了诊断新型肺炎的基础辅助性证据，影像检查及阅片需求倍增，影像医生面临超大工作负荷。

如何缓解中心医院诊治防疫工作的超负荷，成为各大医院面临的难题。为此，汇医慧影推出了新冠肺炎 AI 影像辅助诊断解决方案，针对不同类型肺炎的各种征象进行快速检测，同时强化新冠肺炎相似征象的检出。汇医慧影针对新型冠状病毒肺炎的影像学诊断，检出率和准确率高达 96%。

如今，汇医慧影的新冠肺炎 AI 辅助筛查系统已经进入全球 80 多个国家和地区的 200 多家当地头部医院，通过 AI 辅助 CT 识图、AI 辅助临床决策等全新模式，帮助多国医疗机构利用 AI 技术来弥补严重缺乏的人力和知识缺口。然而 AI 医疗领域中的汇医慧影，在数据落地上所花的时间却比预期的要长。

"任何产品的开发，数据都是重中之重。"柴象飞坦言，数据是人工智能最大的限制性因素，单算图像数据，一个医院就有几百个甚至上千个图像采集点，但实际上医院数据的不规范、不标准、不完整程度非常高，最终导致 90% 的数据都无法使用。"影像数据有多种格式：以什么方式存档、存档多长时间、数据如何标注、如何管理等，而医院并没有统一的规范。"柴象飞解释道。

据了解，数据是 AI 医疗影像的上游。柴象飞坦言，汇医慧影在独立研发的过程中缺少数据和场景，从开发、测试到使用，都需要医院的数据反馈协作，建模后再在硬件上运行，这也是汇医慧影的特殊之处；现在医院越来越重视数据的质量，希望把它变成资产，汇医慧影也在跟医院共同建构采集图像数据系统，真正实现医疗影像的人工智能化。

为此，汇医慧影与医院形成了创新孵化机制，为医生提供科研平台，将部分项目科研化；对于部分合适的科研成果，汇医慧影将其进一步产品化，在合作过程中产生创新性的产品迭代。

"现在，越来越多的医院都在强调科研成果的转化，不光要有科研论文，还要把这些科研成果向产品转化。对于医院来说，能够利用自己的数据做产品转化是最适合它的事情。"柴象飞表示。

提供更多临床化决策

如今，AI 医疗正站在从技术价值向商业价值跃进的节点上，据柴象飞介绍，目前中国有 20%~30% 的医院在使用汇医慧影的相关智能产品，其产品的非商业化使用率已超 50%。

从 AI 产品的设计逻辑线来看，汇医慧影主要围绕"病种＋病程"等维度展开，现已支持 DR 骨折、DR 肺结核、CT 肺炎等多款人工智能辅助筛查和诊断软件，另有 20 余项正在孵化中。

柴象飞透露，因为骨科类疾病与肺部疾病高度依赖图像，汇医慧影未来的研发与发展重点将围绕这两个方向展开。目前，汇医慧影已有产品获得国内唯一的 X 光骨折辅助诊断国家药品监督管理局（NMPA）医疗器械三类证等证书，从此，证书不再是限制医疗人工智能企业商业化的束缚。

困扰医疗人工智能企业最大的问题依然是支付问题。柴象飞透露，目前公立医院将 AI+ 医疗影像当成一个能力提升的系统软件，并没有对患者进行收费。

未来，柴象飞希望在独立收费的基础上，通过新技术减少由重复检查所产生的医保支出，并减少医保外流及重复检查导致的医保支出。"手术要不要放支架？放什么样的支架？希望下一步我们的智慧影像能够提供更多的临床化决策。"

案例

||||||||||||

爱尔眼科：打造世界级眼科医学中心

林琬斯　闫淑鑫

到 2022 年 1 月，爱尔眼科就 19 岁了。其市值已从上市之初的 70 亿元发展到如今的 2000 多亿元。有一段时间，公司市值曾出现大幅回落。

成年后，爱尔眼科将如何保持高质量增长？爱尔眼科创始人、董事长陈邦坦言："我们会用时间证明自身价值。"

从"院中院"到"分级连锁"模式

陈邦曾是一名眼疾患者。

1965 年，陈邦出生于湖南长沙的一个军人家庭。从小到大，他一直都把当兵作为自己的理想。中学毕业后的陈邦应征入伍，打算报考军校时却发现自己是红绿色盲。无奈之下，他去了一家国企工作。

彼时的陈邦年轻气盛，不甘于现状，发现了椰汁的商机后，便拿下海南椰树牌椰汁的代理权。随着饮料市场的竞争加剧，陈邦又转而投资房地产，很快成了亿元户。然而，1994 年，海南房地产泡沫破灭，陈邦投资的房产也受到了波及。陈邦身心疲惫，大病了一场，住进了长沙市第三医院。

彼时，陈邦躺在病床上，想起了自己做眼科治疗仪器租赁的邻居，觉得商业医疗可能是一个机会。

1997 年，陈邦倾尽 3 万元积蓄，以"院中院"形式，承包了长沙市第三医院的眼科科室，还从国外引进设备和技术，开展近视检查和常规近视手术。

"院中院"是指，在公立非营利性医疗机构中设立营利性医疗实体，或者承包医院科室并自负盈亏的经营模式。

在大部分"院中院"模式中，陈邦的眼科科室独树一帜，很快占据了一席之地。白内障手术和近视眼手术主要依赖仪器，很有市场，陈邦的眼科科室得以快速扩张。

后来，在"院中院"模式不可持续的背景下，陈邦成立了爱尔眼科，并在长沙、成都、武汉等地先后成立了四家医院。在摸清眼科连锁医院的路数后，爱尔眼科一步步拓展到上海、深圳等一线城市，以及各地级市等三线城市。

通过慢慢探索出"分级连锁"模式，推行"中心城市医院 – 省会城市医院 – 地级市医院 – 县级医院"连锁，爱尔眼科开始在全国迅速扩张。2009 年，爱尔眼科成功上市，成为"民营医院 IPO 第一股"。

爱尔眼科《2020 年度社会责任报告》显示，截至年底，全球共有 645 家爱尔眼科医疗机构，其中，中国内地 537 家（上市公司旗下 234 家，产业并购基金旗下 303 家）、中国香港 7 家、美国 1 家、欧洲 88 家、东南亚 12 家。

"公益"与"效益"双赢模式

"爱尔眼科成立了 18 年，对于百年企业来说，它还是个少年。现在我给爱尔眼科打 70 分，希望通过 5 到 10 年的发展能够打上 80 分。"对于爱尔眼科的综合表现，陈邦给出了这样的评价。

据爱尔眼科 2021 年中报，报告期内爱尔眼科实现营收 73.48 亿元，同比增长 76.47%，归属于上市公司股东的净利润达 11.16 亿元，同比增长 65.03%。从收入结构上看，屈光手术仍然为占比最大的板块，视光服务和白内障手术分别位列第二、第三。

其中，屈光手术同比增长 84.65%。这一增长一方面是由于在各医院的手术量快速增长的同时，高端手术占比进一步提升；另一方面也有爱尔眼科加大对各地级市、县级医院屈光科室的建设投入，满足地级市、县级患者的手术需求的原因。

在体现公司经营质量的扣非归母净利润[①]这一关键指标上，爱尔眼科 2021 年的一季报数据为 5.09 亿元，同比增长 1870.84%；2021 年的半年报数据为 12.27 亿元，同比增长 111.92%。

爱尔眼科称，上述成绩的取得离不开其利用其分级连锁、同城网络、国际化、"互联网＋眼健康"生态圈，为眼病患者提供医疗服务。

同时，爱尔眼科认为，业绩竞争力还在于实现经济效益和社会责任的和谐共生，要兼顾股东利益与医疗行业的公益性。

《爱尔眼科：2020 年度社会责任报告》显示，2020 年，爱尔眼科向社会捐赠逾 3.1 亿元，为数万名贫困眼疾患者提供了手术救助。同时，各地的爱尔眼科医院开展了眼健康教育活动，为 1000 多万人建立了眼健康档案。

爱尔眼科 2020 年的半年报显示，公司通过"交叉补贴"模式和高效的工作机制，为缺乏支付能力的贫困群体提供了公益慈善医疗服务。同时，公司充分利用移动互联网技术，改善了就医的便捷度和满意度。

据陈邦介绍，现在爱尔眼科的可持续性公益模式在不断完善，如交叉补贴模

---

① 指归属母公司所有者的扣除非经常性损益后的净利润。——编者注

式，把高毛利润业务赚来的钱补贴给贫困患者。但即便如此，要实现"无论贫穷、富裕都享有眼健康的权利"之路还很长，医疗服务水平、医疗质量还要进一步提高。"爱尔眼科在发展中还有很多不完美，未来还要在高质量发展上多多考量。"陈邦说。

发力全球市场

如今，爱尔眼科在打造"百年爱尔"的愿景下，开启了"新十年高质量发展"的新征程。

当被问及创业的心路历程时，陈邦表示："公司上市之前我们为生存而奋斗，上市至今我们为发展而奋斗，那么未来，我们将为愿景而奋斗。"

具体是什么样的愿景？陈邦期许："从生命周期上看，我希望爱尔眼科成为一家百年老店；从理想愿景上看，我希望所有人，无论贫富，都有享受眼睛健康的权利。"

这是爱尔眼科二次创业的初心。在陈邦看来，创业是一场漫长的马拉松，爱尔眼科只是抵达了第一阶段的目的地。公司会以创新、科技为驱动力，踏上第二段征程。而打造"百年爱尔"，人才、机制和资金三大要素缺一不可。

爱尔眼科也正在针对这三大要素进行布局。2021 年的一季报显示：2021 年 1 月，爱尔眼科首个国家级创新平台"博士后科研工作站"获批成立。2021 年的半年报显示：湖南省人力资源与社会保障厅为爱尔眼科"博士后科研工作站"正式授牌；同时，爱尔眼科启动了 2021 年博士后科研工作站的全球招聘工作，力求打通从本科到博士后的全链条人才培养孵化体系。

此外，爱尔眼科于 2021 年 3 月发布定增预案，拟募集资金不超过 36.50 亿元，用于对重点省会城市及直辖市龙头医院的新建及迁址扩建。

爱尔眼科不是为了做眼科而做眼科，为了做医疗而做医疗，其所做的一切都是为了服务于国家需要、社会需要和百姓需要。陈邦指出，放眼未来，要构建百年爱尔，必须全面开启高质量发展的新征程，其内涵是高水平的医疗技术、高标准的医疗服务和高效率的运营能力。

如何在下一个 10 年实现高质量发展？陈邦表示，希望未来能够实现三个主要目标。其一，在广度上，让医疗网络遍布城乡县域，使人们在家门口就能享受到高质量的、可及的眼科医疗服务，助力健康中国战略的实施；其二，在高度上，打造世界级眼科医学中心、国家及区域眼科医学中心和省域一流眼科医院，提高中国眼科的整体医疗能力，赶超世界先进水平；其三，在深度上，通过全球化布局和医、教、研、产、投协同战略，为推动人类眼科学和视觉科学的发展做出贡献。

参考文献

1. Acemoglu, D., Johnson, S. Disease and Development: The Effect of Life Expectancy on Economic Growth[J]. Journal of Political Economy, University of Chicago Press, 2006, 115(6): 925-985.

2. Baumol, J. Macroeconomics of Unbalanced Growth: The Anatomy of Urban Crisis[J]. The American Economic Review, 1967, 57(3): 415-426.

3. Chetty, R., Friedman, J., Hendren, N., et al. The Economic Impacts of Covid-19: Evidence from a New Public Database Built Using Private Sector Data[J]. Social Science Electronic Publishing.

4. Deaton, A., Schreyer, P. GDP, Wellbeing, and Health: Thoughts on the 2017 Round of the International Comparison Program[J]. Review of Income and Wealth, 2021.

5. De Cos, P. H., Moral-Benito, E.. Determinants of Health System Efficiency: Evidence from OECD Countries[J]. International Journal of Health Care Finance and Economics, 2014,14: 69-93.

6. Garber, A., Skinner, J. Is American Health Care Uniquely Inefficient?[J]. Journal of Economic Perspectives, 2008, 22: 27-50.

7. Greene, W. Distinguishing between Heterogeneity and Inefficiency: Stochastic Frontier Analysis of the World Health Organization's Panel Data on National Health Care Systems[J]. Health Economics 2004,13: 959-980.

8. Hall, R. E., Jones, C. I. The Value of Life and the Rise in Health Spending[J]. The Quarterly Journal of Economics, 2007, 122(1): 39-72.

9. Li Lin et al., U.S. Healthcare: A Story of Rising Market Power, Barriers to Entry, and Supply Constraints[J]. IMF Working Paper, July 2021.

10. McKinsey Survey Report, Telehealth: A Quarter Trillion-Dollar Post-COVID-19 Reality? 2021.

11. 陈雨露. 制造业中心对农村居民收入的区域辐射作用分析：1988-2018[D]. 北京大学，2021.

第 2 章

产业升级再出发

随着互联网的不断发展与渗透，各行各业都在面临转型升级。而在"双碳"目标的要求下，未来企业还将面临环保方面的转型。此外，"黑天鹅"——新冠病毒的不期而至，给全球经济的发展带来了阻碍，大大冲击了全球供应链和产业链，甚至可能影响各国未来的政策取向。

本章主要就新冠肺炎疫情对全球产业链、供应链的冲击以及数字经济时代制造业转型升级的需求展开论述，选择了格力电器、闪送、小米、新希望等各行业的典型案例进行剖析。

重新认识产业链供应链的过去、现在和未来

张燕生

中国国际经济交流中心研究员

"产业基础高级化、产业链现代化水平明显提高"，是"十四五"时期经济社会发展的目标和主要任务，也是实施制造强国战略的重要内容和部署。

推动制造业高质量发展，为什么要把提升产业链供应链的现代化水平和产业基础能力摆在如此重要的位置？实施制造强国战略，为什么要强调抓好关键核心技术攻关，强化国家战略科技力量，强化企业创新主体地位？未来，中国将面临主要大国在产业链供应链战略能力上的竞争和对中国的全方位打压阻遏，该如何破局？

改革开放后中国产业链供应链的发展历程和特点

2020 年是新中国历史上极不平凡的一年，以历史性消除绝对贫困为标志圆满收官。这是一个世界性的创举。改革开放推动了社会主义制度与市场经济体系的深度融合，有效解决了社会主义经济的效率问题，极大地解放和发展了社会生产力。

过去 40 多年，我们重点讲好了三个故事。一是市场经济的故事。在新中国成立后前 30 年，中国独立自主，自力更生，不依靠外援，建立起了门类完整的工业化体系。改革开放 40 多年来，中国积极参与全球化，推动体制机制与国际通行规则接轨，提升产业国际竞争力，充分发挥市场机制在资源配置中的作用（从基础性到决定性）。二是外向型经济的故事。工业化战略有两个不同的发展路径，一个是以东亚四小龙为代表的出口导向型工业化发展战略，另一个是以拉美模式为代表的进口替代型工业化发展战略。中国学习借鉴了东亚模式的合理内核，形成了中国特色的对外开放发展战略。三是工业化经济的故事。中国市场经济的第一桶金是通过积极参与国际大循环挖到的。1978 年 7 月，东莞与港商合作创办了全国第一家来料加工企业——太平手袋厂。同年 8 月，在佛山顺德，港商和内地又建立了大进制衣厂。这两家企业成为全国最早的"三来一补"（来料加工、来样加工、来件装配和补偿贸易）企业。星星之火，可以燎原。加工贸易这个小切口撬动了大国市场化、国际化、工业化发展的大格局。1993 年，我国加工贸易方式的出口额首次超过一般贸易；2009 年，一般贸易方式的出口额再次超过加工贸易。这个轮回推动中国经济和产业竞争力完成了脱胎换骨的转型。1990—2019 年的 30 年间，中国 GDP 占美国 GDP 的比重提升了 60 个百分点，同期的日本则下降了 30 个百分点。

用恩格尔系数（居民食物支出占消费总支出的比重）来看中国经济的变化。1978 年，中国的恩格尔系数约为 60%，满足老百姓的温饱是首要目标，产业的发展重点是轻纺工业，对此经济学家说"谁创新谁死"。到 2000 年，中国的恩格尔系数约为 40%，满足老百姓的住行成为首要目标，产业发展的重点转向重化工业和建筑业，对此经济学家又说"谁不创新谁死"。现在，中国的恩格尔系数下降到了 28.2%，满足老百姓对美好生活的需要成为首要目标，科技创新、生产性服务业、生活性服务业、公共性服务业快速发展，打造世界大脑成为新业态。

实施制造强国战略的时代要求

2021 年，中国开启了社会主义现代化建设新征程。十九届五中全会提出"三新"，即新发展阶段、新发展理念、新发展格局。新发展阶段的主题是推动高质量发展。新发展理念，即创新、协调、绿色、开放、共享。新发展格局首先确立了国内大循环的主体地位和主导作用，要依托强大的国内市场，贯通生产、分配、流通、消费各个环节；其次是形成国内国际双循环相互促进的发展格局，深耕东亚东南亚市场、深耕"一带一路"沿线国家、深耕美欧等第三方市场合作；最后是培育新形势下参与国际合作竞争的新优势，不搞赢者通吃、零和博弈、以强凌弱，与强者强强互补，与弱者互利共享，构建人类命运共同体。

中国的新优势是什么？我们要深入实施制造强国战略，关键在于人才、创新链、金融等高端服务。这对制造业实现从大到强的转变提出了新要求。过去在嵌入跨国公司国际工序分工体系时，我们的市场、技术和关键零部件大部分靠的是美欧生产网络。很多的关键零部件、关键元器件、关键材料、关键设备、关键人才、关键标准和管理，只要能够在国际市场上采购到，我们就很少下气力自主发展。长此以往，缺乏自主知识产权、自主品牌、自主营销渠道是必然结果。下一步要想做到自主可控、安全高效，就要夯实产业基础。具体到"十四五"而言，就是要实施产业基础再造工程，加快补齐我国在基础零部件及元器件、基础材料、基础工艺和产业技术基础等方面的短板。实施产业基础再造工程，要基于产业的国际竞争能力、自立自强的自我革命和全方位的国际合作。另外，推进产业技术的高级化，不仅仅是产业发展的需要，也是产业安全的需要。过去，即使国内有能力研发和制造，但因为在国外可以买到世界一流的设备、零部件和元器件，同时跨国公司也在进行技术设备倾销，使国内的研发能力、产业的基础能力很难发展起来。中美之间的战略竞争打破了我们的各种幻想。如 2020 年 5 月 23 日，美国商务部宣布将 33 家中国公司及机构列入"实体清单"，其中包括奇虎 360、云从科技、云天励飞、达闼科技、东方网力及其子公司深网视界等科技企业，以及北京计算机科学研究中心、哈尔滨工业大学、哈尔滨工程大学等高校及研究机构，复旦大学副教授朱杰进亦在列。可以预见，美国会将中国有可能进入到世界前列的高技术企业、有可能提供技术来源和创新支撑的研发机构以及技术服务机构列入实体清单，通过长臂管辖进行全面封杀。

要提升产业链供应链的现代化水平和产业基础能力，就要加快构建强大的现代产业体系。首先，要始终坚守实体经济这个坚实基础不动摇；其次，要把科技创新打造成第一动力；再次，要发展现代金融和多层次资本市场体系；最后，要努力提升人力资源大军。四位一体协同发力，才能够打造具有一流国际竞争力的现代产业体系。按照中国工程院发布的《2020 中国制造强国发展指数报告》[①]，美国的制造强国发展指数依然持续高于各国，处于第一阵列；中国、韩国、法国、英国处于第三阵列，中国居前。从 2012—2019 年各国制造强国发展指数的变化情况来看，增长最明显的是中国（+18.53）。中国的制造强国发展指数为 110.84，显著高于同一阵列居第二名的韩国（73.95）、第三名的法国（70.07）。和第二阵列的日本、德国相比，我们比日本低不到 7，比德国低 15。和第一阵列的美国相比，相差将近 60。这说明了一个非常值得重视的问题。从"十四五"时期开始，中国推动产业技术高级化，提升产业链供应链的现代化水平，进而达到第二阵列的水平只是"时间函数"。也就是说，只要沿着制造强国战略持续努力下去就能进入第二阵列。但要想进入第一阵列，就不仅仅是一个"时间函数"了，更有可能是一个"智慧函数"。而"智慧函数"主要体现在中国和美国对制造业战略能力的竞争上，首先是对一流人才和合格员工、职业经理人团队的竞争，也就是谁能够吸引到全球最优秀的各类人才。其次，要实现产业基础高级化和产业现代化，创新链

---

① 中国工程院. 中国制造强国发展指数 2020（附下载）. 2020-12-30. https://www.sohu.com/a/441605204_680938.

是至关重要的。包括打造世界一流大学、一流实验室和科研院所、一流的关键共性技术平台和开发试验研究院等。谁能通过要素创造获得这些高端要素，谁就能获得更快的发展。

此外，要打造制造强国，一定要建立现代金融和多层次的资本市场体系：为科学融资、为技术融资、为工程融资，为数学融资；培养为绿色融资、为实体融资、为普惠融资等综合融投资能力。此外，还要建立强大的生产性服务业体系，集聚人才密集型、知识密集型、创新密集型的都市圈、城市群和智慧社区。

提升产业链供应链现代化水平的优势与挑战

中国有哪些优势?

第一，中国有超大规模的市场潜力。构建以国内大循环为主体、国内国际双循环相互促进的新发展格局，是以扩大内需为战略基点的。推动国内统一大市场和区域一体化进程，将会持续提升人均可支配收入和居民消费占 GDP 的比例，可以预见，中国的消费将在不远的未来超过美国，成为世界第一大消费市场。

第二，中国有超大规模的高质量的新消费优势。瓦尔基基金会 2017 年发布的《Z 一代：全球公民资质调查——世界年轻人的所想所感》[1]报告显示，53% 的中国受访者认为世界在变得越来越好，是受调查国家中比例最高的。这说明中国的新生代年轻人在全球同龄新生代中最乐观，对未来最有信心。日本的很多新生代年轻人，没有结婚、发财、成功的欲望。美国的很多新生代年轻人，其前辈经历了科技泡沫、金融泡沫的破灭，金融危机浩劫及社会不公，家庭发展长期停滞，导致他们对未来没有信心。而中国的这批年轻人，生活在中国蒸蒸日上的年代，他们更追求个性、多样化、主观体验、虚幻。因此，为了满足他们对美好生活的需求，仅有"中国大脑"是不够的，还需要有"世界大脑"，需要有俄罗斯人、美国

---

[1]　中国年轻人对世界未来最乐观："勤奋就能出人头地". 2017-02-11. http://www.cankaoxiaoxi.com/china/20170211/1679385.shtml.

人、法国人等。

第三，中国将实施更加全方位的开放。对外开放的重点从高水平市场开放走向高标准制度型开放。从签署《区域全面经济伙伴关系协定》（RCEP）、正式申请加入《全面与进步跨太平洋伙伴关系协定》（CPTPP）、完成《中欧全面投资协定》（CAI）谈判，到中美英等 67 个国家达成服务贸易协议、中国申请加入《数字经济伙伴关系协定》（DEPA）、中美发布应对全球气候变化的《格拉斯哥联合宣言》，中国推动制度型开放的步伐在明显加快。

第四，中国拥有门类齐全的全产业链优势。中国的产业门类不仅比美国、德国、日本都更完整，而且产业的国际竞争力也在显著提升，这种新趋势随着时间的推移正越来越明显。这为中国下一步的绿色智能高效产业链供应链发展奠定了一个很好的基础。

当然，我们也面临着一些困难。

中国实现产业基础高级化和产业链现代化面临的最大问题就是缺乏关键技术。为此，2021 年 2 月，科技部基础研究司司长叶玉江表示，科技部将根据中央要求制定《基础研究十年行动方案（2021—2030）》，对未来十年我国基础研究的发展做出系统部署和安排。以十年磨一剑，甚至二十年、三十年磨一剑的精神去努力，中国在关键核心领域一定能实现重大突破。"十三五"期间，我国的基础研究经费增长了近一倍，2019 年达到 1336 亿元，占全社会研发支出的比重首次突破 6%，2020 年达到了 1467 亿元。科技部预计，"十四五"期间，我国投入的基础研究经费占研发经费投入的比重有望达到 8% 左右。当基础研究、应用基础研究这两个关键环节的能力提升以后，实现制造强国、质量强国和科技强国的目标就有了保障和支撑。

我认为，创新链的短板能不能得到有效弥补，未来巨额的科技创新经费支出能不能达到预期目标，全员劳动生产率增长的减速趋势能不能得到及时扭转，涉及的核心问题有以下三个。

- 激发科技创新活力的体制机制。
- 营造科技创新生态，即对全球科学家、工程师、企业家实行全方位开放的科技创新生态系统和环境。
- 构建一流的跨境创新网络。

这方面涉及五个困难。

第一个困难是如何把世界上顶级的科学家、工程师和企业家紧密地团结在我们身边，和我们共享创新发展。

第二个困难是如何让"95 后""00 后""10 后"的年轻人愿意从事实体经济，尤其是制造业。当前，我国的职业教育和培训体系的改革步伐明显加快，未来一些地区将形成 1：1 的人才格局，即建立一半的孩子学知识、进正规大学，一半的孩子学技能、进职业大学的双元教育体系，从而构建职业教育下包括中专、大专、本科、硕士、博士的多层次职业教育学习体系，满足合格员工不同层次的"干中学"和全方位的"学中干"的灵活性技能需要。另外，在观念上中国人不太重视职业教育，更愿意让孩子上正规大学，这种现象普遍存在。因此，要研究如何从文化上、心理上、薪酬上把实践和技能经验放在一个跟知识、科学相同的档次上。

第三个困难是打造世界大脑需要更高开放水平的国际化环境。所谓世界大脑，就是如何吸引、培养、留住中国最优秀的人才，如何吸引、培养、留住世界各个国家的优秀人才，让他们更容易、更愿意来中国工作和生活。

第四个困难是如何让我们的金融系统有能力把高储蓄优势转化成高效率投资优势。因为从制造业在全球市场的竞争来看，如果你的资金成本是最贵的，你就可能做不起资本密集型、技术密集型、知识密集型产业，你就可能做不出新产业、新业态、新模式，你的国际竞争力就会被严重削弱，就很难为科技创新融资。

第五个困难是提高产业链的现代化水平和产业基础能力是时间的函数、经验的函数，需要学习借鉴世界各国的先进经验。现在很多人还存在泡沫心理，总想挣快钱，不想挣本钱，更不想真正做百年老店。也就是说，我们的一些制造业企业常常经不住泡沫的诱惑。房地产热，很多企业就去搞房地产；资本经营热，很多企业就去搞资本经营，最后把本钱丢掉了，失去立身之本。

总之，中国制造业实现从大到强的转型和产业链现代化水平实现从低到高的转型，就相当于从游击队到正规军这种脱胎换骨的转型。对于许多企业而言，缺技术怎么办？缺人才怎么办？缺资金怎么办？缺品牌价值怎么办？缺营销渠道怎么办？缺转型的经验和能力怎么办？对于许多地方而言，没有国家重大科学装置、国家实验室和创新工程怎么办？没有一流大学、科研院所怎么办？没有财力构建基础共性技术平台怎么办？没有体制机制集成创新条件怎么办？没有区位优势、人才优势、产业优势怎么办？这就需要建立有效市场、有为政府、有爱社会，既要从本地的要素禀赋优势出发，因地制宜地发展特色优势产业，又要从要素创造优势出发，学会借全球之力、全国之力、全省之力、全市之力，开放、包容、共享，助推中国产业链从中低端走向高端和产业基础的高级化。

如何处理好产业链安全和全球开放的关系

现在，我国已经深度融入全球产业链、供应链、价值链中，该如何处理好产业链的发展与安全、开放与自立、改革与自强之间的关系，如何真正胸怀两个大局，做好自己的事情，如何助推新全球化前行、新贸易投资前行、新产业链供应链合作前行？

当前国际环境变化的一个最重要的本质特征是世界正经历百年未有之大变局。这里面有三个基本事实：一是全球化倒退、全球贸易投资减速、全球产业链供应链收缩，世界经济贸易持续增长的黄金时代结束了；二是全球宏观政策更加包容通胀和财政赤字，政策工具一轮一轮走向扩张，外溢效应形成一轮又一轮不可预见的冲击，全球严格反通胀的宏观政策时代结束了；三是全球数字竞争、双碳竞争、创新竞争，正导致价值观竞争普遍化、安全焦虑普遍化、国内矛盾对外转移普遍化，全球自由主义盛行的时代结束了。

过去40多年，全球产业链、供应链体系的形成发展有三个重要支柱。一是全球化。你的产业能够在全球布局，你的产品按照工序和环节分工被配置在全球不同的地方生产。世界越来越像是一个相互依存的"地球村"。因此，如果你的产业不能把握住全球化的世界经济增长黄金期，产业的国际竞争力就会受到削弱。二是新科技革命。IT 革命促进了通信技术和运输技术的进步，带来了综合物流革命和全球供应链管理网络，一个产品不仅可以在世界不同的地方生产，还能够通过发达的第三方物流体系做到零库存，及时供货。三是国际大三角分工体系。在这个国际分工体系中，美欧的生产网络为世界提供市场、技术、关键零部件；东亚的生产网络为世界提供劳动力和制造环节；中东和亚非拉为世界提供能源和资源。三个支柱之间的分工合作、协同互动，形成了互利共赢的全球生产体系。

新冠肺炎疫情后，这些支柱有何变化？第一个支柱——全球化，首先，全球化的三大动力（开放、市场化和创新）已转化成三个危机。第一个危机是由于全球化缺少缓解全球经济失衡的调节机制，最终走向了货币危机、金融危机、经济危机，从而导致全球化出现倒退。第二个危机是由于全球化缺少解决全球社会公平的调节机制，最终走向了社会危机，包括政治危机四起、民粹主义盛行、贸易保护主义抬头等。在这种情况下就出现了身份危机、社会危机和种族危机。第三个危机是由于全球化缺少解决地缘政治矛盾的调节机制，最终导致了大国冲突危机。第二个支柱——新科技革命，现在我们讲的 AI、大数据、云计算、工业互联网等，都是能够满足个性化需求和小批量定制的。从这个角度讲，产业链链条变短的同时，也变得更有弹性、韧性、灵活性。在此影响下，全球可能会出现一些新趋势，如全球经济重心东移，包括供需、创新、服务、资本、货币和金融合作东移等。其结果可能导致东亚的生产网络和生产方式发生转型。另一个新趋势就是全球都在强调产业链供应链安全，本国利益优先，从而导致产业链供应链也会越来越自立自强。还有一个全球新趋势是产业链供应链意识形态化和技术意识形态化等。

在新的趋势下，中国作为一个负责任的大国，要打造利益共同体、责任共同体、命运共同体。所谓利益共同体，就是中国今后产业基础的高级化、产业链的现代化、产业分工的复杂化，要建立在更高水平的结构互补的基础上。例如，萨缪尔森陷阱（Samuelson Trap）指中美之间在产业链上的战略冲突是不可避免的。但我们必须思考一个问题：我们的技术进步、产业进步、贸易进步，如何能够从战略上、全局上、长期上尽可能地不触动美国的核心产业利益，反之亦然，即中美形成强强互补型结构。这种平衡并不是中国不进步，而是中国的进步尽可能地同美国、欧洲、日本形成差异化发展和错位竞争。共建"一带一路"也是如此，我们不搞赢者通吃，而是要探索共享型发展模式。

产业链供应链的未来趋势是什么？首先，人工智能、工业互联网、大数据、机器人等，会使全球产业链、价值链、供应链变得更短，但更有弹性、韧性和有效性，更能够准确满足个性化需求。其次，新冠肺炎疫情以后，新一代信息技术、医药健康、人工智能等将成为市场成长性最好、发展最好的行业，将出现产业链的本地化、供应链的数字化、价值链的服务化等趋势。最后，"一带一路"沿线国家在产业链供应链上的合作将会成为新增长点和新的国际竞争力。

总之，供应链的浪漫时代过去了。一个通过布局全球的产业链做到零库存和及时供货的时代已经结束了。原因在于：第一，新冠肺炎疫情终结了相互依存的零库存模式；第二，全球化的倒退终结了全球产业布局模式，终结了供应链安全；第三，中美关于战略能力的竞争终结了供应链合作的旧模式。

企业如何围绕"十四五"规划布局未来

从企业角度来讲，首先，关于新发展阶段要深入学习、理解和把握。在新发展阶段要讲好三个故事：一是讲好科学的故事，即科学、技术、工程、数学及创新；二是讲好法治的故事，对企业来讲，就是要实现规则、规制、管理、标准的现代化，治理的现代化，合规的现代化；三是讲好共同富裕的故事，首先要推动高质量发展，做大新蛋糕，其次要推动社会公平，分好新蛋糕。共同富裕意味着未来中国不仅要追求效率，而且要注重公平，社会公平要求城乡差距、区域差距、社会差距不断缩小。对企业来讲，需要对这一阶段有一个非常清晰的判断，要确定新发展阶段的打法。

其次，企业要努力满足人民对美好生活的需要。这是我们下一步发展的根本目的。人民对美好生活的想法究竟是什么？我觉得这非常值得企业去研究。比如"50 后""60 后"现在进入了老龄化阶段，他们现在有老龄化的需求，防痴呆、防无助、防失能等，这可能会引发很多跟健康、养老、医药、旅游、休闲相关的新需求。这将成为企业未来发展的一个重要出发点。

最后，要以城市群、都市圈为依托，推动高质量发展。要把握住打造 15 分钟生活圈、30 分钟通勤圈、1 小时经济圈的商机，把握住城市群区域一体化、都市圈同城化的商机，把握住生产性、生活性和公共性服务业快速发展的新机遇。其中，要寻求确立经济效率、社会公平、绿色发展三个因素的均衡点，以满足人民对美好生活的需要为根本目的。

服务型制造：数字经济时代制造业转型升级的新机遇

李晓华

中国社会科学院工业经济研究所研究员

20 世纪 80 年代以来，随着产品复杂度的提高、客户个性化需求的增长，以及新一代信息技术的发展，在制造企业寻求差异化竞争优势、开拓新的市场空间和利润来源的目标的推动下，为了满足客户高层次的服务需求，越来越多的制造企业开始在实物产品的基础上向客户提供各种增值服务，提供服务的能力成为决定制造企业竞争力和盈利能力的重要因素。当前兴起的新一轮科技革命和产业变革，特别是数字技术的成熟和广泛渗透、融合，进一步拓展了服务型制造的空间。制造业的服务化成为制造业发展的新趋势，也是我国制造业转型升级的重要方向。

服务型制造的内涵与特征

尽管制造业提供服务活动已经有很长的历史，但其成为较为普遍的现象大约开始于 20 世纪 80 年代，对于制造业服务化或服务型制造的研究也从这个阶段开始。

1. 服务型制造的内涵

国外学者大多用服务化、产品服务系统等概念来描述制造企业提供越来越多的增值服务的现象。范德梅韦（Vandermerwe）和拉达（Rada）在 1988 年将服务化概括为"制造企业由仅仅提供物品（或包括附加服务）向提供物品和服务所构成的'产品–服务包'转变的过程"，完整的"包"（bundles）包括物品、服务、支持、自我服务和知识等，并且服务在这个"包"中居于主导地位，是增加值的主要来源。怀特（White）认为，服务化是制造商由物品提供者向服务提供者的角色转变。古德科普（Goedkoop）等人 1999 年提出了"产品服务系统"的概念，认为产品服务系统是一个包含产品、服务、网络、支持设施的系统，能够保持竞争力、满足客户的需求并且比传统的商业模式有较低的环境影响。服务型制造的概念由孙林岩等学者于 2007 年在国内最早提出，他们认为"服务型制造是为了实现制造价值链中各利益相关者的价值增值，通过产品和服务的融合、客户全程参与、企业相互提供生产性服务和服务性生产，实现分散化制造资源的整合和各自核心竞争力的高度协同，达到高效创新的一种制造模式"。在我国的政策体系中，"服务型制造"的概念也更为常见。

从价值链的视角可以更加清楚地了解服务型制造的内涵。一家典型的制造企业的经营活动除了包括加工制造外，也包括研发、设计、物流、分销、安装、维修等服务性质的活动，这些活动构成了价值增值的链条。可以看出，制造业本身就包含服务活动。那么，是否所有在制造企业内部发生的服务活动都可以称为服务型制造呢？贝恩斯和莱特福德 2017 年将制造企业提供的服务活动划分为三种类型（见图 2-1）。第一类，基本服务：聚焦于产品的提供，它建立在对生产能力运用的基础之上（例如，我们知道如何制造产品），包括产品 / 设备的提供、备用零

件的提供、质保等。第二类，中等服务：聚焦于产品状态的保持，它建立在将生
产能力应用于产品状态的保持之上（例如，因为我们知道如何制造产品，我们就
知道如何维修它），包括预定的保养、技术求助台、维修、彻底检修、运送到目的
地、安装、操作员培训、操作员认证、状况监测、实地服务等。第三类，高级服
务：聚焦于通过产品性能展现的服务，它建立在将生产能力转变为管理产品性能
的能力之上（例如，因为我们知道如何生产产品，我们就知道如何使产品保持运
转），使产品最大限度地发挥其使用价值甚至增加新的价值，包括客户支持协议、
风险和报酬分享合同。从基本服务到高级服务，企业的预期产出也从简单地提供
产品转向提供一种能力，从支持产品的服务转向支持客户的服务。至此，我们可
以给服务型制造下一个定义：服务型制造是制造与服务融合共生发展出的新型产
业形态，制造企业通过优化和创新生产组织形式、运营管理方式和商业模式，由
加工制造环节向价值链两端的服务型环节延伸或加强服务型环节，不断增加服务
要素在投入和产出中的比重，从而实现以加工组装为主向的"制造＋服务"转型，
从单纯出售产品向出售"产品＋服务"转变，在提高产品带给用户的附加价值的
同时，实现市场竞争力和盈利能力的提高。

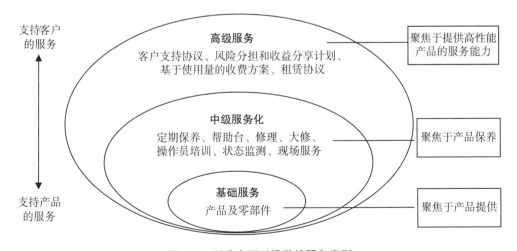

图 2-1　制造商可以提供的服务类型

资料来源：贝恩斯、莱特福德（2017）。

从贝恩斯和莱特福德对制造企业所开展的服务活动的划分中，可以提取服务型制造的四个核心要件。第一，服务型制造的主体是制造企业，不是服务业等其他行业的企业。制造业是对农副产品、采掘品进行加工和再加工的行业。第二，制造企业提供服务的对象是用户，而不是它的供应商、服务商。第三，制造企业所提供的是高附加值的增值服务，而不是简单的、基础性的服务。第四，制造企业提供的服务是基于自家产品的，而不是在其他制造企业的产品之上开发增值服务。据此可以列出一个服务型制造的构成等式：服务型制造＝制造企业＋面向用户＋基于（制造商自家）产品＋增值服务。这四个要件是服务型制造成立的必要条件，如果这四个要件不能同时满足，就不是服务型制造。

2. 对服务型制造的广义理解

在实际经济生活中，常常不存在服务型制造的清晰标准或界限。如果基于产品的高级服务不是由制造企业的相应部门、分公司提供，而是由它的子公司提供，这是否算是服务型制造？如果这些高级服务是由它的供应商、分销商或其他产业链的上下游企业提供呢？例如，2010 年，戴姆勒集团推出 car2go 共享汽车服务，2011 年宝马汽车推出 DriveNow 共享汽车服务，在这项新业务上，奔驰和宝马不靠销售汽车获得收入，而是依靠附加于自己所生产的车辆之上的租赁服务获得收入，这显然属于前文所说的服务型制造。但是目前具有更大影响力的、独立依托于互联网平台开展业务的汽车分时租赁公司，自己并不制造汽车，但是提供与奔驰、宝马几乎一样的共享汽车服务，这是不是服务型制造呢？

从产业层面看，无论是制造企业本身提供更多的基于制造产品的高级服务，还是专业化的服务企业提供的基于制造产品的高级服务，由制造产品延伸、衍生出的服务的总量和基于服务的销售收入都会增加；因此从产业层面看，制造业也呈现出"服务化"的趋势。为了区别于前文所说的服务型制造，我们把它称为广义的服务型制造。

广义的服务型制造是制造业与服务业两个行业之间重合的部分。从形成方式看，它既可以是制造企业向服务环节延伸，提供更多的服务内容，也可以是服务企业向制造业延伸，开发 / 生产 / 制造产品（见图 2–2）。对于后者，近年来美国出现了一轮新智能硬件革命并影响到了我国，一些传统的互联网企业开始向上游延伸，开发生产能够与自身的互联网业务形成战略协同的硬件产品，如亚马逊做 Kindle 电纸书、智能音箱；谷歌做手机、自动驾驶汽车；Facebook 做 VR 眼镜；微软做 Surface 平板电脑；百度积极进入自动驾驶汽车领域。

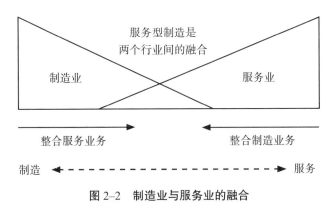

图 2–2 制造业与服务业的融合

资料来源：贝恩斯、莱特福德（2017）。

由于服务型制造是"制造 + 服务"的组合，是制造业与服务业的融合，因此在实践中越来越难以区分服务型制造中的制造与服务。在行业层面，制造与服务难以区分：从行业统计的角度看，如果基于产品的服务活动是发生在制造企业之中的，则计为制造业的增加值；如果这些服务性质的活动从制造企业独立出来或者由专业化的服务企业（如设计公司、营销公司等）来提供，就计为服务业的产出。服务活动和制造活动对于完成工业产品的生产及其价值实现都是不可或缺的，只是由于国民经济统计的需要，才把制造活动与服务活动分割开来。从企业内部来看，制造与服务难以单独准确统计。在推动服务型制造发展的过程中，一些企业将服务作为促进实物产品销售的手段，并不直接从服务中获得收入。例如，智能手环可以为用户提供健身、睡眠等统计数据和建议，但是由于这些服务都是免费的，无法准确统计服务为企业创造的价值。还有一些生产实物产品的企业采取买服务送产品的模式，例如，一些航空发动机公司由销售发动机转变为销售保证发动机正常运行的时间。在这种情况下，企业的收入全部来源于服务活动，很难区分制造为企业创造了多少价值。

3. 服务型制造的普遍性

有一种观点认为，服务型制造只是少数高端产业中的行业领先企业的事情，大部分产业没有发展服务型制造的条件，大多数企业也没有必要发展服务型制造。实际上，无论是从理论层面还是从实践层面来看，服务型制造在几乎任何一个产业、任何一家企业中都大有可为。在许多情况下，无论是个人还是企业所需要的并不是产品本身，而是产品所能提供的功能或使用价值（效用）。因此，管理大师彼得·德鲁克指出，客户购买和考虑的价值，并不是产品本身，而是产品能带来的效用。例如，用户购买电钻，是为了打出符合规格的孔；购买电视机是为了收看视频节目；购买汽车是为了实现商品、货物和人的空间位置移动；购买机器是为了加工生产出各种产品。企业销售产品，个人用户或企业用户购买产品，实际上是买卖双方之间物品所有权的转移。用户所需要的不是产品而是产品所提供的功能，这就意味着，所有权属于谁与其对于用户效用的大小关系不大。所以，企业如果不是销售产品，而是销售基于产品的服务，对一般的用户而言并没有什么差别。不发生产品所有权的转移但是为用户提供所需要的功能，就是服务型制造的一种重要形式。当然在实际经济生活中，直接由销售产品转向完全提供服务的企业不多，更多的是介于二者之间，即在产品上附加更多增值服务。许多传统行业完全可以通过增加各种各样的服务，为用户创造更多的价值（见表 2-1）。

表 2-1　　　　　　　　　传统行业发展服务型制造的典型做法

行业	典型做法	代表性企业
酿酒	酒的外包装根据场景、人群进行个性化设计、印刷	江小白
服装	量体裁衣、个性化定制，用工业化的效率和成本生产个性化的定制服装	红领西服
化肥	从原来大规模生产各种常规化肥，到向规模化种植户提供测土配方施肥服务，即在测量土壤肥力的基础上，根据作物品种、生长阶段的不同，开发生产不同成分的肥料，制定施肥方案	美盛化肥

续前表

行业	典型做法	代表性企业
特种材料	根据下游企业的产品用途，专门开发设计产品配方、加工工艺	杜邦
家具	根据房屋结构和用户爱好个性化定制家具，充分利用房屋空间	尚品宅配、索菲亚
家电	针对用户的需求来设计产品，让用户参与产品从用户交互、方案设计、模块研发、虚拟验证，到样机制造、预约预售、生产智造、交付体验的全流程	海尔
汽车	开展汽车分时租赁服务	戴姆勒、宝马

同样地，从用户的角度看，工厂不是为了生产产品而生产产品，而是为了提供产品中的效用。随着信息技术的发展，制造企业会愈发数字化和智能化。如果未来企业打造出智能工厂，借助于机器人、3D 打印机生产线实现高度柔性化，工厂有可能变为一个生产能力共享平台。用户在 PC 端自行设计、在手机端下单就可以让工厂为他们定制化生产，在这一过程中用户购买的其实就不是产品了，而是生产产品的服务，从而使工厂的生产线实现共享。

从发达国家的实践看，服务型制造已成为制造企业转型的方向。发达国家已经进入后工业化社会，技术先进，劳动成本高，劳动密集型的加工组装环节在发达国家已经不具有比较优势，因此，许多企业开始利用自己的技术创新优势向技术开发、创意设计、个性化需求满足等服务型活动转型，制造业的价值分布也从制造环节向服务环节转移，产品开发、改进、销售、维护、运营、售后、回收等服务性活动所占的比重越来越大。发达国家普遍存在"两个 70%"的现象，即服务业产值占 GDP 的 70%，而制造服务业的产值占整个服务业产值的 70%。在世界 500 强企业中，56% 的企业从事的是服务业；在制造服务化程度最高的美国，其制造与服务融合型企业已占其全部制造企业总数的 58%。美国通用电气公司的"技术 + 管理 + 服务"模式所创造的产值已经占到企业总产值的 2/3 以上，而 IBM 公司则已经完全转型为信息系统解决方案和认知服务提供商，硬件收入只占总收入的大约 10%。随着制造企业向服务型制造转型，服务活动对制造企业利润的贡献也在不断提高。IFS 公司对 16 个国家的 750 家制造企业的调查显示，接近 70%

的被调查公司在开展某种程度的服务化；Barclay 公司的调查发现，接近 3/4 的管理者将服务化作为建立更紧密客户关系的方法。根据德勤公司 2010 年的一份研究报告，在其调查的全球 80 家跨国制造业企业中，服务收入占总销售收入的平均值为 26%，服务净利润贡献率的平均值则达到 46%，尤其在航空和国防领域、汽车制造领域、工业自动化领域、通信设备制造领域、生命科学和医药设备领域，服务正在成为制造企业利润的重要来源。

数字经济与服务型制造发展的新机遇

服务型制造的发展是分工深化、需求变化、技术进步等多重因素共同作用的结果。制造业服务化等相关概念在 20 世纪 80 年代被提出与信息技术的进步密不可分，正在兴起的新一轮工业革命将为服务型制造带来新机遇。在新一代数字技术的支持下，制造企业在服务化转型中向用户提供的服务正从基于能力的服务向基于数据的服务拓展，软件定义[①]则推动增值服务的产品化，使制造企业的服务型制造活动同样可以实现规模化提供。

1. 从基于能力的服务到基于数据的服务

制造企业的核心能力是通过整合市场和企业内部的资源，开发设计和生产制造具有竞争力的产品以满足用户的需要。传统的制造企业负责制造产品；在产品交付后，用户使用该产品，从而让产品的使用价值得以发挥并满足用户自身的需要。在服务型制造模式下，制造企业将在研发、制造和交付产品中形成的能力向外扩展，依托自己的核心能力向用户提供原本由用户自己实施的基于产品的活动，更大限度地发挥产品的功能，并向用户提供更有价值的服务。例如，制造企业可以将关于产品架构、生产的知识扩展到使产品保持高效的运转上，并以服务活动的形式提供给用户。制造企业的服务化转型，实际上就是由简单地"提供一种产品"上升到"提供一种能力"。系统解决方案、定制化服务、总集成总承包、全生

---

① 软件定义是指用软件定义系统的功能，用软件给硬件赋能，实现系统运行效率和能量效率最大化。——编者注

命周期管理等典型的服务型制造模式都属于此类。也就是说，传统上制造企业服务化转型所提供的服务属于基于能力的服务。

数字技术是服务型制造发展的主要推动力，服务型制造在 ICT 产业领域最为普遍。例如，手机的用户界面定制、在线音乐、视频、App 的开发与应用，计算机、服务器、交换机企业基于自家产品为用户设计与建设信息网络，电视机制造企业提供视频网络点播服务，等等。在数字技术还不发达的时候，制造企业很难监测自家设备的运营状况，也很难掌握个体用户的产品使用状态和身体状况。数字技术极大地拓展了制造企业可以提供的增值服务的类型，基于数据的服务型制造模式也因此得以实现快速发展。数据成为制造业向服务化转型的重要驱动力和价值创造的重要来源。数据的价值创造作用不仅体现在与用户不直接接触的研发设计、加工制造等环节，还体现在与用户接触的界面上，并将从用户接触界面获取的数据反馈到研发设计、加工制造等价值链的前端环节。通过与用户保持持续和低摩擦的交互并将个性化的交互信息反馈至价值链、供应链和产业生态的相应组成部分，制造企业能够向市场提供基于用户、时间、场景等的高度定制化服务。运行状态远程监测、预防性维护是基于数据的服务型制造的典型案例。制造企业对用户手中设备的运行数据进行实时接收和分析，基于自己对有关产品的性能知识的积累，对设备的运行状态是否正常以及可能出现的故障或出现故障的时间进行预测或预判，前瞻性地进行干预或提前维护，使生产设备保持最佳运行状态，避免生产事故的发生。在物联网、大数据等信息技术的推动下，制造企业可以通过大数据分析，改进产品参数，提高运行效率，提出产品维护和更新的建议。信息技术提升了创新设计效率和制造效能，通过使分散的消费者与制造企业建立紧密的联系，生产企业在获得消费者的个性化需求后，依托基于大数据的产品开发系统和高度柔性化的生产线，能够为用户提供按需定制服务。

2. 从制造服务化到服务产品化

基于数据的服务型制造的发展离不开软件的重要作用，"软件定义"已经成为数字经济条件下服务型制造发展的重要支撑与核心动力。软件定义的本质是研发设计、生产制造、经营管理、运维服务、物流采购等全价值链、全产业链、全生命周期和全商业生态中，企业所积累的生产经营技术、知识和规律的模型化、代码化、工具化。这些软件不仅存在于产品、生产线、车间和工厂本地，也可以从云端为制造企业提供更强大的算力和数据支撑。传统上服务的提供采取的是一对一的方式，即由企业的员工专属性地向客户提供服务。服务型制造的开展则基于制造企业在产品开发、制造中所拥有的能力，制造企业为用户提供的服务是高度人力资源密集型和知识导向型的，因此提供增值服务时对员工的技能要求更高。虽然制造企业可以通过这类服务获得可观的收益，但是手把手的服务和对关键人员的高度依赖使得服务活动缺乏规模经济性，服务型制造的发展受到高素质人才供给的巨大限制。制造企业如果要扩大高附加值的增值服务的规模，就必须增加额外的专业人员、投入更多的时间。阿姆斯特朗（Armstrong）2021 年将组织提供的服务分为四类：定制化服务、产品化的服务、产品、产品即服务。定制化服务是由专业化人员提供的一对一专业服务；产品化的服务虽然也需要额外的人员投入，但它的服务是标准化的，客户能够以同样的价格获得同样的体验，企业在产品销售和交付中所需要的资源比定制化服务更少；产品是企业为用户提供功能标准化、非定制化的购买体验，如设定好议程的会议、行业趋势报告等，企业与服务对象是一对多的关系；对于产品即服务，服务仍然是标准化的，但是企业持续地向用户提供标准化的信息，这种标准化的信息就是企业的产品，而企业与服务对象是一对多的关系。

阿姆斯特朗 2021 年的研究仍然不能揭示数字化条件下制造企业提供的服务活动的本质特征，但是提供了有益的启发。制造企业要想实现服务型制造的快速发展和大规模扩张，必须使规模经济效应得到充分发挥。由于在英国工业革命后，特别是在第二次工业革命中，流水线的发明使制造业具有了大规模生产的产业组织特征，产品的生产具有显著的规模经济效应，因此具有规模经济的服务提供可以称为"服务产品化"。数字技术使服务产品化（即服务的规模化）提供成为可能。一是软件（包括 App）的分发和应用具有显著的规模经济性。软件开发出来后，其复制的成本趋近于零，具有边际成本为零的特征，可以通过免费使用的模式吸引用户广泛安装。二是智能硬件的可拓展性。用户可以根据需要自主决定在硬件的底层操作系统平台上安装互补软件，以拓展产品系统提供的功能。三是软件的自适应性。软件可以根据用户的主动输入和被动输入，通过调用本地或云端的算力，为用户提供所需的功能。相对于环环相扣、对精确度和稳定性要求高的产品制造过程，个人消费者能够更加主动地适应软件所提供的不十分精确的功能。四是软件定义赋能。通过将加工制造、价值链、供应链等核心业务在线化，将企业关于产品研发设计、制造和服务的知识编码化，从而实现业务环节自动化。制造企业的经营活动可以根据用户端输入的数据自动化地做决策，通过云端算力、软件和硬件的适配，以大规模生产的成本为用户提供高度个性化的服务。在制造业高度智能化的"黑灯工厂"、无人车间，加工制造过程已经可以摆脱人的干预，实现机器、算法、数据高度协同基础上的自动化、智能化生产。随着软件定义的广泛使用，制造企业将能够摆脱人力资源和成本对增值服务发展的限制，快速地推进服务型制造的模式创新与规模壮大。

服务型制造对中国制造业转型升级的意义

支撑改革开放以来我国制造业高速增长的人口红利正逐步消退，即使考虑到劳动生产率的影响，我国制造业的单位劳动成本与周边国家相比也已不具备优势。同时，近年来出现的逆全球化思潮、新冠肺炎疫情下供应链的本地化和多元化筹划，都在推动全球产业链价值链的重构，并可能加速我国制造企业特别是劳动密集型制造企业的外迁。我国人均 GDP 刚刚超过一万美元，基本实现了工业化，但无论是为了满足人民群众的美好生活需要还是为了保持经济增长、保障国家安全，我们仍然需要深入推进工业化，将制造业比重保持在一个合理水平。服务型制造不仅关乎制造企业的市场竞争力与收入、利润的增长，而且是一个国家的全球价值链地位、供应链韧性和产业链现代化水平的直接体现。服务型制造是从供给侧发力的结构性改革举措，能够增强制造业的国际竞争力、拓展其发展新空间、提高生产效率和增加附加价值，符合绿色低碳的发展要求，是中国制造业转型升级的重要方向。

服务型制造能够增强制造业的竞争力。服务型制造得以发展的一个重要原因是工业产品科技含量的提高和技术升级的加快，产品本身的高技术化趋势越来越显著，从而造成产品的结构越来越复杂，用户对专业化服务的需求也越来越高。这也意味着，服务型制造企业需要增加对产品研发的投入，不断增强技术创新能力，采用新一代信息技术提高生产效率、创新商业模式。当前，我国制造业建立在低要素成本基础上的价格优势正在减弱，而服务型制造具有定制化的特点，难以模仿和复制；通过发展服务型制造，推动制造企业将在研发设计、加工制造等环节所积累的技术和能力向服务领域延伸，能够增强产品的差异化，增强用户黏性和实现锁定，从而推动传统劳动密集型产业的蝶变，实现向全球价值链中高端的攀升。

服务型制造为制造业提供了新的增长空间。传统上，制造企业主要从销售产品中获得收入，但是来自产品的收入多是一次性的，可持续性差。发展服务型制造则是将产品与服务融合形成一个产品服务系统，将一次性的产品销售收入转变为持续性的服务收入，企业可以通过为产品用户提供服务获得源源不断的现金流。虽然在服务型制造的开展初期，制造企业会面临较大的资金压力，但是从产品的全生命周期来看，这样做能够使制造企业获得相比只销售产品更多的收入，而且能够在一定程度上熨平经济周期对收入波动的影响。

服务型制造能够增加制造企业的附加价值和提高利润率。较为成熟的制造业部门，大多采用大批量生产模式，企业间的生产设备、生产工艺非常相似，使得产品性能趋同、个性化程度偏低，再加上一些行业存在较为严重的产能过剩，造成制造环节的利润率不断下降。服务型制造的发展是与先进技术的大量使用相伴的，基于产品的高级服务多数也是高技术服务。通过加强制造环节上游的研发设计服务，可以改进产品的设计、技术和质量，使产品相对于竞争对手具有更大的差异性，甚至可以实现根据用户需求的个性化定制；制造环节下游衍生出的在线监测、全生命周期管理、信息增值等服务活动，也都更具个性化，附加价值也更高。因此，发展服务型制造可以使制造企业形成差异化优势，提高高附加值服务活动在营收中的比重。

服务型制造能够促进制造业的绿色发展。服务型制造意味着制造业部门中有更多服务化内容，在同样的产出下消耗的资源、能源更少，排放的污染物和温室气体也更少。个性化定制模式会使供需更加匹配，减少因为产品滞销、积压造成的浪费。在在线监测、全生命周期管理等模式下，制造企业可以利用自己的专业技能提高设备的运转效率，促进下游用户的生产和使用过程的绿色化。

我国服务型制造的发展现状

自《中国制造 2025》和《发展服务型制造专项行动指南》发布以来，在各级政府的大力宣传和推动下，我国对服务型制造形成广泛认识，制造企业纷纷开展服务化转型。

国家出台了一系列政策举措推进服务型制造的发展。2015 年发布的《中国制造 2025》就提出"促进生产型制造向服务型制造转变""推动发展服务型制造"，并要求相关部门"研究制定促进服务型制造发展的指导意见，实施服务型制造行动计划"。作为《中国制造 2025》"1+X"政策体系的组成部分，工信部联合国家发展改革委、中国工程院在 2016 年印发《发展服务型制造专项行动指南》（工信部联产业〔2016〕231 号），提出创新设计、定制化服务、供应链管理、网络化协同制造服务、服务外包、产品全生命周期管理、系统解决方案、信息增值服务、相关金融服务、智能服务等 10 类服务型制造模式，同时开展服务型制造示范（企业、平台、项目、城市）遴选工作。2020 年，工信部等 15 部门又联合印发《关于进一步促进服务型制造发展的指导意见》（工信部联政法〔2020〕101 号），进一步明确了工业设计服务、定制化服务、供应链管理、共享制造、检验检测认证服务、全生命周期管理、总集成总承包、节能环保服务、生产性金融服务等九大类服务型制造模式。国家发展改革委也在推动服务型制造相关活动。2019 年国家发展改革委等 15 部门联合印发《关于推动先进制造业和现代服务业深度融合发展的实施意见》（发改产业〔2019〕1762 号），提出 10 种融合型新业态新模式，其中的柔性化定制、共享生产平台、总集成总承包、全生命周期管理都属于典型的服务型制造模式。2021 年国家发展改革委等 13 部门联合印发《关于加快推动制造服务业高质量发展的意见》（发改产业〔2021〕372 号），提出培育服务衍生制造、供应链管理、总集成总承包等新业态新模式。"十四五"规划也明确提出"发展服务型制造新模式"。

在有关政策的推动下，服务型制造也获得了我国制造企业的广泛了解和认可，制造业服务化转型的步伐正在加快，涌现出一批有特色的服务型制造模式。2017 年和 2018 年，工信部分两批开展了服务型制造示范遴选工作。经各组织单位推荐、专家组评审等环节，2017 年遴选出 30 家服务型制造示范企业、60 个服务型制造示范项目、30 个服务型制造示范平台；2018 年遴选出 33 家服务型制造示范企业、50 个服务型制造示范项目、31 个服务型制造示范平台、6 个服务型制造示范城市。2021 年，工信部开展了第三批服务型制造示范遴选工作。

在 2017 年和 2018 年遴选出的 63 家服务型制造示范企业中，共涉及四种服务型制造模式，其中，涉及供应链管理的有 12 家，涉及全生命周期管理的有 31 家，涉及信息增值服务的有 7 家，涉及总集成总承包的有 28 家，有 9 家企业包含 2~4 种不同的服务型制造模式；在 110 个示范项目中，共涉及四种服务型制造模式，其中，涉及供应链管理的有 23 个，涉及全生命周期管理的有 34 个，涉及信息增值服务的有 24 个，涉及总集成总承包的有 31 个，有两个项目包含两种服务型制造模式；在 61 个服务型制造平台中，其中有 14 个区域综合服务平台，47 个行业专业服务平台，涉及电子信息、工业设计、供应链、消费品、原材料、装备制造等领域。

地方政府推动服务型制造发展的积极性也很高，许多省（市、区）、市级地方政府出台了推动服务型制造发展的"专项行动计划""实施方案""意见""实施细则""行动指南"等专项文件。有一半以上的省（市、区）开展了针对本地区的服务型制造示范遴选工作。据不完全统计，17个开展服务型制造遴选的省（市、区）共遴选出省级示范企业1513家、示范项目105个、示范平台395个、示范区2个。辽宁、江苏、浙江、安徽、河南、四川等省的服务型制造示范数量（包括企业、项目、平台）超过100个。苏州、青岛、泉州、合肥等城市也开展了自己的服务型制造示范遴选工作。

促进服务型制造发展的对策建议

我国的制造企业发展不平衡，对服务型制造的认识和实践参差不齐，政府需从各方面加强激励、支持与引导。目前，我国大力发展服务型制造已具备许多优势，如发达的互联网基础设施、巨大的人口网络效应、齐全的制造产品种类等。然而，无论是从理论层面还是从实践层面，服务型制造对我国大多数企业来说还是一个新生事物，在促进制造业服务化转型的初期，政府必须加强引导。

支持服务型制造试点示范。我国的制造企业发展不平衡，对服务型制造的认识和实践参差不齐，除少数行业的领先企业在服务化转型方面步子较快之外，大部分企业对服务型制造的重要性认识不足，对发展服务型制造无从下手。针对这种情况，需要支持有服务化转型动力、基础条件较好的企业，选择具有代表性的服务型制造模式进行试点。同时，加强对服务型制造优秀企业案例的经验总结，加大对成功案例的宣传力度，让广大制造企业认识到服务型制造的重要性，激发它们向服务型制造转型的热情。

加快信息基础设施建设和数字技术的发展。信息技术是服务型制造发展的重要推动力，个性化定制、全生命周期管理、信息增值服务等服务型制造模式都需要先进的信息基础设施作为支撑。因此，需要加强物联网、新一代移动通信等新型基础设施的建设、普及，加大对以人工智能为代表的与新一代信息基础有关的基础科学与产业共性技术的支持，推动相关技术、数据标准和法律法规建设，促进数据联通，鼓励各类数字产品、技术和服务企业的创新和发展。

支持企业开展服务型制造模式创新。由于企业产品、能力和客户需求的不同，服务型制造具有高度的差异性，这也就意味着没有完全相同的模式可以模仿，而且新一代信息技术日新月异，不断地提供新的服务型制造支撑手段，企业需要在实际经营和市场竞争过程中不断进行创新：加快数字化转型的步伐，打通车间、工厂与企业内部各部门、各环节的数据连接，进一步建立与上下游企业和商业生态中的数据连接；同时，加强对研发、制造、采购、运营中的各类知识、技能的积累和软件化封装，开发软硬融合型产品，为增强基于数据的智能化服务提供能力。同时，政府应坚持对新模式、新业态包容审慎的监管原则，在双创空间、资金、技术等方面加强对中小企业的支持，调动企业的创新活力，形成大众创业、万众创新的热潮。

鼓励国内企业"走出去"。相比较而言，发达国家的制造企业的服务化水平领先于我国，"走出去"是获取服务型制造领域国际先进技术、商业模式、管理经验的有效途径。应鼓励国内企业在发达国家设立研发中心、收购服务型制造领域的世界领先企业，借助国外资源促进我国服务型制造业实现跨越式发展。

中国供应链发展的"十四五"新征程

丁俊发

中国物流与采购联合会原常务副会长

海南省绿色金融研究院专家委员会专家

改革开放以来，特别是加入 WTO 以来，中国的物流业飞速发展，物流总额从 2002 年的 23.3 万亿元增加到 2020 年的 300.1 万亿元；物流总费用的 GDP 占比从 2002 年的 18.9% 下降到 2020 年的 14.7%；物流从业人数从 2000 年的 2000 多万人增加到 2020 年的 5191 万人；港口货物吞吐量与集装箱吞吐量均为世界第一；中国的快递包裹量 2020 年达到了 834 亿件，在全球快递业务量中的占比超过了60%。这些数据充分说明中国已是世界物流大国，是全球供应链的枢纽。但我们也必须看到，中国还不是物流与供应链强国，行业发展任重而道远。

"十四五"规划提出，必须建立扩大内需的有效制度，加快培育完整内需体系，加强需求侧管理，建设强大国内市场。必须坚定不移推进改革，破除制约经济循环的制度障碍，推动生产要素循环流转和生产、分配、流通、消费各环节有机衔接。坚持经济性和安全性相结合，补齐短板、锻造长板，分行业做好供应链战略设计和精准施策，形成具有更强创新力、更高附加值、更安全可靠的产业链供应链。推进制造业补链强链，强化资源、技术、装备支撑，加强国际产业安全合作，推动产业链供应链多元化。

这里提出了"十四五"期间物流业必须解决的四个问题。

第一，包含物流业在内的现代流通体系的现代化水平有待提高的表现在哪里，如何突破才能使物流业真正起到国民经济的基础性与战略性作用？

第二，物流业的短板、堵点表现在哪里，如何补齐短板、打通堵点？

第三，为什么要提出提升产业链供应链的自主可控能力，其经济性与安全性该如何结合，如何评价这种能力的高低？

第四，如何建立扩大物流双循环的有效制度，特别是加快培育完整的物流内需体系，破除制约供应链优化的制度障碍，推动生产要素循环流转和生产、分配、流通、消费各环节的有机衔接？

在"十四五"规划下，有关部委正加紧制定专项规划，涉及现代流通体系、物流业、冷链产业、供应链发展等，既有实现目标、重点工程，也有应对措施，十分具体。我认为，应厘清思路，重点做好以下工作。

进一步夯实物流业的基本功

物流业要狠练内功，首先要把自己的事办好。物流业的基本功从"系统论"角度可区分为：（1）物流基础设施，主要是综合运输体系、仓储加工配送体系、应急物流体系等；（2）物流技术与装备，包含物流七大功能的主要技术与装备，特别是信息化、标准化、智能化、生态化、数字化技术与装备；（3）物流运作主体，包括物流企业与企业物流；（4）物流行政管理与行业自律，主要是规划、营商环境、人才培养、标准制定等。

物流的基本功从"功能论"角度可区分为硬实力与软实力，中国不缺硬实力，而是缺少供应链管理、诚信体系、创新理念、品牌意识等软实力。

物流基本功能从"地缘论"角度，可区分为国内物流与国际物流。中国提出要加快构建以国内大循环为主体、国内国际双循环相互促进的新发展格局，以及"一带一路"倡议，体现了其作为全球第二大经济体的大国担当，因而物流业必须走在前面。

对此，"十四五"规划做了详细安排，提出：建设现代物流体系，加快发展冷链物流，统筹物流枢纽设施、骨干线路、区域分拨中心和末端配送节点建设，完善国家物流枢纽、骨干冷链物流基地设施条件，健全县乡村三级物流配送体系，发展高铁快运等铁路快捷货运产品，加强国际航空货运能力建设，提升国际海运竞争力。优化国际物流通道，加快形成内外联通、安全高效的物流网络。加快建立储备充足、反应迅速、抗冲击能力强的应急物流体系。同时，国家发展改革委发布的《国家物流枢纽网络建设实施方案（2021—2025年）》要求，按照"成熟一个、落地一个"原则，稳步推进120个左右国家物流枢纽布局建设。《国家综合立体交通网规划纲要》还提出，重点建设京津冀、长三角、粤港澳大湾区、成渝地区四大世界级机场群，巩固十大国际航空枢纽地位。这充分体现了社会主义制度集中力量办大事的优越性。

扎实推进物流业的智慧化、数字化与生态化

目前，物流发展的动力不足，有其自身的原因，更有外部环境的问题，现在要做的是给物流企业与物流产业注入新动能。面对新冠肺炎疫情，物流业经受住了大考，受疫情影响，不少中小物流企业在生死线挣扎，但机遇与风险同在，不

少企业走出来了。

物流企业与物流产业的动能有三个方向。

一是科技赋能，向智慧化、数字化与生态化发展，这是"十四五"时期中国物流业发展的牛鼻子。智慧化是物流业与互联网、物联网、人工智能的高度融合，这需要时间；数字化是把物流业变成大数据来决策与运行，这也需要时间；生态化是把物流看作一个有时空概念的生态结构，物流影响着世界，全球化也影响着物流。智慧化、数字化、生态化的目的就是降本、提质、增效，实现物流的现代化。

二是实现物流的供应链转型，把物流变成一个供应链系统，所有物流企业都在不同的供应链中生存发展。

三是通过市场的优化配置，借用资本的力量，实现物流的结构性重组，形成跨国物流企业领军的、大中小企业合理组合并具有不同功能的物流集群。

提高产业链供应链的自主可控能力和现代化水平

"十四五"期间，中国物流业要把推进产业链供应链现代化作为重点，坚持经济性和安全性相结合，补齐短板、锻造长板，分行业做好供应链战略设计和精准施策，形成具有更强创新力、更高附加值、更安全可靠的产业链供应链。打造战略性全局性产业链，优化区域产业链布局，实施应急产品生产能力储备工程，建设区域性应急物资生产保障基地，实施领航企业培育工程，实施产业竞争力调查和评价工程，提升企业的供应链弹性，推动产业链供应链多元化。

新冠病毒的全球蔓延，以及美国推行单边主义，使世界各国都在考虑一个问题：全球产业布局该如何调整，供应链该如何重构？作为世界工厂，中国制造业已占全球总量的30%，居世界第一。在目前的严峻形势下，路在何方？我认为应实施以下三大举措。

第一，形成强大的国内市场，包括生产资料市场与生活资料市场，切实构建物流与供应链内需体系。

第二，根据经济性与安全性相结合的原则，找准漏洞，打通堵点，补足短板。从成本驱动型的供应链向效率驱动型的供应链与市场驱动型的供应链转变，大大提升中国作为全球供应链枢纽的质量，吸引更多的外国需求与外国资本，这样，中国制造业的整体优势就绝不会消失。

第三，在企业、产业、城市与区域、国家四个层面全方位展开物流与供应链布局，企业物流与供应链是基础，产业与城市（区域）物流与供应链是重点，国家物流与供应链是根本。到 2035 年，国家、产业、城市与区域、企业四个层级的物流与供应链战略体系、组织体系与运作体系将全面建成，供应链的韧性与弹性将进一步增强。

提升物流与供应链企业的集约化水平

中国物流与供应链服务企业数量很大，既有综合功能型的，也有专业功能型的，但"散小差"问题依然存在，在与新冠病毒的斗争以及中美贸易摩擦中，中国物流企业的表现可圈可点，但遭受的冲击也非常惨烈。目前，中国还没有一家物流公司能进入世界物流前十强。中国物流与采购联合会公布的 2020 年物流 50 强中，第一位是中国远洋海运，2020 年的营业额为 2628.62 亿元。而同期，美国 UPS 的营业额为 742.94 亿美元（约合人民币 4830 亿元）。通过市场优化整合，逐步形成 10 个左右在国内外有影响力的物流与供应链企业，是战略需要。

加快培育完整的物流与供应链内需体系

"十四五"规划要求，必须建立扩大内需的有效制度，加快培育完整内需体系，加强需求侧管理，建设强大国内市场。从物流与供应链的角度来讲，要做好以下工作。

第一，积极推进物流与供应链的供给侧结构性改革。目前物流与供应链的供给侧与需求侧都有短板，总体上是有效供给不足。由于生产方式与流通方式的变化，物流与供应链进入了个性化与多样化的时代，要求越来越高。针对物流与供应链的需求，可以从两个角度入手：一是从企业、产业、城市、区域、国家等不同层面去打造；二是从构成物流总值的工业、农业、进口、可再生资源、居民包裹五个方面去打造。物流与供应链的需求是一种客观存在，随着经济总量的增长而增长，随着科技的发展与产业结构的变化而变化。

第二，要破除制约物流与供应链发展的制度障碍，推动物流与供应链生产要素循环流转和生产、分配、流通、消费各环节的有机衔接。要破除制约物流与供应链要素合理流动的堵点，矫正资源要素失衡错配，从源头上畅通商流、物流、信息流、资金流的经济循环。影响物流的不仅仅是物流本身，科技、金融、人才、信息、法制环境也是重要的影响因素。

第三，立足国内大循环，协同推进国内市场壮大和贸易强国建设，形成全球资源要素强大引力场，促进物流内需和外需协调发展，以创新驱动、高质量供给引领和创造物流与供应链新需求，提升物流与供应链供给体系的韧性和对国内物流需求的适配性。

推动供应链金融与绿色供应链创新发展

2019 年 7 月，中国银保监会发布的《推动供应链金融服务实体经济的指导意见》指出，银行保险机构应依据供应链核心企业，基于核心企业与上下游链条企业之间的真实交易，整合物流、信息流、资金流等各类信息，为供应链上下游链条企业提供融资、结算、现金管理等一揽子综合金融服务。"十四五"期间，供应链金融作为产融结合的创新模式，不仅可以助推实体经济的高质量发展，也是金融业供给侧结构性改革与金融服务创新的重大举措。"十四五"规划中提出的绿色制造也包含了绿色物流和供应链，要求所有过程都要绿色，包括绿色的用水、绿色的包装、绿色的流通加工、绿色的仓储等。

中国的"双碳"目标和物流行业的关系如何？根据交通部的统计，中国交通运输领域碳排放总量已占全国碳排放总量的 10%，远低于国际水平，这与我们处于工业化中后期，有大量的重化工行业相关。2020 年中国公路的货运量是 342 亿吨，占整体货运量 473 亿吨的 72%，因而绿色物流和绿色供应链在低碳方面的目标和面临的主要矛盾是一致的。绿色物流、绿色供应链的最终目的是实现低碳甚至零碳排放，涉及的内容很多。以可再生资源为例，西方国家的钢铁、有色金属冶炼的 40% 依靠回收资源供给，中国只占 10%。

因此，中国的发展空间还很大，需要金融系统提供更多的资金支持与供应链金融创新产品。目前，很多国际企业对供应商的低碳甚至零碳供应要求很高，可能会放弃那些不满足绿色要求的供应商。在绿色物流、绿色供应链与供应链金融这方面，中国才刚刚起步，未来还有大量工作可以做。

案例
||||||||||||

海信：打造激光电视新物种

闫淑鑫

在激光电视领域，海信是"第一个吃到螃蟹的人"。

海信自 2007 年开始着手布局激光显示，之后经历了七年"只有投入没有产出"的艰苦岁月，才终于在 2014 年推出了全球首台 100 英寸超短焦激光电视，实现了激光电视从 0 到 1 的突破。

自 2014 年以来，海信激光电视几乎保持着每年一次的迭代速度，在尺寸、画质、形态上持续突破创新，同时也影响了整个行业。据海信介绍，中国激光电视产业已实现跨越式发展，全产业链体系已初步形成。

"中国电视企业在经历 CRT 电视和液晶电视两个时代 60 多年的追赶之后，第一次在显示技术领域走在了世界的前面。"中国电子视像行业协会激光电视产业分会会长、海信电子信息集团副总裁高玉岭如是说。

同时，高玉岭表示，从 2021 年开始，在全球激光显示产业链齐头并进，以及欧洲杯、世界杯热潮的拉动下，激光电视将开启全球普及的新阶段。

从 0 到 1

与自然光色域相比，传统显示设备只能再现人眼所见颜色的 30%，而激光显示方式可覆盖人眼所见颜色的 90%，达到 90 多万种颜色，使人们能够接近最真实、最绚丽璀璨的全新世界。激光显示技术被产业界誉为"人类视觉史上的革命"。

2007 年，海信开始进行激光显示技术的储备，并获得国家高技术研究发展计划（"863 计划"）支持，海信视像科技公司首席科学家刘卫东博士担任课题组组长。2011 年，相关研究人员一并划入新成立的海信数字多媒体技术国家重点实验室激光显示所，进行产业前沿技术的研发。

"当时，没有相应技术的国家标准和国际标准，更没有产品可以参照，所有关键技术都需要自己摸索。"海信方面介绍道。

海信激光显示股份有限公司总经理、首席科学家刘显荣对此深有体会。2011 年夏，当时的北京大学光学专业博士生刘显荣加入了这一团队。"最初我们只有一个大的战略方向，就是知道激光显示未来有很大的机会，但关于具体技术的实现方案则毫无头绪。"刘显荣说。

在长达四年的试错之后，2012 年初，一台体现海信激光电视雏形的 DLP 混合光源激光电视技术原型机在美国拉斯维加斯举行的美国消费电子展览会（CES）上展出，这是海信首次公开展示激光电视的技术路线——激光光源 + 超短焦镜头 + 抗光屏幕。直到一年之后，LG 才正式展示了类似的产品。

"在此之前，激光投影用的都是长焦镜头一次成像。超短焦投影技术的投射距离短、亮度损失小、节省空间并可避免画面遮挡，能大大提升便捷性。加上屏幕，几乎就构成了海信最早的激光电视的形态。"刘显荣称。

2014 年 9 月，海信推出全球首款自主研发的 100 英寸超短焦激光电视。当天，《新闻联播》对其评价道：激光显示技术，打破了国外企业在电视显示技术领域的长期垄断地位。

激光电视被看作中国显示技术领跑世界的新机会。1958 年，天津 712 厂研制出了我国第一台电视机，此后几十年，我国的电视显示技术历经了黑白显示技术、彩色 CRT 显示技术到液晶平板显示技术的演变。中国是全球最大的彩电市场，其上百家电视企业却始终饱受缺乏核心技术的困扰，沦为欧美日韩厂家的跟随者和下游厂商。这一切直到激光电视的出现，才有了一些改变。

2014 年，国际电工委员会电子显示技术委员会（IEC TC110）正式成立激光显示工作组。经过两个环节的演讲，刘卫东博士成功击败同台竞争的日本技术专家，当选为激光显示工作组的召集人。这是中国专家第一次在显示领域担任国际标准工作组召集人，在此之前，显示领域的标准制定多由日韩等国家主导。

"在大多数显示技术上，中国还是落后的，但在激光显示方面我们有先发优势。"刘卫东说。

2021 年 7 月，高玉岭向媒体公布了一组数据：据权威数据机构 Omdia 的统计，2020 年第四季度，以海信为代表的中国企业在全球激光电视市场中的出货量占比接近 60%；中国企业拥有的激光显示专利数量占该领域总专利数量的 50% 以上。

从一家企业到一个行业

2014 年后，海信在激光电视（见图 2–3）领域不断取得突破。

2016 年 7 月，全球首款 DLP 超短焦 4K 激光电视由海信发布；2018 年 5 月，海信推出 80 英寸激光电视 L5，上市即成爆款，并在当年第 26 周登上电视市场畅销榜榜首，这也是中国彩电市场畅销榜榜首有史以来第一次被激光电视占领。

事实上，2014—2021 年，海信相继推出了第一台双色激光电视、第一台三色激光电视、第一台卷曲屏激光电视，从 2K 到 4K，从单色到三色，从 100 英寸到 300 英寸再下探到 75 英寸。

图 2-3　海信激光电视

图片来源：海信提供。

据刘显荣介绍，海信激光电视从一开始对标的就是成熟的液晶电视标准。"周董的要求是要么不做，要做就做到最好。"刘显荣说，在 4k 激光电视的决策、开发过程中，都是海信集团董事长周厚健亲自提出方向，并且持续指导研发工作。"有时候我们会想着指标低一点儿行不行，周董的态度很坚决：不行。"

当然，周厚健对于激光电视的高要求，并不是简单的"为己"，更是为了整个行业。海信作为先行者，必然得承担起推动行业发展的重任。

据海信介绍，过去十多年，周厚健曾数十次往返于日本、美国，从显示芯片、激光器、抗光屏、光学镜头到其他关键零部件，不断寻找并打造激光电视产业链条上的"最优组合"。海信甚至会先出资让配套企业研发生产，等零部件做出来之后也不用给海信独家供货，可以卖给其他厂家，让整个行业共享"规模效应"带来的价格下降。

不仅如此，2020 年，海信还宣布愿意把 1000 项专利在 5 年内与大家分享，并向行业开放合作，通过共享专利、技术和知识产权，加快推进激光电视产业的发展。数据显示，截至 2021 年 6 月 30 日，海信在激光显示领域已经累计申请 1439 项国内外专利，授权专利 575 项。

在海信的带动下，激光电视行业不断扩容，同时也越来越具有活力。海信提供的数据显示，目前在中国市场上，2016 年以来市场监测到的激光电视品牌已有 34 个，经过近 7 年的市场推广，激光电视的市场覆盖率已经与普通电视相当。

"同时，激光市场上还有索尼、三星、LG、惠普等国际品牌不断加入，有专业投影显示品牌、互联网品牌的积极参与，激光电视真正打破了困扰彩电业多年的'同质化'顽疾，专业化、差异化明显，创新拓展的空间巨大。"海信相关负责人称。经过全行业的共同努力，中国激光电视产业已实现跨越式发展，全产业链体系已初步形成。

奥维云网的数据显示，2015—2020 年，激光电视的年度复合增长率达到了 181%。2021 年 1—4 月，激光电视整体市场销售量同比增长 27.59%、销售额同比增长 24.22%，其中海信激光电视的销售量同比增长 49.87%、销售额同比增长 40.13%。

根据 Omedia 的最新数据，在 2020 年全球激光电视整体出货量中，海信激光电视贡献了 53% 的市场份额，领先其他激光电视品牌。

在高玉岭看来，海信取得这样的成绩，是产品和技术在说话，同时也是消费者的感受在说话。"用户的钱是在给技术'打赏'"。

从中国到全球

在家庭消费升级加速的背景下，大尺寸电视已经成为未来不可逆转的趋势。

根据奥维云网的数据，2020 年中国彩电市场的大尺寸化进程继续，2020 年全年中国彩电市场产品的平均尺寸为 52.4 英寸，同比增加了 1.5 英寸。65 英寸以上产品占比达 25%，较上年同期增长了 6.5%。在海信看来，激光电视将成为大尺寸电视的主流产品。

激光电视以广色域、大尺寸、低能耗、使用灵活等特点成为家用电视的一种新选择，被业内誉为继黑白电视、彩色电视、平板电视之后的第四代电视。

在 2021 年 6 月的 2021 世界显示产业大会上，高玉岭介绍，2007—2014 年是激光电视的启蒙阶段，激光电视正式进入用户的家庭，并确立了以"电视"为标准的发展方向；2014—2021 年是激光电视的高速发展阶段，激光电视在中国市场全面开花，七年来的复合增长率超过了 100%。

据悉，从 2020 年开始，海信激光电视已经进入美国、澳大利亚、南非、法国以及阿联酋迪拜等重点市场。海信激光显示公司副总经理王伟透露，在海外市场，海信激光电视自 2020 年 6 月以来呈现快速增长态势，截至 2020 年底累计销量同比增长 326%。2021 年以来，海信激光电视再次迎来高速增长，每月均保持着较高的环比增速，呈现持续加速的态势。

据海信国际营销新业务拓展部副总经理明兆亮介绍，海信激光电视先是在美国主要零售渠道进行布局，然后又把目光瞄向了欧洲和中东非地区。

"实事求是地说，把单价上万美元的中国自主品牌电子消费品销售给海外消费者，在此之前几乎没有中国品牌可以完成，况且激光电视本身还是一个新物种，海外消费者此前也没见过。"明兆亮说，海信激光电视在海外的推广，经历了一个消费者从认知到接纳再到购买的艰难过程。

最后真正打动用户的还是产品竞争力。他举例，Boulanger 是法国三大家电连锁卖场之一，最初 Boulanger 大巴黎区只给海信激光电视一家门店的入驻机会，但这个不起眼的展位却收获了稳定的客源，信心大增的 Boulanger 最后不仅把 13 家门店一起向海信激光电视开放，还主动投入了流量资源推广海信激光电视。

在 2021 年欧洲杯期间，西班牙足协也成为海信激光电视的"超级用户"。西班牙足协一次购入了 8 台 100 英寸海信激光电视，并把其中 6 台直接送给了球员。

在迪拜，海信激光电视也逐渐被消费者接受。海信迪拜公司负责人欧扬介绍，海信激光电视在迪拜高端消费群体中已经成为"网红"产品，不只是王室成员，在部分行政部门和社区内也能看到海信激光电视的身影。

明兆亮称，从他们调查的用户数据来看，公司高管、工程师、教授和商务人士是海信激光电视的主力购买人群，这些电视大多被安装在客厅（见图 2-4）和影音室，并开始进入欧洲公司的会议室。

图 2-4　海信激光电视

图片来源：海信提供。

对于激光电视的全球化发展趋势，中国电子视像行业协会副秘书长董敏认为，这与激光显示在大尺寸、高色域、视觉舒适度、节能省电等方面的优势密不可分。

"发展激光显示是实现超高清显示的最佳技术路线之一，也是提升消费者生活品质的优秀解决方案。"董敏强调，激光电视的这些差异化特点不仅为中国消费者接受，同时也代表了全球新型显示技术发展的大趋势，激光电视的国际化发展前景广阔。

案例
||||||||||

格力电器：从"中国制造"到"中国智造"

张燕征

"没盖棺之前你每天都要奋斗。"珠海格力电器股份有限公司董事长兼总裁董明珠表示，即使已取得成绩，对于自身来说，每天都是新的一天。"你要不断地去挑战，不断地建立好的制度，与一些不良的行为要进行较量，所以每个人只有每天都在斗争中，才能成长起来。"她说道。

作为中国最有影响力的女企业家之一，董明珠见证了格力从一家小厂走向世界 500 强的历程。如今，年近 70 的董明珠依然奋斗在格力一线。从 1990 年进入格力，董明珠已在格力工作了 30 余年。近年来，有关董明珠何时退休、格力的接班人及未来的发展方向等话题一直备受外界关注。

元老高层接连辞职，格力再遇挑战

自董明珠被任命为格力集团董事长以来，格力电器的营收从 2012 年的 1001.1 亿元增长至 2018 年的 2000.24 亿元，净利润从 74.46 亿元增长至 263.79 亿元，业绩不断创新高。不过，近两年格力电器的多项财务指标出现了下滑。财报显示，2019 年至 2020 年，格力电器分别实现营业利润 296.05 亿元和 260.44 亿元，同比下滑 4.49% 和 12.03%；净利润则分别同比下滑 5.88% 和 10.26%。

如今，董明珠不仅要应对业绩下滑的问题，还要处理核心员工离职的问题。

2021年2月21日，在格力工作了29年之久的黄辉辞去了执行总裁职务；2020年8月17日，格力电器董事、副总裁、董事会秘书望靖东也因个人原因辞去在格力电器的所有职务，此前他在格力工作了18年。

董明珠回应人员变动问题时称，"任何人不能为企业服务了，甚至有破坏性了，都必须走人"。董明珠坦言，当一名普通员工，管好自己就行；成为董事长后，不仅要管好自己，还要管好整个公司。在面对各种挑战时，普通员工不需要去承担，把自己的岗位管好就可以了，但董事长还要管别人，甚至要处理一些不规范的动作，为了企业，为了大家，就要去得罪人，这是自己的选择。

从近年来格力的人员安排来看，如何培养、留住更多"80后""90后"优秀的年轻人才成为她亟须考虑的问题。

为了留住最核心的科技人才，早在2017年，董明珠就在多个场合承诺给"格力员工一人一套房"。但当时有不少人提出质疑，阿里巴巴、腾讯、京东等科技公司，都在为员工提供住房福利，如提供无息购房借款或为员工提供公寓或集体租房，而格力电器要直接"送房"，这需要投入庞大的人力和物力，凭格力的实力究竟能否做到？

近期，董明珠回应称，格力马上要投放3700套人才房，即将实现科技人员一人一套房的承诺。董明珠表示，分房的意义在于，如果员工真正愿意在企业努力奋斗，公司应该给他创造这样的物质条件，这不仅是为了留住人才，更是尊重人才。员工不会单纯为了分到房子而留下，而是看能否得到企业充分的尊重，物质是一方面，追求梦想实现价值是另一方面。

对于人才公寓的产权是属于员工个人还是员工只拥有使用权，董明珠透露，公司现在也在重新考量。"因为我原来计划的是能在企业干到退休的员工，这房子就归你所有，但是我们也了解到，很多年轻员工称，熬到退休的时间太长了，能不能现在就把房子给我，我现在急需用房。还有的员工说，不要企业白送，比市场价便宜一半就行。员工有这样的诉求，我们将在下一步对分房问题做更深入的研究。"董明珠说道。

为了招聘到更优秀的员工，2021 年初，董明珠加入综艺《初入职场的我们》。在她的综艺首秀中，董明珠提到，明天是属于年轻人的，并称"现在年轻人应该加强职业认知，真正的追梦是中国制造"。

作为掌舵格力十余年的"当家人"，董明珠将把手中的接力棒交给谁？

董明珠表示，选一个接班人并不那么容易。"个人和团队之间的关系是非常密切的，没有领导型的人物，就不可能有团队，但如果一个领导者很优秀，而团队力量不行，执行力不行，那么企业依然不行；我觉得真正理解两者的关系是非常重要的"。

在董明珠看来，要成为格力接班人需要具备三方面的能力或素质。一是思想问题，能不能做到为公？能不能放下自我？二是敢讲真话干实事，要对企业负责任。三是要尊重制度，具备风险意识。"成为接班人后，不能觉得从此就自由了。对于普通人来说，只要尽职尽责把自己的本职岗位做好就行了；但是有权力的干部和领导是不一样的，对他们的要求也是不一样的，除了要尊重企业的规章制度，还必须要有风险意识。"

相较于高管团队的变动，董明珠与投资人的关系较为和谐。2019 年底，格力引入了新的战略投资人——高瓴资本。董明珠表示，对她而言，其实就是股份换了东家。"无论谁投资，我们都希望对方能够尊重整个团队。"

"企业的发展不是靠大股东的钱来实现的，而是靠企业的创新动力、创新能力、团队精神、企业文化来实现的。"董明珠指出，在市场竞争下，之前的控股方觉得更应该把企业放到市场中进行锤炼，所以在这样的背景下，对股份进行了转让。

谈及目前与新投资人的关系时，董明珠称，对方从来不会干预企业经营，因为企业本身自有一套经营模式。投资是投资的模式，投资跟制造是两个不同的领域，管理方式也不一样。"从企业家的角度看，股东跟经营者之间的这种关系，我觉得还是要靠诚信才能打动一切，对彼此负责。我希望格力的投资者是一个真正的价值投资者，能更着眼于格力长期的发展。"

"造车梦"能否实现

围绕董明珠的争议还有一点——跨界造车。

董明珠的"造车梦"始于 2016 年。在 2016 年 10 月的格力电器临时股东大会上，董明珠提出格力要收购珠海银隆新能源（下称银隆新能源），进军新能源汽车板块。然而，当时的中小股东并不买账。投票结果显示，格力电器收购银隆新能源股权的议案勉强获得通过，但募集 96.9 亿元配套资金等 15 项议案却遭到中小股东的联手阻击，未能成行。

在股东大会上碰壁并没能阻挡"铁娘子"的脚步。不久后董明珠找来了王健林、刘强东，三人集资 30 亿元买下了银隆新能源 22.388% 的股份。不过，收购进程并不顺利，受到了外界的诸多质疑，深圳证券交易所还发出了重组问询函。

2018 年，银隆新能源屡次被曝出工厂停工、被供应商拉横幅讨债、上市辅导终止、大举裁员、高管监守自盗等问题。其造出的唯一一款汽车银隆艾菲 MPV，也因为疑似套壳丰田埃尔法以及 43 万元的逆天售价而无人问津。同年 11 月，银隆新能源声称，大股东魏银仓及原总裁孙国华等通过关联交易侵占公司利益，涉及金额超过 10 亿元。随后该事件不断发酵，董明珠因与珠海银隆原控股股东及管理层产生分歧，一度对簿公堂。

最终，银隆新能源被格力电器收入旗下。2021 年 8 月 31 日，格力电器发布公告称，公司通过司法拍卖公开竞拍的方式竞得银隆新能源 3.36 亿股股份。公司董事长董明珠与其签订了附生效条件的表决权委托协议，董明珠将其持有的银隆新能源 1.93 亿股股份所对应的表决权委托公司行使。

也就是说，此次交易完成后，格力电器（见图 2-5）将合计控制银隆新能源

5.29 亿股股份所对应的表决权，占银隆新能源总股本的 47.93%，银隆新能源将成为格力电器的控股子公司。

格力表示，未来格力电器可与银隆新能源在汽车工业产品、储能相关的电器产品、精密模具、新能源、再生资源等领域形成协同效应，格力电器可在公司治理、市场拓展、研发协同、供应链管理等领域多维度赋能银隆新能源，提高银隆新能源的产能利用率和产品竞争力。

图 2-5　珠海格力电器股份有限公司

图片来源：中新经纬提供。

在新能源汽车的风口上，董明珠的造车计划不免会被拿来与雷军的造车计划做对比。雷军似乎早有造车想法，但显得谨慎许多。"2013 年，我拜会过两次埃隆·马斯克，当年我就是特斯拉的车主，并开始关注新能源车产业。"雷军在其个人公众号中写道。但对于造车，小米一直按兵不动。甚至在 2020 年 12 月，小米总办副主任徐洁云仍在微博中表示："但凡说小米要造车的，都是假新闻。"

有意思的是，在格力宣布 18 亿控股银隆新能源后的第二天（2021 年 9 月 1 日），小米官方宣称，小米汽车有限公司已完成工商注册，注册资本为 100 亿元，雷军亲自出任该公司的法定代表人。

2013 年，董明珠与雷军的"10 亿元赌约"曾赚足眼球。他们于 2013 年底公开对赌 5 年内格力与小米的营收谁更大，结果 2018 年格力以 2000.24 亿元的营收（略高于小米 1749 亿元的营收）"险胜"。如今，他们又同时正式进军新能源汽车市场，站在同一赛道上，谁能胜出成为业内讨论的热点。

"这条战略重点永远不变"

从一个年产值不到 2000 万元的小厂到多元化、国际化的工业集团，30 多年间，格力电器完成了一个国际化家电企业的成长与蜕变。作为元老级员工，董明珠不仅经历了格力作为一家民营企业从小到大的拼搏过程，也见证了在市场经济大潮中，中国制造企业的出海历程。

在董明珠看来，中国的制造业品牌过去也"出海"，并且量很大，但大多是贴牌生产。"现在的情况当然好多了，我们现在追求所有的出口都是中国自己的品牌，即中国制造。我们曾经讲过一段时间的制造业'出海'都是指在海外建厂，因为成本低，但是我一直认为我们是中国制造，祖籍依然是中国。虽然国际形势已经变了，但若不是中国籍，还叫什么中国制造？"

"中国市场是格力的大本营。"董明珠表示，即使格力扩张，也会以中国为主，但也会到外面适当布局。比如巴西，格力每次往巴西运输产品大概都需要半年的时间，短的也要三四个月，为了在当地做一些事，所以才在巴西投了一个工厂（见图 2-6）。

从"中国制造"到"中国智造"，技术创新无疑是其中最大的发展引擎。国家知识产权局的数据显示，截至 2021 年 3 月，格力电器累计获得专利授权数量已超过 1 万件。从现有数据来看，格力电器已经成为国内首家已授权发明专利过万的家电企业。

图 2-6　2001 年格力电器（巴西）有限公司投产

图片来源：受访者提供。

目前，格力已三次获得国家科技进步奖。2021 年 4 月，在全球制冷技术创新大奖赛颁奖仪式（中国）上，格力联合清华大学研发的"零碳源"空调技术获得了最高奖。

"我们获奖获得太多了。"董明珠表示，就这次创新大奖赛而言，全球 2000 多个项目参加竞赛，最后格力拿了最高奖。"说实话，能拿这个奖是非常自豪的，但不是骄傲。因为我们还有更多的技术需要创新，我们的梦想是争取零排放，这是我们真正的理想。"

谈及未来格力的战略重点，董明珠表示："我们的战略重点，首先是一条永远不变的战略重点，就是以技术为创造，以质量为保证，这个是没有止境的。技术和质量不可能说你今天做好了，明天可以把它放下，这是不可能的，主线是永远不能放下的。"

案例
||||||||||

闪送：同城快递的迭代与创新

常涛

"创业公司上线一个 App 怎么也得半年时间，我们一周就上线了，根本没想那么多，"闪送副总裁杜尚骉在接受媒体采访时回忆了闪送创立时的一些片段，"我们当时做了一个网页，告诉用户我们提供一对一同城急送服务，看用户愿不愿意付费。当发现用户真的有这个需求且愿意付费时，我们觉得这事能成。"

"用户需求"对彼时的闪送来说犹如星星之火，如今已成燎原之势。过去八年，闪送围绕着如何满足用户需求构建了护城河，并向行业贡献了同城即时配送的"闪送"经验。

三大壁垒

2014 年 3 月，闪送在北京上线，定位于为用户提供一对一急送的同城即时速递服务。根据闪送的公开数据，经过 7 年多的发展，截至 2021 年，闪送已经覆盖全国 222 个城市，累计服务人次超过 1 亿，在同城即时速递服务领域稳居龙头地位。

据易观千帆公布的 2020 年 8 月同城即时速递服务 App TOP 5 榜单，闪送以 132 万的活跃用户规模稳居首位，行业渗透率为 4.1%。

但同城即时速递赛道并不缺玩家。2020 年 6 月，背靠京东的达达快递登陆资本市场，此外还有 UU 跑腿、顺丰同城急送等众多颇具竞争力的对手。与此同时，同城即时速递行业也一直备受"没有门槛"的质疑。

"这两年同城即时配送行业确实很热闹。这个行业有两种模式：一种是 B2C，另一种是 C2C。B2C 最典型的应用场景就是外卖，主要的壁垒就是流量和资金，而且需要巨大的流量和资金。而 C2C 模式有所不同，所有的公司在起步阶段都差不多，一旦某家公司形成规模后，就能牢牢占据市场。"杜尚骉认为，同城即时速递的 C2C 模式有三大壁垒。

第一个壁垒是规模优势，包括客户的订单量以及闪送员的规模。闪送在刚起步时订单量很少，价格也很高。但当用户需求起来之后，订单量开始迅速增长，价格也很快降了下来，进而又撬动了订单量的更大增长。杜尚骉认为，这样就形成了很强的规模效应壁垒。"规模越大，效率越高，客户的体验也就越好，而一个新入局者很难做到这样。"杜尚骉说。

第二个壁垒是算法优势。杜尚骉将闪送提供的同城急送服务总结为三个特点，分别是需求高度离散、及时送达和个性化。"闪送会将用户的需求标签化、数据化，同时将闪送员的能力标签化、数据化，并通过算法将之匹配，以达到最优效果。这种匹配是建立在长期的两端数据积累的基础上的，且这种算法是不断迭代的，这也是非常重要的壁垒。"

闪送的运力调度系统一直在自我升级和迭代，杜尚骉回忆，闪送在 2017 年之前，运力调度还是以闪送员和订单的距离为主，但这并不是最优的路径，所以目前闪送采用的是"全局最优"订单推送模式，最终往往会采取交叉取货的方式，提高双方的时效性。

此外，闪送也会考虑闪送员的个人配送习惯及用户、物品的特殊要求，通过过往记录进行契合度匹配，保障将每一个订单都分配给最合适的人选，即以全局最优为核心。

第三个壁垒是品牌口碑。"同城急送是一个低频需求，用户有需求时才会用；当这个需求产生时，他能第一时间想到你，就是品牌口碑在发挥作用。"杜尚骉说。

"一对一"还有想象空间吗

"一对一急送，拒绝拼单"，这是闪送 2018 年提出的品牌战略定位，这也使得闪送的服务标签更清晰化。简单来说，闪送和即时配送赛道中其他平台的服务模式最大的不同点就是，从发件人手中取件到把物品送到收件人手中，整个服务全程都只由一名闪送员负责，并且一名闪送员一次只能够接一单，在上一笔订单结束之前，不能再接其他订单。

杜尚骉表示，闪送中短期聚焦于"一对一"急送服务，即便将来拓展业务，也会采用"一对一"场景和模式，但满足的可能是"用户的情感诉求"。

"在闪送目前配送的物品中，不少是蛋糕、鲜花，这类物品的背后是情感诉求。按照这种思路，如果我们闪送的不是某种商品，而是某种服务，是不是更能切合用户的情感需要？"杜尚骉认为，一对一闪送"服务"未来有巨大的想象空间。

"但闪送服务需要标准化。举个例子，比如我在北京，有个老家同学托我去参观某家公司。如果我没有时间，我就可以下单一个闪送服务，我把具体要求告诉闪送员，比如拍几张照片，问几个问题，让闪送员帮我去完成。"杜尚骉认为，对这种服务进行标准化有些难度，但仍值得探讨。

信息技术组合将满足更多用户的个性需求

党的十九届五中全会提出，改善人民生活品质，提高社会建设水平。"十四五"期间，物流行业、即时配送行业将有哪些创新？

杜尚骉认为，技术发展将给闪送的业务模式带来创新，越来越多个性化的需求将得到满足。"用户对某些高质量服务的要求，将通过一定的信息技术组合来完成。"

截至目前，闪送已经完成了 D2 轮融资。在杜尚骉看来，未来闪送寻求的还是一种稳健增长的态势。

杜尚骉回忆到，2015 年 9 月，闪送开始抽取平台服务费。而在此之前，闪送一直是免费作为闪送员和用户的信息中介平台而存在的。在抽取平台服务费时，闪送也担心会导致订单量下滑。"但我们发现，其实用户在紧急需求下是愿意付费享受闪送服务的，平台的订单量也随之不断攀升，进而带来了闪送员接单量的上升，闪送员的收入并未因平台抽取服务费而减少。"

因此，当即时配送赛道甚至传统物流领域尚处于发展之初的"烧钱"阶段时，闪送早早就实现了盈利。闪送的健康成长态势，也为后来闪送的大规模进军，以及在多个城市开展业务提供了保障。

"把自己最擅长的领域做好、做精，是闪送一直坚持的原则。"谈及未来，杜尚骉表示，闪送在业务上不会跳出"一对一急送"的业务范畴，但会继续完善城市场景；在产品上继续拓展新的方向，探索更多尚未解决的客户问题；在数据端也会不断迭代升级，争取用最快的速度，将闪送配送员和用户联结起来，规划出最优的配送方式。

案例

‖‖‖‖‖‖‖‖

小米："让每个人都能享受科技的乐趣！"

高铂宁

自 2011 年雷军创办小米公司起，中国的本土智能手机赛道已历经十余年发展。无数品牌在此竞逐，而小米也从一家初创公司成长为营业额超 2459 亿元的世界 500 强企业，旗下产品在全球 65 个国家和地区智能手机市场上的占有率排名前五，小米公司也升级为以智能手机、智能硬件和 IoT 平台为核心的消费电子及智能制造公司。

十余年间，小米智能手机的出货量屡创新高、AIoT 平台正加速走向全场景互联，如今小米又在提速发力 To B 业务……作为"万物互联"赛道上的重量级选手，小米的智能生态场景在不断完善，同时也面对着更多来自市场的挑战。小米如何走上创新之路？如何从国内走向国际？小米集团总裁王翔回应了业内关心的热点话题。

走出国门

2021 年 8 月，小米集团创始人、董事长雷军在年度演讲中表示，"我们当前的任务就是站稳全球第二，下一个目标是三年拿下全球第一"。这番决心的背后是小米集团跨越式进步的业绩：根据第三方机构 Canalys 发布的二季度全球智能手机出货量排名，小米的市场份额首次跃居全球第二，达到 17%。而在小米的业务版图中，海外业务是颇为重要的一块，2021 年二季度，小米境外市场全系列产品创造的收入为人民币 436 亿元，占总收入的 49.7%。

2011 年底小米推出了首款手机，此后很快开始筹谋出海。王翔认为，小米及早布局全球市场，随后比较快速地进行海外扩张、打造市场纵深，是小米除产品力提升之外成为行业赢家的第二大重要原因。

对于小米走向国际化的商业逻辑，王翔给出了三点经验总结，"先近后远，先易后难，技术匹配"。在选择首个出海市场时，小米把目光投向了印度。他认为，这个新兴市场堪称完美：电商非常发达，主流通信技术刚开始进入从 3G 到 4G 的转化，与小米的 4G 产品匹配，而且地理上跟中国相近。

此后，小米相继进入印度尼西亚、俄罗斯和东欧等与中国市场需求相对接近的海外市场，随后又在西欧、拉美和非洲市场全面铺开。王翔在回忆自己的海外市场考察经历时说："我认为，人们对美好生活的追求和向往是一样的，不管你生活在东欧、西欧还是亚洲，都是一样的。"

尽管小米前期的布局逻辑较为审慎，其进军海外市场的过程并非一帆风顺，在印度市场一度遭遇专利纠纷，被起诉禁售，试水巴西市场时也曾铩羽而归。遭受挫折之后，小米开始基于各大海外市场的特色不断调整渠道策略，进行差异化应对。王翔表示，除了建立有效的渠道策略外，小米还在积极解决专利问题。一方面，从海外通信企业处获取授权、收购专利，通过交叉许可长期进行知识产权的战略合作；另一方面，小米也开始加大研发投入，建立专利资产，构建专利壁垒。据王翔介绍，小米在欧洲处理了非常多的专利纠纷乃至诉讼，"到目前为止，我们在欧洲仍保持着零败诉的纪录"。

上述策略都为小米手机在全球范围内的增长提供了强大动力。据第三方机构 Canalys 的数据，2021 年二季度，按智能手机的出货量计，小米在全球 65 个国家和地区的市场占有率排名前五，在 22 个国家和地区的智能手机市场排名第一。其中，小米在欧洲的市场占有率排名第一，达到了 28.5%。王翔举例说，小米在西班牙的市场占有率已经达到了 41%，在法国和意大利的市场占有率也在 30%，均升至当地市场第一名。"法国市场对品牌非常敏感，在这些西欧主要发达国家市场占有率排名第一，这一点以前还没有中国企业做到过，这说明小米的产品力和品牌力都达到了很好的水平。"

王翔表示，下一步，小米的境外市场策略依旧是持续做好欧洲市场，同时逐步重点拓展拉美等市场。

冲击高端之路

在出货量提升的背景下，当被问及小米高端化机型的渗透情况时，王翔表示，在做高端旗舰机方面，小米还在持续摸索和创新。王翔指出，长期以来，小米创造了非常多的极致性价比产品，导致部分消费者误以为小米以经营低端产品为主。尽管价格厚道，但做低端产品从来都不是小米创立的初衷。

为扭转消费者对小米品牌的印象，从 2019 年开始，小米制定了双品牌战略，将 Redmi 品牌的重点放在了性价比方面，坚持"高端产品大众化，大众产品品质化"的理念；而小米品牌则重点探索更新的高科技和更好的用户体验。

2021 年上半年，小米定价 3000 元及以上以及境外定价 300 欧元及以上的高端智能手机的全球出货量超 1200 万台，已超过 2020 年的出货总量。随着销量的较快增长，小米手机的平均销售价格（ASP）仍能保持稳定，其原因与高端机型的良好销售情况是分不开的。王翔称，2020 年，小米高端手机主要位于 4000~5000 元价格段，2021 年已经进入 6000~10 000 元价格段。

谈到外界关切的 ASP 提升速度问题，王翔认为，小米手机的全球出货量非常大，Note 系列等产品的性能好而且价位相对不高，摊薄了整体价格；目前小米手机的 ASP 正在增长中，但是双品牌战略的实施仍然需要时间，"要让消费者逐渐认识你、了解你、信任你，他们才会真正成为你的朋友。这条路走得非常对，我们会坚定不移地继续往前走"。

提升生产效率

2017 年，小米开始深度参与制造业，从互联网代工生产模式向制造端渗透。王翔表示，改革开放以来，中国电子工业的水平发生了翻天覆地的变化，如今，中国的手机制造商应该积极探索智能制造，为中国乃至全球的消费者提供技术领先的高质量产品。

本着为中国智能制造添砖加瓦的目标，也为了实现小米"让每个人都能享受科技的乐趣"的理念，2020 年年初，小米第一代智能工厂正式落成。目前，工厂已交付使用。

据悉，该智能工厂每年能够生产 100 万台高端智能手机，已成为手机工业效率领先的自动化生产线。2021 年 7 月 14 日，小米智能工厂二期已在北京昌平区正式开工，交付使用后，产能将达到每年 1000 万台。为继续提高产品品质的一致性和生产管理的一致性，智能工厂的生产技术还在不断优化迭代中。

据王翔介绍，这条生产线上的设备有很大一部分是小米自主研发的或由小米生态链企业生产的，除了上下料以外，可实现全厂生产管理过程、机械加工过程和包装储运过程的全程自动化无人生产。"这样一个实验级的工厂，其效率比目前代工业内最先进的工厂还高 25%，超出了投入使用前的预期。"

加固生态链

2021 年 10 月 12 日，小米集团在其首届企业服务峰会期间公布了 To B 事业部的发展情况。据悉，小米 To B 事业部自 2021 年年初成立至今，其定制终端已服务了超过 15 个行业，销量超 100 万台。

王翔表示，作为一家智能硬件制造商，硬件制造能力是小米的立身之本。在小米"手机 × AIoT"战略下，小米选择从硬件这一长项切入 B 端业务。在"万物互联"的大趋势下，小米希望通过以定制 AIoT 终端等手段继续赋能企业，提高企业和社会的运行效率；通过服务企业，最终服务于每个消费者。

打造小米现有的 AIoT 生态十分不易，在王翔看来，生态是小米最核心的优势。他介绍称，除了手机以外，小米生态还覆盖了几百个品类、3000 多个 SKU，涵盖了智能家居、可穿戴、运动类、交通出行类等产品。据了解，2021 年二季度，小米 AIoT 平台已连接的设备超过 3.74 亿个，米家 App 的月活用户达 5650 万；同时小米境外 IoT 收入同比增长了 93.8%，扫地机器人、健康秤、滑板车、空气净化器、电动滑板车以及智能手环 / 手表等产品在海外市场持续畅销。

王翔认为，AIoT 生态是小米商业模式的护城河，而智能手机则是这一商业模式持续成立的基石。他预测，未来 5~10 年，物联网是大趋势，手机在物联网中的地位举足轻重，"是最强大的个人移动计算中心，是陪伴用户时间最长、交互最为频繁的控制中心，也是市场规模最大的电子设备"。

王翔称，小米将继续坚持"手机 × AIoT"战略，跳出手机与 AIoT 业务之间的单一加法思维和并列关系，使 AIoT 生态成为手机业务的催化剂，加固小米生态链。"智能生态正在不断加强，这也将为我们提供更丰富、体验更优秀，同时也更具综合竞争力的产品组合和服务生态。"

案例

|||||||||||

马上消费金融：长期主义的坚守者

魏薇

"坚持长期主义，不执着于追求账面的规模和利润，而是加大科技投入，打造开放的轻资产运营模式。"马上消费金融董事长赵国庆曾多次在公开场合谈到他的商业理念。

早在京东集团做副董事长时，赵国庆就看到了消费金融行业的市场机会，在继续安稳工作和下海创业博一把的选项中，他选择了更难的后者。公司创立之初，赵国庆便意识到了科技的重要性，并将科技自立作为公司发展的源动力。如今，马上消费金融已成长为一家拥有 1.4 亿注册用户，逐步跻身头部的消费金融公司。

在新冠肺炎疫情的冲击下，消费金融行业也迎来了一次严峻的考验，这也让赵国庆和马上消费金融更坚定了做开放平台的决心，立志将公司发展成一个科技驱动的综合性金融机构。

科技自立是发展的源动力

国内最早的消费金融公司概念始于 2009 年。彼时，银监会下发《消费金融公司试点管理办法》，首批 4 家消费金融试点公司获批成立。

2013 年，消费金融公司的试点范围进一步扩大。与此同时，互联网电商平台也开始大举发展消费金融业务，"花呗""京东白条"等消费金融产品开始逐渐融入人们的生活，一时间，消费金融如火如荼地发展起来。

赵国庆也在仔细观察消费金融行业，他看好这一领域的发展前景，"消费金融行业可以为有金融服务需求的社会各阶层和群体提供小额分散的消费金融服务，对升级消费、拉动内需和服务实体经济发展都提供了助力"。秉承着这样的初心，2014 年 4 月，他决定创业。

在低调筹备一年多后，2015 年 6 月马上消费金融正式开业。在赵国庆看来，科技自立是公司发展的源动力，也是公司业绩增长的关键。"从成立之初，马上消费金融就高度重视科技创新，在科技研发、人才引进与培养方面进行了大量投入，所有技术产品均以自主研发的方式进行。"赵国庆说道。

结合多年深耕普惠金融服务的经验，赵国庆带领马上消费金融制定了"场景＋科技＋开放"的综合性数字化平台战略。

资料显示，马上消费金融自成立以来，研发投入连年增长，聚焦于人工智能、大数据、云计算等核心技术的关键领域前沿及应用研究。马上消费金融自主研发了集成了语音识别、自然语言处理、机器视觉等全能力的 AI 大脑，其中，9 项人工智能技术已经获国家权威认证。截至 2021 年 8 月底，公司已累计公开申请专利数据 330 余件。

实现数据"阅后即焚"

随着大数据的广泛运用，各个行业数字化进程的加快，数据安全、数据治理的重要性日益凸显。2021年是数据治理、数据保护的"大年"。2021年7月10日，国家互联网信息办公室发布《网络安全审查办法（修订草案征求意见稿）》；2021年9月1日，《中华人民共和国数据安全法》已正式施行；2021年11月1日，《中华人民共和国个人信息保护法》也已正式实施。

如此密集的法规发布，可见数据安全已成为所有企业必须直面的问题，尤其是和消费者密切相关的金融机构，更要在数据安全领域有所作为。

"消费者权益无小事，而信息安全是金融消费者权益保障的第一生命线。"赵国庆表示。

赵国庆介绍，马上消费金融自成立以来便将维护消费者个人权益作为经营发展的根基，通过技术与管理相结合的方式，严控个人数据全生命周期安全。在银保监会的指导和监管下，马上消费金融建立了基于IT治理、管理、技术三个层级包含18个细分领域的信息安全管理体系，从组织、制度、流程、工具各个层面多管齐下，构筑了有效的信息安全防线。

在消费者个人信息保护方面，赵国庆谈到，马上消费金融不仅建立了《数据安全管理规定》，针对数据密级定义、分级、对应保护措施、数据全生命周期保护策略做了明确的规定；而且还制定了《个人金融信息保护管理办法》，针对客户个人金融信息的收集、存储、传输、使用、共享、销毁等保护要求和操作规范做了专门规定，从制度层面着力保护客户的个人金融信息安全；并且，通过在收集、使用个人信息时，遵循合法、正当、必要及最小化原则，向个人明示收集与使用个人信息的目的、方式、范围和规则等，且只处理满足用户授权同意的目的所需的最少个人信息类型和数量，并对收集的个人信息严格保密等措施，有效保障了客户的信息安全。

在技术架构上，赵国庆指出，马上消费金融全方位地引入了安全功能设计，涉及组件安全、接口安全、抗攻击能力、应用环境监测等多个方面。并通过系列技术手段，对潜在仿冒、安全漏洞做到全面感知，杜绝损害用户权益之类的风险发生。同时，马上消费金融开发出了基于边缘计算的智能算法库，使终端提取的数据无须再传输到后台加工，降低了终端敏感数据泄露的风险，实现了数据的"阅后即焚"，极大地保护了用户的隐私数据。

平台开放，产业共享

弹指一挥间，消费金融在中国已走过 10 年时光。10 年间，消费金融行业发生了翻天覆地的变化，持牌消费金融公司的数量也达到了 30 家。在激烈的市场竞争中，赵国庆也一直在思考消费金融行业未来的发展趋势。

一直以来，资金都是持牌消费金融公司发展的命门，如何才能摆脱资本的约束？赵国庆认为，开放平台是马上消费金融开拓新业务模式的途径，能使自己逐渐摆脱资本撬动资产的传统模式，使马上消费金融可逐渐发展成一家科技驱动的、综合性的金融公司。

"未来，我们要做一个开放平台，给场景方、金融机构等合作机构提供资产、资金和技术等相关服务。"赵国庆表示。

他谈到，科技从后台向前台的转变，是数字金融底层的一个典型特征。过去传统金融机构都会认为科技是支撑部门、是后台部门、是职能部门，从消费金融发展的角度来看，科技已经走向了前台，可以成为盈利业务，可以对外开放与输出。

据介绍，马上消费金融与商业银行、零售、信托等机构合作，向同业输出智能风控系统、信贷服务系统、客服系统等技术。通过开放平台，借助自身的科技能力能够帮助同业机构在价值链上进行一些补充。据了解，目前，马上消费金融通过科技赋能的机构数量已超过 100 家，合作的金融机构已超过 200 家，场景方达 200 余家，覆盖消费场景达百万个。

在谈及和互联网企业、科技公司之间的竞争时，赵国庆表示并不担忧。他认为，在开放生态的格局中，以银行、小贷、消费金融等为代表的金融机构和科技公司、互联网企业发挥着各自的优势。"不同的金融机构提供差异化服务，功能互补；科技公司、互联网企业可以赋能金融机构。唯有开放才能共赢，这是机遇更是挑战"。

"未来的科技发展正趋向开放化的常态，马上消费金融希望构筑一个平台，使资金、资产能有效地整合。"赵国庆表示。

赵国庆曾多次表示，马上消费金融及其本人都非常拥护"长期主义"价值观，坚持长期主义的一致性。在他看来，加大科技投入，打造更"轻"、更"开放"的商业模式，坚持小额分散、场景结合、数据决策、科技驱动、稳健风控等能力建设，是长期主义价值观的重要体现。

"唯一的不变是适应变化。越是变化，越需要长期主义，尤其在科技领域，唯快不破。"赵国庆强调，对马上消费金融来说，不变的是坚持科技自主研发，变化的是顺应科技发展潮流，打造出独具特色的创新能力；不变的是"以用户为中心"，变化的是不断提升用户体验，为用户提供更优的服务；不变的是履行社会责任，展现大企业的担当与情怀，变化的是不断提高履行企业社会责任的能力和水平。

案例
IIIIIIIIII

新希望：养猪也需要"硬核科技"的驱动

马静

从卖鹌鹑起步，到卖饲料、卖鸡鸭猪仔再到卖植物肉，自 1982 年创立至今，新希望已成为中国最大的肉蛋奶综合供应商，2020 年的年收入超过人民币 2100

亿元，并在 2021 年首次闯入《财富》世界 500 强榜单，位列第 390 位，是"食品生产"类中唯一上榜的中国企业。

作为中国最早的一批民营企业，进入"不惑之年"的新希望接下来要怎么走？身为一家传统的农牧企业，如何在数字化大潮中找准自己的方向？

数字化是再造过程

"我们深刻体会到，一些传统优势企业正在逐步弱化或者边缘化，最具影响力的企业多数是互联网、数字化、智能化和生物科技企业。这说明社会在变、风口在变，数字化已经成为最有效率的体系。因此，用数字化体系对传统企业进行再造便显得尤为重要。"新希望集团董事长刘永好表示。

如何理解"再造"？刘永好解释说，传统企业和互联网企业的组织基因是完全不一样的，把两个不同基因的物体并在一起会产生变异和抗体。数字化并不是简单的小修小补和资金投入，最难的是思维、组织体系、文化上的变化，必须得经历一个艰苦的组织再造和文化再造过程。

对此，新希望提出的方案是，树立转换新机制、任用新青年、探索新科技、布局新赛道、担当新责任的"五新"理念。

自 2018 年正式启动数字化转型后，在人才培养方面，新希望在内部开启了数字化转型专项课程学习，前后共有约 240 名高管及后备干部通过线上线下方式参与。此外，新希望集团旗下已拥有 3 家研究院、17 家数字科技合伙人公司、几十家数字科技投资生态公司，其中数字化科研工作者、工程师的人数超过 5000 人。在 2021 中国企业家博鳌论坛上，刘永好表示："这离我们的目标人数还差得远，未来 3 年，我们希望企业数字化工程师、技术人员要达到一万人"。

在冷链物流方面，新希望成立了鲜生活冷链物流有限公司，借助大数据资源提升生鲜食材的运输效率。公司目前有超过 10 万辆冷链车为全国 600 多个市县进行配送，每年有 600 万吨的生鲜产品进行冷链配送，为 40 多万家餐饮企业提供配送，形成了销售和估值约百亿元人民币的规模。

在数字化营销方面，新希望乳业通过数字化发现需求，打通渠道，推出了 24 小时鲜牛乳（见图 2-7），借助电商服务将产品送达客户。

在"饲料 – 养殖 – 屠宰 – 食品加工 – 冷链物流"的全产业链中，新希望针对产业的痛点、农户和上下游小业主的实际难点，打造了一系列数字农业产品，形成了一个"希望云"农业产业互联平台，提供包括买好（料你富饲料交易平台）、养好（慧养猪 App）、卖好（聚宝猪生猪交易平台）、融好（厚沃云供应链金融平台）、运好（运荔枝物流平台）、追溯好（"知初"食品溯源平台）等"六好"农业数字化解决方案。

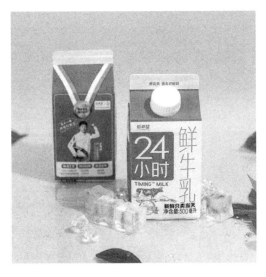

图 2-7　新希望 24 小时鲜牛乳

图片来源：新希望乳业官网。

养猪也需要"硬核科技"的驱动

"别人说养猪搞什么智慧化啊？我认为养猪就是要智慧化。"在接受媒体的采访时，刘永好如此说道。

生猪养殖和禽养殖作为新希望的主营业务，已从传统的养殖模式走向"硬核科技"驱动。在生猪养殖方面，除采用聚落化养殖模式（见图 2-8）外，新希望正在探索建设智慧猪场，可利用智能保温设备，根据环境自动调节温度；轨道测温机器人可实时监测猪只的健康情况，及时预警体温异常猪只；自动分群系统会根据猪只的体重进行分群管理，依据体重进行精准饲喂；粪沟清洗机器人可及时有效自动清洗粪沟，降低人工成本，减少疾病传播；养殖场内还配备了无人机和机器人进行 24 小时巡检。

新希望集团 2021 年的半年报数据显示，自 2018 年年中"非瘟"暴发以来至 2020 年年底，新希望的生猪成活率已恢复至近 90%，处于行业领先水平。

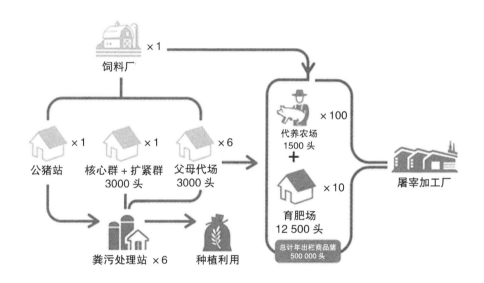

图 2-8　新希望聚落化养猪模式示意图

图片来源：新希望集团官网。

在生物科技育种方面，新希望和中国农科院的项目团队通过大量的数据采集、对比、分析，建立了相应的数据模型，经六年育种，最终培育出适应中国市场需求的肉鸭品种——中新白羽肉鸭（见图 2-9），打破了国外品种对中国市场的垄断。

此外，新希望还研发出了自主饲料配方软件"鸿瞳"系统以及"秀杰"育种系统。

图 2-9　新希望自主研发的中新白羽肉鸭

图片来源：新希望六和集团官网。

"今天的养殖业愈发集中，我们要想发展自己的育种产业，提升育种能力，就必须依靠数字化所带来的算法、算力；只有这样，才有可能在更短的时间内赶超西方。"新希望六和董事长刘畅在 2021 年 9 月北京大学国家发展研究院的一场演讲中提到。

资料显示，新希望发展至今已七次获得"国家科技进步二等奖"，涵盖了畜禽健康养殖、饲料配制技术创新、功能性乳酸菌开发等多个专业领域；承担国家及省市级重点研发项目百余项；获得省部级以上科技奖励 50 余项；主持、参与国家及行业标准制修订 30 余项；现有有效专利 1500 余项。

近年来，新希望又提出要进一步拓展其科技战略的"长宽高"："长"体现在应用、转换和增值上；"宽"体现在跨界、发挥交叉学科的优势上；"高"体现在方法论和高技术的引进上。2018 年，新希望在美国成立了波士顿研究院，在国内成立了饲料、养猪、养禽、食品、信息等五大产业技术研究院，逐步形成了金字塔式的科技创新体系。

刘畅强调，新希望的数字化转型和新技术应用追求的不是高门槛、高配置，而是要选择真正贴合自身产业的技术，真正提高每一张订单的效率，效率的背后是组织的能力。

以猪场建设为例，一般企业从猪场开工建设到完工，再到进猪、产仔、育肥，差不多需要两年时间。新希望借助数字化运营体系，将猪场建设和运行的整个过程分拆成约 3000 个节点，然后通过信息化工具优化整个流程，管理节点与工作任务。现在的猪场建设只需要 180 天就能完工，180 天出小猪，整整缩短了一半的时间。

从企业向平台转变

数字化转型使新希望发现了用户需求，提升了内部运营效率，尤其是降低了规模化养殖的生产成本，但农牧企业绕不开农产品和大宗商品的周期性波动带来的业绩浮动问题。

对此，刘畅表示，经过对周期性、多元化和数字化的综合思考，新希望逐步确立了企业未来发展的方向：立足蛋白质产业，然后向这一产业的微笑曲线的两端和消费品领域做更多布局，使未来的产业结构呈现出一种更安全、更可持续的哑铃状布局。至此，新希望不仅具备上游的实业产能，还能拥有了后端的冷链物流等供应链。同时，伴随着消费升级趋势，可以在宠物食品、植物肉零食、食品科技服务等多个领域直达 C 端。

如何做好对新产业、新赛道的开拓？新希望的打法是建设以扶持"专精特新"为特色的合伙人平台，走出一条"产业＋平台"的新路。

2020 年初，新希望集团成立了新希望数字科技有限公司，依托产业数字化卓越中心和数字科技合伙人公司，整合内外部的产业和科技资源，围绕产业互联、区域数字经济示范、数字金融、投资生态圈四个方面，打造并输出系列解决方案。

通过合伙人机制孵化草根知本集团，按照"实业＋资本＋互联网"的核心经营模式，新希望投资了冷链物流、宠物食品、调味品、营养保健品等细分领域（见图 2-10）。数据显示，截至 2021 年，新希望已孵化出 100 多家企业，400 多个合伙人在多条赛道上快速发展。

四大板块

图 2-10　新希望旗下草根知本集团孵化的四大板块

图片来源：草根知本官网。

在 2021 年 5 月底举办的"2021 名企四川行"活动中，刘永好提出，未来新希望集团要新培育出三家上市公司，加快孵化一批"准独角兽"企业。

"新希望集团正在从一家企业转向一个赋能平台。"刘永好表示，"在平台上，我们以合伙人的方式，让年轻人发挥才能，分享成果。我们希望为不同类型的企业和创业者赋能和提供不同的支持，为他们赋予品牌力、文化力、科技力、资金支持力、社会资源力、企业管理力等多种力量，帮助他们在各自的赛道上尽情发挥。我们希望在新希望的体系和框架下，走出更多细分领域的'鸡凤''牛头'和'独角兽'。"

案例

||||||||||

石头科技：智能扫地机器人的进阶

高铂宁

近几年，智能扫地机器人行业先后涌现出若干款网红产品，许多家庭的清洁方式就此悄然改变。最早入局扫地机器人的一批公司已经充分享受了风口带来的红利，作为业内首家实现激光导航扫地机器人大规模量产的先行者，石头科技已成为一家市值逾人民币 800 亿元的科创板上市公司。

目前，和其他小家电品类的市场渗透率相比，中国乃至全球的扫地机器人渗透率仍处在较低水平。根据东方证券的研报，中国市场的扫地机器人渗透率约为 4.5%，明显低于欧美市场，行业仍有极大成长空间。前瞻产业研究院报告称，到 2025 年，随着技术进步以及吸尘产品的普及，全球扫地机器人行业的市场规模将达到 75 亿美元，市场渗透率将达到 29%。

蓝海就在眼前，作为扫地机器人领域的龙头企业，石头科技计划如何拿下一个个赛点？石头科技董事长兼 CEO 昌敬对此做了详细解读。

科技智能还是家电制造

2020 年 2 月，石头科技以每股人民币 271.12 元的价格在科创板上市。上市至今，石头科技的股价一度飙升至近人民币 1500 元，令人瞩目。有股民因此戏言其是"疯狂的石头"。

近年来，"懒人经济"盛行，除了扫地机器人之外，还有多款小家电红极一时。但是，进入 2021 年后，多家小家电公司的业绩出现下滑，市场温度骤降。分析人士指出，扫地机器人之所以仍受资本的青睐，一方面缘于全球扫地机器人市场的前景广阔；另一方面，在二级市场，只有高新技术的底色才有可能撑起更高的估值。

那么，石头科技是更想被资本市场认定为一家家电企业还是一家科技公司？昌敬表示，公司的定位是做全球范围内的中高端智能硬件公司，更长远的目标是做一家中高端科技创新公司。"石头科技衡量是否做某个品类的标准是，公司能否给这个品类带来更多额外的价值。未来，除了智能清洁之外，也不排除通过技术外溢进驻新的赛道。"

向自动化方向发展

智能扫地机器人是一款需要持续迭代与创新的产品。目前，智能扫地机器人的技术趋势正从随机碰撞式向路径规划式转变，利用技术创新可解决用户的一大痛点。而随着消费升级潮的来临，国内外消费者购买扫地机产品的意愿正在提高，对扫地机器人的清洁功能、智能性、静音等方面也提出了越来越高的要求。对于业内公司，在技术不断升级的态势下，提高自主研发水平是保持竞争力的重中之重。

根据石头科技的财报，2018—2020 年，石头科技的研发投入持续增长。在研发人员方面，2018—2020 年，公司技术人员的人数分别为 173 人、273 人和 382 人，占公司员工总数的比例分别为 53.39%、50.93% 和 55.85%。据石头科技介绍，目前公司员工中超过一半的人员为技术人员，在同行业可比公司中占比最高。在研发费用方面，2018—2020 年，石头科技投入的研发金额分别为人民币 1.17 亿元、1.93 亿元和 2.63 亿元，占营收的比例逐年升高。2020 年，这一比例为 5.8%，2021 年一季度，进一步提高至 8.62%，高于行业平均水平。公司长期投入的决心可见一斑。

重金投入下，公司的原创技术成果颇丰。根据财报，石头科技核心技术中的激光雷达、SLAM 算法、路径规划算法和运动控制算法等均为自主研发。截至 2020 年年末，石头科技已经累计申请 656 项专利，其中已获批 316 项，包括 65 项发明专利、142 项实用新型专利、77 项外观设计专利、21 项软件著作权等。此外，石头科技还设有产品研发中心、光电研究院、人工智能研究院、机电研究院及十余个正在运行的实验室。

根据艾瑞咨询 2021 年发布的《扫地机器人消费行为报告》，目前消费者采购扫地机器人的主要考虑因素是其清洁效果，主导购买行为的主因从心理因素向功能因素转变。石头科技认为，未来，扫地机器人将向认知智能化的方向发展，这种智能扫地机器人可以收集清扫区域的信息，结合用户偏好，形成多样化清扫模式，为用户提供个性化服务，提升使用体验。

昌敬还提出，未来的扫地机器人必然朝着自动化方向发展，"比如自动洗抹布、自动倒垃圾等，可以符合更多的使用场景，真正做到解放双手"。据昌敬透露，2021 年石头科技将推出一款自清洁产品。

发力高端市场、海外市场

石头科技采取了轻资产运营模式，多采用委托加工的方式进行产品生产。根据其财报，石头科技的生产成本主要来自原材料采购与委外加工费。2020 年，这两项费用分别占总成本的 54% 和 43%。2020 年，石头科技的毛利率是 51.32%，略高于另两家头部公司 iRobot 和科沃斯。同期，其 30.23% 的归母净利率也明显领先。

尽管盈利能力领跑全行业，但是，扫地机器人市场竞争的日益白热化也是其必须面对的挑战。当前，国内外市场的扫地机器人品牌众多，仅国内就有 200 多家公司在建设线上渠道，主要参与者包括服务机器人公司、传统家电公司等。

当被问及如何保持自身的品牌优势时，昌敬表示，当前，扫地机器人的低端市场上产品同质化较为严重，而石头科技所聚焦的中高端市场品牌及产品在全球市场上较为稀缺。石头科技的竞争力体现在依托科技创新实力和自主研发能力，占据中高端市场上。

昌敬还强调，公司在高端市场上占领更多份额是结果，而不是未来的发展方向。"我们把产品放在很高的位置，要做出创新、高品质、精雕细琢的产品，才能打动用户，要做出口碑最好的产品。石头科技未来的发展方向依然是'用创新简化生活'，要成为一家持续创造全球口碑最好的产品的企业"。

同时，石头科技自 2016 年以来就在着手布局海外市场，通过美国亚马逊等渠道直销海外，也通过慕晨、紫光、俄速通等经销商渠道间接售出。对于海内外市场的不同点，昌敬介绍称，消费者的清洁习惯的确有差异，国内市场对扫地机器人的需求趋势还是拖地，所以公司采用了"拖为主、扫为辅"的产品策略，国外市场则反之。昌敬补充道："作为一家全球化企业，石头科技不会刻意区分市场，只是海外的国家多，所以市场容量自然更大。"

目前，石头科技的产品已销往全球 100 多个国家和地区，境外收入和占比逐年提升。其财报显示，2018—2020 年，石头科技境外业务的营收实现了跨越式提升，分别为人民币 0.3 亿元、5.8 亿元、18.7 亿元，同比分别增长 1512%、1789%、221%。

据悉，自 2020 年，石头科技在主要海外市场陆续设立了当地办事处，以提供更好的售后服务。下一步，石头科技将继续完善国内外的渠道体系，加深在原有市场的布局，同时积极拓展新市场，重点发展欧洲、日韩、东南亚及美国市场。

拓宽赛道，加码商用清洁机器人

家用扫地机器人行业发展得如火如荼，行业龙头已在拓宽智能清洁的商用赛道。石头科技的商用清洁机器人产品业已推出，目前其部分合作伙伴已在试用。

昌敬称，商用清洁机器人实现的一人多机、减少人工作业、提高清洁效率等效果是 B 端客户较为迫切的需求，有待供给跟上。因此，商用清洁机器人市场与家用扫地机机器人并列成为服务机器人产业的主要应用方向之一。

对石头科技而言，商用清洁机器人的布局或将成为公司从扫地机器人公司迈向多元化、平台化服务型机器人公司的关键节点。

昌敬提出，随着中国服务业劳动力短缺问题的日益显现、人力成本持续上升，叠加商用清洁机器人技术的进步及 5G 商用的逐步成熟，未来 3~5 年或将成为国内外商用清洁机器人技术成熟、性价比拐点显现和市场崛起的起点。

参考文献

1. Vandermerwe，S. and J. Rada. Servitization of Business: Adding Value by Adding Service[J]. European Management Journal，1998，6(4): 314-324.

2. White，A.L.，Stoughton，M.，& Feng，L. Servicizing: The Quiet Transition to Extended Product Responsibility [M]. Boston: Tellus Institute，1999.

3. Goedkoop，M.，van Halen，C.，te Riele，H.，and Rommens，P. Product Service Systems，Ecological and Economic Basics[M]. Pre consultants: The Netherlands，1999.

4. Guillot, Craig. "Servitization" Is A Growing Manufacturing Model.（2017-12-05）.

5. Armstrong, E T. Productize: The Ultimate Guide to Turning Professional Services into Scalable Products[M]. Vecteris, 2021.

6. 孙林岩，等 . 21 世纪的先进制造模式——服务型制造 [J]. 中国机械工程，2007（19）：2307-2312.

7. 彼得·德鲁克 . 管理：使命、责任、实务（使命篇）[M]. 王永贵，译 . 北京：机械工业出版社，2009.

8. 赵剑波 . 服务型制造，渐成新型产业形态 [N]. 人民日报，2016-05-24（22）.

9. 蒂姆·贝恩斯，霍华德·莱特福德 . 为服务而制造：高级服务的兴起 [M]. 李靖华，毛丽娜，译 . 杭州：浙江大学出版社，2017.

10. 安筱鹏 . 重构：数字化转型的逻辑 [M]. 北京：电子工业出版社，2019.

11. 曾鸣 . 智能商业 [M]. 北京：中信出版社，2018.

第 3 章

新基建新趋势

　　"新基建"自 2018 年在中央经济工作会议上首次出现后，被多次写入各地政府工作报告。2022 年 2 月 15 日，国务院常务会议在对工业稳增长的部署中，将工业投资作为着力点，其中新基建将成为经济的增长引擎。可以预见，新基建将成为助力中国产业升级和消费升级的重要发力点。

　　本章针对新基建的新领域与新投资进行综合论述，并以天眼查、众安保险、中科昊芯等不同行业的代表性企业的发展历程作为主要案例，解析企业在新基建方面的探索与发展。

"十四五"时期新基建的新领域与新投资

王喜文

九三学社中央科技委委员、北京华夏工联网智能技术研究院院长

　　2020 年开年以来，国家对新基建进行了密集部署，上海、北京、重庆、江苏、浙江等多个省市也积极跟进，纷纷出台了落地举措。据估算，新基建的投资规模将远远超过 2008 年应对全球金融危机时的 4 万亿元人民币，有可能高达 40 万亿元人民币或者 50 万亿元人民币。正因为如此，这场史上最大规模的投资计划受到了社会各界的密切关注。

新的领域：从"铁公基"到新基建

　　《美国增长的起落》的作者、美国经济学家罗伯特·戈登（Robert Gordon）通过分析 1870—2015 年美国经济的数据发现：在 1870—1970 年的 100 年里，内燃

机、电力、电灯、室内管道、汽车、电话、飞机、空调、电视等一系列伟大发明和后续的增量式创新，显著地推动了美国经济的高速增长。然而，1991 年互联网出现之后的经济增长，则让人眼花缭乱，各种创新层出不穷，日新月异。

在传统意义上，资本和劳动力是推动经济增长的"生产要素"。当资本或劳动力总量增加，或是当它们被更有效地利用时，经济便会出现增长。20 世纪出现的一系列重大技术突破——电力、铁路和信息技术，虽然显著提高了生产率，却未能创造全新的劳动力。铁路、公路、机场、水利等传统的基础设施建设，也被称为"铁公基"。

但现在，经济领域的创新和技术变革所带动的增长也已经体现在了全要素生产率当中。经济学家一直认为，新技术将会通过提高全要素生产率来促进增长。迄今为止，我们看到的各项技术都发挥了这样的作用，比如，人工智能、大数据、工业互联网、5G 等科技创新领域的基础设施。数字经济时代也将随着科技创新领域的基础设施建设而开启（见图 3–1）。

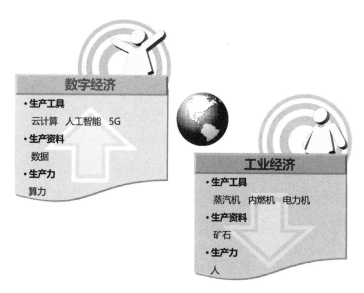

图 3–1　数字经济时代正在到来

为此，2020 年 4 月 20 日，国家发展改革委首次明确了新型基础设施的范围，主要包括信息基础设施、融合基础设施和创新基础设施三个方面的内容（见图 3-2）。

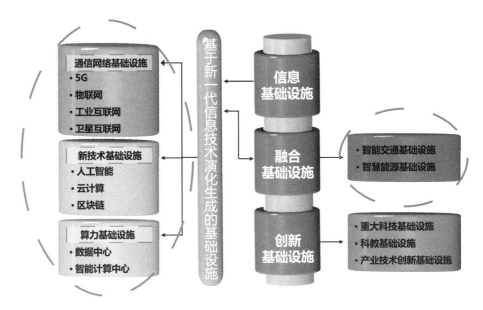

图 3-2　新基建的重点领域

信息基础设施

信息基础设施主要是指基于新一代信息技术演化生成的基础设施，比如，以 5G、物联网、工业互联网、卫星互联网为代表的通信网络基础设施，以人工智能、云计算、区块链等为代表的新技术基础设施，以数据中心、智能计算中心为代表的算力基础设施等。

5G：数据输送的"高速公路"

5G 技术是新一代移动通信技术。它不仅可以为大众带来良好的移动互联网体验，还将成为智能制造、智能医疗、智能政务、智慧城市以及自动驾驶汽车的技术支撑。因此，5G 被视为各行各业的"基础设施"。尤其是 5G 技术将实现更广泛的网络覆盖，更稳定的互联网链接和更快的数据传输速度（从 4G 的 1Gbps 到

10Gbps）。它还将允许更多移动设备同时访问网络，从而实现真正意义上的万物互联。

物联网：万物互联的"新引擎"

早在 10 年前，物联网就备受社会各界关注，许多人认为物联网是一种彻底改变一个人生活的方方面面的方法。物联网与 5G 和人工智能的深度融合，将形成诸多平台解决方案。随着物联网中设备数量的增加以及所产生的数据量的增加，5G 增强网络的大规模链接尤为重要；而人工智能将提供分析物联网设备所收集的大数据的算法，识别各种模式，进行智能预测和智能决策。

工业互联网：产业发展的"新平台"

随着新一代信息技术与制造业的深度融合，许多国家和企业都意识到协同制造联网，是代表新一代信息技术与制造业深度融合与创新大方向的顶级生态系统。未来的工业互联网平台，既包括生产设备、生产材料、生产产品等硬件领域，也包括各种管理软件、数据和服务领域。信息通信技术与制造业深度融合，工业生产向数字化转型升级的趋势愈发明显，工业互联网渐渐成为产业发展的"新平台"。

卫星互联网：空地通信的"新星座"

卫星互联网是继有线互联、无线互联之后的第三代互联网基础设施革命，依托的是低轨卫星星座项目，在外太空铺设卫星网络，由卫星星座替代地面通信基站，把互联网"搬"到太空，地面用户则通过终端设备实现互联互通，不受地形和地域的限制，从而实现全球无死角覆盖，旨在完成传统地面通信难以实现的广域无缝覆盖和用户渗透。

人工智能：数字经济的"生产力"

人工智能作为 21 世纪科技领域最前沿的技术之一，是具有显著产业溢出效应的基础性技术，能够推动多个领域的变革和跨越式发展，能对传统行业产生重大颠覆性影响。无论是人体自身还是企业、产业，都将面临智能化重构的冲击。比如，人工智能可以加速发现疾病新疗法，大幅降低新药研发成本；人工智能可以在国防、医疗、工业、农业、金融、商业、教育、公共安全等领域获得广泛应用，催生新的业态和商业模式，引发产业结构的深刻变革；人工智能还可以带动工业机器人、自动驾驶汽车等新兴产业的飞跃式发展，成为数字经济的生产力。

区块链：数字经济的"生产关系"

区块链是信息化和数字化的又一次升级。从关系型数据库走向去中心化的数据存储，使得数据更安全、更可信。区块链的这种模式也引发了治理思维的改变，从控制到自控，从他治到自治，使得治理更理性、更公平。同时，区块链是一种模式创新，未来社会经济的大多数领域（包括金融科技、健康管理、追踪溯源、产权管理等）都将因区块链技术的应用而构建新的"生产关系"体系。

云计算：数字经济的"生产工具"

云计算和大数据、人工智能密切相关、相伴相随，未来各行各业将利用"SaaS""PaaS""IaaS"等"生产工具"在云端用人工智能处理大数据。云计算也是新一代人工智能发展的重要基础，是实现效率变革的关键。过去人们常说"插上电"，现在则是"接入云"。就像"用电量"在工业经济中的指标意义一样，"用云量"也将成为衡量数字经济的重要指标。

数据中心（智能计算中心）：经济社会的"新粮仓"

大数据是体量大、结构多样、时效强的数据；处理大数据需利用新型计算架构和智能算法等新技术；大数据的应用强调用新的理念辅助决策、发现新的知识，更强调在线闭环的业务流程优化。因此说，大数据不仅"大"，而且"新"，是新资源、新工具和新应用的综合体。而数据中心（智能计算中心）主要用来存储大数据，相当于经济社会的"新粮仓"。

融合基础设施

融合基础设施主要是指深度应用互联网、大数据、人工智能等技术，支撑传统基础设施转型升级，进而形成的融合基础设施，比如智能交通基础设施、智慧能源基础设施等。

智能交通：永不拥堵的"新动脉"

随着城市经济的快速发展，城市化、汽车化进程的加快，人们越来越迫切地需要运用先进的信息技术、数据通信传输技术及计算机技术，建立一种大范围内、全方位发挥作用的实时、准确、高效的道路交通管理综合集成系统。智能交通系统将以道路交通有序、安全、畅通以及交通管理的规范服务、快速反应和决策指挥为目标，初步建成集高新技术应用于一体的、适合城市道路交通特点的、具有高效快捷的交通数据采集处理能力、决策能力和组织协调指挥能力的管理系统，从而实现交通管理的指挥现代化、管理数字化、信息网络化。

智慧能源：永远供给的"新动能"

智慧能源是指将能效技术与智能技术相结合，实现系统能效技术与智能技术的高度融合，构建基于能源生产、储运、应用和再生四个环节的信息和能量循环回路。该循环回路既可形成每个能源用户的智慧能源小循环，也可形成整个区域和城市的智慧能源大循环，从而彻底改变传统的能源生产与应用方式，并最终向城市、园区和企业提供基于节能减排的区域清洁能源整体解决方案。智慧能源将成为从根本上实现我国节能减排目标、促进国家产业升级的重要手段。一方面，智慧能源产业将能源产业和智能产业的发展有机融为一体，不仅占据了下一轮智能应用领域的制高点，还催生了新的能源产业和能源装备产业；另一方面，智慧能源产业将大幅提高能源利用效率、降低能源消费量，从而达到节能减排的效果。

创新基础设施

创新基础设施主要是指支撑科学研究、技术开发、产品研制的具有公益属性的基础设施，如重大科技基础设施、科教基础设施、产业技术创新基础设施等。

未来，新基建作为新一轮产业变革的核心驱动力，将进一步释放历次科技革命和产业变革所积蓄的巨大能量，并创造新的强大引擎，重构生产、分配、交换、消费等经济活动的各个环节，形成从宏观到微观各领域的智能化新需求，催生新技术、新产品、新产业、新业态、新模式，引发经济结构的重大变革，深刻改变人类的生产生活方式和思维模式，实现社会生产力的整体跃升。

除了提升生产力以外，新基建还非常有可能会创造出新的产品和服务，进而催生出新的职业和行业。仅仅在几十年前，没人可以想象，现在竟然有大量的工作与互联网经济有关，比如送快递、送外卖、电商客服、电商代运营、移动支付、网约车……新基建也将产生类似的变革效应。

新的投资：从政府财政到公私合营

在经济下行压力加大的背景下，进行大规模的基础设施建设是有效扩大内需的一个切实可行的办法，也是最直接、见效最快的办法。当然，为了避免重蹈产能过剩的覆辙，这次新基建的重点是 5G、物联网、工业互联网、卫星互联网、人工智能、云计算、数据中心、智能计算中心等，涉及通信网络基础设施、新技术基础设施和算力基础设施等领域。

传统的铁公基建设投资规模巨大、资金回收周期长，而且公益性较为突出，因此主要以国家预算资金或国有部门投资为主。

虽然新基建是基于新一代信息技术演化的基础设施，强调的是科学技术等无形资产的应用，但新型信息技术的研发和应用必须依托于厂房、科研中心、电力网络等诸多的有形资产建设。这些有形资产的建设先期需要进行大量的投入和建设，无疑需要政府投资资金的支持。但是，如果所运用的资金主要来源于财政支出和政府举债，效率确实会很高，但同时也会造成地方债务持续攀升。

当前地方政府的债务水平比较高，完全依靠政府的财政和债务支持也是不现实的。新基建项目的融资必然要依靠多元化的融资体系，因此要鼓励更多民间资本参与进来，采用公私合营的投资模式（见图 3-3）。

以政府和社会资本合作（PPP）项目为例，根据明树数据的统计，2019 年在 PPP 成交数量方面，国有企业（包括地方国企和央企）占 57.55%，民营企业占 38.36%，外商投资企业占 4.09%；在 PPP 成交金额方面，国有企业（包括地方国企和央企）占 76.39%，民营企业占 20.62%，外商投资企业占 3%。

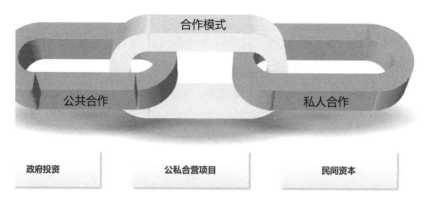

图 3-3　公私合营的投资模式

　　按照 2019 年 7 月 1 日施行的《政府投资条例》第三条的规定，政府投资资金应当投向市场不能有效配置资源的社会公益服务、公共基础设施、农业农村、生态环境保护、重大科技进步、社会管理、国家安全等公共领域的项目，以非经营性项目为主。由此可见，政府投资资金投向具有公益属性的公共基础设施、重大科技进步相关领域的新基建项目，符合《政府投资条例》的规定，政府作为投资主体参与新基建项目不存在法律障碍（见图 3-4）。

　　除 5G 基站、公共大数据中心等项目外，政府将让市场充分发挥资源配置的决定性作用。主要通过制定行业规则、设施标准、产业规划布局等，推进市场有序运行。在资金来源方面，将规范并推动 PPP 融资模式，引进私人资本以提高效率，拓宽融资来源。

　　从企业所有制性质的角度划分，参与新基建项目的投资主体包括国有企业、民营企业、外商投资企业。新基建与传统基建主要依靠地方政府投资的情况大不一样。与传统基建相比，新基建项目更偏重于智能化和科技创新领域，项目的科技含量较高，这也意味着市场主体特别是高新技术企业的参与度会比较高，机遇比较大。

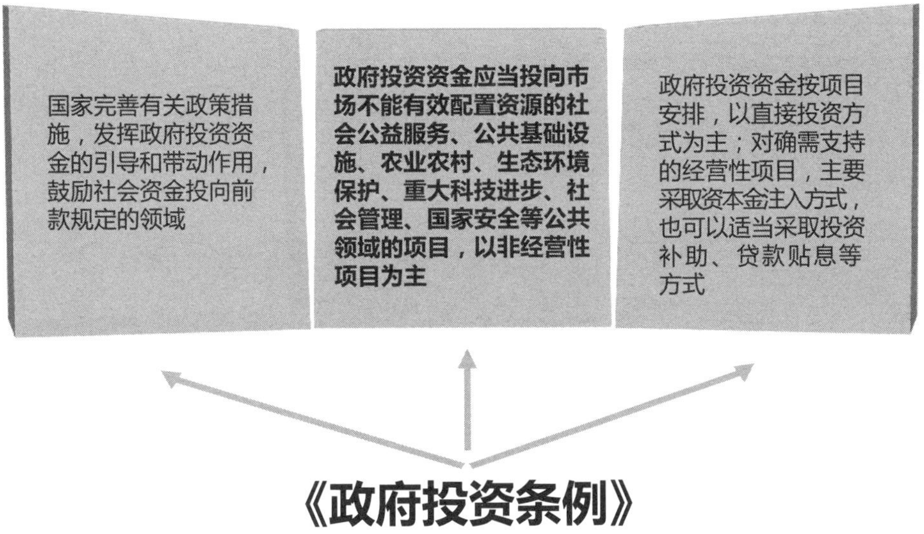

图 3-4　新基建的投资主体

投资金额大、投资周期长是基础设施建设投资的"天然属性"，因此，在以往的基础设施建设中，除了政府之外，国有企业是参与投资的主力军。

此外，我国在工业互联网、人工智能、物联网等新基建领域发展较快，其中一个重要原因是这些产业的发展尊重市场规律和产业发展规律，普遍强调投资收益和回报，同时以民营企业市场化运作方式为主，激发了这些领域的发展活力。

银行等金融机构也将跟上新基建的步伐。新基建项目与传统项目的不同之处在于新基建项目中高技术创新、轻资产、缺少抵押品的情况比较多。银行的贷款产品将更多地从未来的收益来考虑，开发以未来收益权为主的金融产品以及知识产权抵押产品。如当前很多银行设立了理财子公司和投资公司，可以考虑从股债结合的角度消除信息不对称，为创新企业提供资金。

在直接融资方面，上海证券交易所的科创板将充分发挥其重大作用，预计将会推动在新基建领域比较成熟的企业尽早上市，以充分利用资本市场的各类投资者，特别是机构投资者的股权投资资金，从而培育一批具有国际竞争力的创新企业；2021年9月3日注册成立的北京证券交易所（简称北交所），其战略意义就是在新基建这个领域，激活中国专精特新"小巨人"等创新型中小企业，帮助中国经济实现转型和突围，因而势必会加速涌现出一批中国新基建的龙头企业。

新发展格局需大力推动新型实体企业发展

田 轩

清华大学五道口金融学院副院长、教授

当今世界正经历百年未有之大变局，不稳定性、不确定性明显增加，经济再平衡化趋势明显，新冠肺炎疫情反复，冲击着全球产业链供应链。中国正进入新发展阶段，经济增长模式处于从要素依赖走向创新驱动型高质量发展的关键期，实体经济面临着巨大挑战和转型需求。

实体经济是社会建设的基础，是价值创造的关键，在经济发展中起着决定性作用，在中国经济的发展过程中也一直起着经济稳定器的作用。"十四五"规划中多次提及实体经济，并提出"加快发展现代产业体系，巩固壮大实体经济根基"。同时，数字经济快速发展，正处于从数据资源化利用转向数据要素市场化配置阶段，并逐渐成为重组全球要素资源、重塑全球经济结构、改变全球竞争格局的关键力量。数字经济与实体经济的深度融合也成为全面释放要素潜力，实现产业转型升级的必经之路。"十四五"规划提出："促进数字技术与实体经济深度融合，赋能传统产业转型升级，催生新产业新业态新模式，壮大经济发展新引擎"。

新型实体企业在此背景下应运而生。新型实体企业是根植于实体经济，通过技术创新和数字化驱动，重构新型产业链供应链体系，促进传统产业转型或促发新产业、新业态、新模式形成的新型经济组织结构。新型实体企业依然以实体经济为基础，以数字经济与实体经济深度融合为手段，并最终服务于实体经济的发展。

新型实体企业兼具实体企业和数字技术双重属性，既深入融合产业链供应链，又不断进行数字化升级与促进全面开放，助力实体经济发展，具体表现在实体性、技术创新性和外部性三个方面。一是实体性。新型实体企业首先属于实体企业，立足于实体经济，直接参与生产、流通、销售等环节，覆盖产业链供应链的全链条，以促进实体经济的发展。二是技术创新性。新型实体企业以数字技术为依托，通过创新技术与产业链供应链的深度融合，实现实体经济的数字化转型。同时，线上线下双轮驱动，拓展业务增长点，形成新产业、新业态、新模式。三是外部性。新型实体企业在进行数字化创新以及向实体企业提供创新性服务的同时，提升了新型基础设施的建设水平，积累了数据资源和技术禀赋优势。新型实体企业通过深入产业链供应链的全过程以及向外输出新业务新模式，产生外部溢出效应，推动社会开放、共享、良性循环系统的形成。

面对新的国际形势和国内发展阶段，国家提出加快构建以国内大循环为主体、国内国际双循环相互促进的新发展格局。新发展格局下，新型实体企业将延续实体企业在中国经济发展中的基础性作用。同时通过产业链和供应链的数字化升级，引领经济转向创新驱动，助力经济高质量发展。

例如，华为和京东就是新型实体企业的代表。华为通过持续的基础研究努力在数字化和智能化方面形成理论突破，持续研究可信理论、技术与工程方法，持续强力投资技术创新与发明，实现了产业进步与发展。同样，长期以来，京东持续加大数智化供应链在技术和基础设施上的投入，以更高效的方式将产品和服务从供给侧触达需求侧，同时也帮助产业上下游的行业伙伴实现数字化转型，积极发挥新型实体企业的增长效能，促进实体经济的高质量发展。

新型实体企业以技术创新的方式，深度嵌入产业链和供应链的多个环节，从而促进产业融合、产业升级以及新产业的发展，引领产业组织、形态以及模式的变革。从长远发展的角度看，新型实体企业将成为技术创新发展的主力军，将充分发挥数字技术的功能，挖掘技术应用的新模式，源源不断地解放和发展社会生产力。从 2017 年初全面向技术转型以来，京东在技术上已累计投入人民币近 800

亿元，通过智能运营、仓网优化、全渠道履约、用户直连制造（C2M）反向定制等智能决策技术持续提升自身的智能供应链能力。

新型实体企业在进行数字技术生态圈建设、促进实体产业数字化升级的过程中，通过降低企业运营成本、改变生产分配模式、增加就业收入等方式促进社会福利共享。同时，新型实体企业不断扩大技术的社会化外溢效应，在中小企业发展、乡村振兴、普惠金融等方面发挥着重要作用，全面助力共同富裕。例如，京东通过中小微门店数字化升级、中小企业"满天星计划"、产业带"厂直优品计划"等方式助力中小企业降本增效。深度参与乡村振兴战略，打造农产品矩阵和消费升级品牌，是新型实体企业助力共同富裕的实践典范。

新型实体企业的发展需要在顶层设计、新型基础设施建设以及数字经济与实体企业深度融合三个方面展开。（1）加强顶层设计。完善与新型实体企业发展相关的政策与制度体系，形成从上到下全国一盘棋的发展格局。建立"新型实体企业"标准与制度体系，分类监管，完善法律法规、用工制度，强化执法力度，持续优化营商环境。在金融、税收、人才等方面加大支持力度，充分发挥新型实体企业在产业链供应链数字化升级中的引领作用。（2）完善新型基础设施建设。数字基础设施是数字经济发展的基石，目前中国已经建立起了海量的数据库，下一步需要围绕算力与算法加快新型基础设施建设。解决核心技术缺失问题，包括高端芯片、核心元器件、基本算法等"卡脖子"技术。建设并完善系统化、国际性的公共数据平台，注重开放共享与安全稳健相结合，充分发挥数据要素的价值。（3）推进数字经济与实体经济深度融合。新型实体企业是数字经济与实体经济深度融合的结果。目前中国在数据领域处于国际领先水平，但各行业的数字经济与实体经济的融合度参差不齐。中国需要加强数字技术向工业、农业、服务业的延伸，重点关注智能制造、智慧农业的发展。要发挥龙头企业的引领作用，促进产业链和供应链的数字化升级和转型，形成产业集群。

案例

||||||||||

京东的新型实体企业实践

京东的实体探索

从中关村电子市场的三尺柜台起步至今，京东一直坚持做实体企业。从创业的第一天起，京东就立志做最苦、最累但最有价值的事。

2007 年获得融资后，京东没有随波逐流去抢夺互联网流量，而是自建物流，潜心打造当时并不被外界看好的供应链基础设施。经过 18 年的发展，京东已建立起覆盖全国的供应链基础设施，服务于 5.7 亿消费者，拥有超 800 万活跃企业客户；拥有近 1000 万 SKU 的自营商品，以及数万家线下实体门店。截至 2021 年 12 月 31 日，京东物流运营了超 1300 个仓库，包括京东物流管理的云仓面积在内，其仓储总面积超过 2400 万平方米，服务触达超 60 万个行政村，全国 93% 的区县、84% 的乡镇实现了"当日达"或"次日达"。

凭借基础设施和高效的数智化社会供应链，无论是在乡村振兴中，还是在为大型企业数字化转型升级、中小企业降本增效的实践中，京东都取得了很多"以实助实"的成果。

未来，京东将继续坚定地沿着新型实体企业的路走下去，持续加大对技术的投入，充分利用互联网、大数据、云计算、人工智能、区块链等数字技术的倍增作用，将创新作为引领发展的第一动力，持之以恒地优化供应链效率。

京东的新型实体企业实践

在保持稳健发展的同时，京东始终保持着低利润率运营，持续对扩大就业规模、增加员工薪酬福利、技术研发和基础设施进行投入，并让利于合作伙伴和消费者。无论是京东的技术投入、员工的薪酬福利，还是纳税额，都远高于其自身获取的利润。

高科技属性，高技术研发投入

从 2017 年初全面向技术转型以来，京东已在技术上累计投入人民币近 800 亿元，在前沿技术和应用技术领域取得了丰硕成果。京东通过智能运营、仓网优化、全渠道履约、C2M 反向定制等智能决策技术持续提升智能供应链能力。2021 年四季度，在自营商品近 1000 万 SKU 的基础上，京东将库存周转天数进一步压缩至近 30 天。

在 2021 年"6·18"期间，京东智能供应链每天要给出超 40 万条补货、调拨等供应链智能决策，与 64% 的自营供应商实现了智能供应链协同。正是基于智能的预售前置，京东在 200 个城市实现分钟级送达。在 2021 年"双 11"期间，京东技术驱动全链路预测准确率均值达到 95%，全国超过 300 个城市的快递件可以实现分钟级送达；京东智能供应链每天给出超 46 万条补货和调拨决策；京东与 71.2% 的自营供应商实现了智能供应链协同，从而有效提升了供应链的效率。

截至 2021 年 6 月 30 日，京东物流已申请及获得的无人配送领域相关专利超过 500 项。北斗新仓作为新一代大规模自动化仓储生产与管理体系，可操作百万级 SKU，从而将履约时间缩短了 2~3 小时。在末端配送环节，京东物流建立了包括自动驾驶技术研发、测试和运营的完整体系；拥有完全自主研发技术的 L4 级别自动驾驶智能快递车，已在全国超 10 座城市投入运营。

高质量就业，高员工福利

京东始终关注吸纳年轻人才并助其发展，2019—2021 年累计向毕业生开放岗位 358 个，提供就业机会近 4 万个，并开展了专项培养项目，助力青年就业者的职业发展；2022 年，京东还将在全国招聘超过 2 万名高校毕业生。现在，京东近八成的"90 后"技术应届生正快速成长为骨干，越来越多的"90 后""95 后"走上了管理岗位。

除了直接就业，京东还借助在偏远地区长期建设的供应链基础设施，帮助那些有能力、有才干、有见识的城市务工青年回乡创业。全国 43 座京东"亚洲一号"大型智能物流园区，所到之处往往能带动周边数以千计的劳动力就业，目前已形成多个"亚一就业村"。

京东还积极为员工提供有竞争力的薪资待遇和贴心福利。2021 年，京东物流为一线员工提供了具备行业竞争力的月均薪酬福利，同时还为他们提供包括意外伤害商业保险在内的六险一金。自 2021 年 7 月 1 日开始到 2023 年 7 月 1 日，京东计划用两年时间，将员工平均年薪由 14 薪逐步涨至 16 薪；此外，京东还为员工提供诸如"安居计划"、员工救助基金、春节期间加班员工子女团聚补贴、特殊环境补贴及新冠疫情险等一系列福利。

打造社会物流及商业基础设施

物流基础设施是京东物流提供优质供应链解决方案及物流服务的基础，由六个高度协同的网络组成，包括仓储网络、综合运输网络、最后一千米配送网络、大件网络、冷链物流网络和跨境物流网络。京东物流的仓储网络是中国最大的仓储网络之一，截至 2021 年 12 月 31 日，京东物流的仓库网络已覆盖全国几乎所有的县区，包括由京东物流运营的超 1300 个仓库及由云仓生态平台上的业主及经营者运营的 1600 多个云仓，总管理面积约超 2400 万平方米。京东经营的约 7800 个配送站，覆盖全国 32 个省和直辖市。

京东在全国共运营着 43 座"亚洲一号"大型智能仓库，通过大量应用数字化、智能化物流技术，为当地消费者带来了优质的物流服务，也为更多商家提升供应链运营效率贡献了力量。

2021 年 6 月，京东西藏公共物流配送中心无人搬运车（AGV）智能仓正式投入运营，标志着智能物流落地西藏。同时，京东还在林芝市的一区六县实现了京东家电专卖店的全覆盖，直接将"万人县城"的网购速度提升到 2~3 天。

京东的"以实助实"实践

如今，京东已经建立起覆盖全国的供应链基础设施，借助数字技术和基础设施能力为数百万合作伙伴打开了增长的新空间，以扎实、创新的新型实体企业发展经验助力实体经济高质量发展，并搭建供应链出海新基建，以更好地服务于"双循环"新发展格局。

"奔富计划"助推乡村振兴

从 2016 年河北省武邑县的跑步鸡开始，京东就介入了养殖、加工、品牌营销、物流、技术追溯等各环节，打造出游水鸭、飞翔鸽、游水鱼、跑山猪等标准化的农特产品，形成品牌化的京东乡村振兴产品矩阵，并将其陆续在江苏泗洪、新疆和田、辽宁宽甸等全国更多地区复制推广开来，有效地促进了当地农民增收致富。

2020 年 10 月，京东提出全面的乡村振兴京东"奔富计划"——以京东数智化社会供应链为基础，从打造新基建、发展数智农业和物流、建设数字乡村等方面入手，构建农产品现代流通体系，促进高品质农产品正向循环，为乡村振兴提供完整的解决方案，并计划三年内带动农村实现人民币 1 万亿元产值，带动更多农民实现共同富裕。截至 2021 年底，已带动农村实现人民币 3200 亿元产值。

针对农产品上行存在的问题，京东联合地方政府与行业力量，构建了农产品现代流通体系，以降低流通成本。具体到做法上，京东在产地源头进行仓库、分拣中心、配送中心等物流体系建设，并系统匹配营销资源，一站式对接京东体系内部及外部生态的销售通路。例如，京东商城主站、京喜、七鲜超市、京东便利店等，构成了京东内部线上线下全渠道的农产品流通体系；外部生态中的地利集团的农产品批发物流园、京东到家合作店铺等积极参与农产品流通。

京东扶持高品质农产品打"质量牌"，形成"质量越高，消费者越满意，农户收益越高，改善生产，提供更多高质量农产品"的正向循环，有助于农民收入持续增长，也能进一步满足消费者对高品质农产品的消费需求。

京东数据显示，2021 年上半年，炎陵黄桃、固城湖螃蟹、永福罗汉果、祁连藏羊等多类高品质农产品的成交额同比增长都超过 10 倍。不仅销量高、增速快，高品质农产品的销售单价也超过农产品整体均价的 2 倍。

助力大型企业打造"数字大脑"

面对大型企业，京东通过发挥供应链与技术服务能力，满足了汽车、能源、机械、家电等众多实体产业的数字化转型升级需求，做"数字大脑"并力促合作伙伴提质、降本、增效。

在汽车行业，北汽与京东在工业品数字化采购、智能座舱和无人物流车、企业上云等方面展开合作，全面深化研、产、供、销、服的全链条数字化转型。京东云为北汽提供多种专有云产品和服务，北汽蓝谷云上线运营后，为北汽节省了 50% 的服务器等 IT 成本。2021 年 6 月，京东零售云为北汽打造的线上商城 App 启用，半年时间里售出整车数百台。这套系统整合了北汽全国各地上千家线下门店的信息，消费者不仅可以在线上看车，还能预约全国任何一家线下门店试驾、提车，也能享受从买车到养车、修车、旧车置换等全生命周期服务。

在能源行业，京东科技打造了以节能减排、智能运行、系统优化为核心的系列产品，目前已在国家能源集团廊坊热电厂、华电集团忻州广宇煤电公司等多个电厂落地应用，以实现"用更少的煤，发更多的电，排放更少的污染"。

在机械行业，京东科技为中联重科打造"泵送机械 AI 专家诊断系统"，在行业中首创把人工智能技术应用到工程机械故障排查领域。售后工程师可在 AI 专家诊断系统中检索，快速排查故障、解决问题，大大降低了研发工程师对共性问题的重复支持。京东每年可为售后团队节省故障排查时间 4200 小时、为研发团队节省电话支持时间 2000 小时，单次设备维修时间缩短了 20% 以上，为单产品线间接创造经济效益超过 230 万元。

目前，超过 1200 家制造企业通过京东打造 C2M 反向供应链，从消费者的差异化需求出发驱动生产，提高了供应链的反应速度和效率，不仅提升了制造企业的新品开发能力，也能更好地满足消费者的多样化、定制化需求，有利于推动消费升级和制造业转型。未来 3 年，京东将为超过 1 万家制造企业打造 C2M 反向供应链。

助力中小企业补链强链、降本增效，服务"专精特新"

中小企业是国民经济和社会发展的主力军。对于京东这样的新型实体企业来说，助力中小企业不止于在采购、营销、运营等单个环节应用数字化工具，而是从全链条视角切入，真正与中小企业站在一起，共同构建"大企业带动中小企业发展、中小企业为大企业注入活力"的融通发展新格局。

具体而言，京东通过自身供应链与中小企业产生深度协同，帮助它们打破供应链"孤岛"、补齐短板，增强抗风险能力，从而达到"补链"的效果。通过产业生态圈建设，将它们纳入京东服务商体系，助其拓展服务企业客户的市场增量；并在人才培养、技术输出、创新协同等方面精准对接，提升它们在各自专业领域的技术服务能力，从而达到"强链"的效果。

目前，京东已探索出一条大带小、新型带传统的有效路径，逐步构建起基于供应链产业链协同的大中小企业融通发展新生态。

2020 年，工信部中小企业发展促进中心联合京东发布了全国性的中小企业服务行动——"满天星计划"，在全国各地启动"一城一策"式的专项服务。截至 2021 年底，已覆盖全国 28 座城市，惠及 120 万家中小企业。

在中小企业群体中，"专精特新"企业长期深耕于细分领域，专业化程度高、创新能力强。通过供应链产业链协同创新，京东正为"专精特新"中小企业打造更好的发展生态圈。

2022 年 1 月，京东联合北京市中小企业公共服务平台，共同启动面向北京"专精特新"中小企业的"2022 专精特新暖心服务计划"，在金融服务、商品服务、商事服务、销路拓展等多个领域，帮助"专精特新"中小企业"减压减负"，强化竞争力，打造发展新动能。

在金融服务方面，京东为"专精特新"企业客户提供"先采购、后还款"的便捷体验，支持最长 21 天免息、最高 50 万元人民币的贷款额度。

中小企业由于采购量小、议价能力弱，采购成本相对偏高。京东推出了企业专享价、品类折扣价、企业新人价、企业采购阶梯价等各类专属价格体系和"专精特新"补贴，助其更好地降成本；同时，还提供企业租赁服务，帮助"专精特新"中小企业以轻资产模式进一步减少一次性成本支出。

针对中小企业在商事服务中面临的资源缺乏问题，京东企业业务联合天眼查、会小二、腾讯乐享、携程商旅等数十家生态合作伙伴，围绕人力资源管理、财务管理、供应链管理、经营办公的"人财物事"四大高频场景打造综合性服务，让"专精特新"中小企业更省钱、省心。

在拓销路方面，京东通过匹配覆盖消费市场 C 端、企业市场 B 端的客户资源，帮助"专精特新"中小企业更好地挖掘市场增量。

京东的供应链连接着百万级的社区超市、菜店、花店、药店、汽修店、五金店等中小实体门店。京东通过为它们提供选品、运营、物流、金融等方面的支持，不仅解决了自身销售的"最后一千米"问题，也帮它们补上了供应链的"最初一千米"，为其降本增效。

促进消费新需求、搭建出海新基建

突如其来的新冠肺炎疫情对全球供应链造成了冲击，全球货物运输普遍出现干线紧张情况，欧洲和美国的海空运价出现大幅波动。京东在促进消费新需求、搭建出海新基建上，充分发挥了自身在全球供应链基础设施和数实融合上的效能，助力跨境商品增长和建设"国际消费中心城市"，成为推动跨境贸易高质量、可持续发展的重要力量之一。

近两年来，京东的进口品牌商品采购额超过 3100 亿元，京东国际进口平台吸引了来自 100 多个国家和地区的 2 万余个品牌入驻。

京东的国际供应链网络触达全球 220 多个国家和地区，已在北美、欧洲、东南亚、中东、大洋洲等地运营 80 个自营海外仓和保税仓，并积极构建全球双 48 小时通路：48 小时中国通达全球，48 小时各国本地交付。通过构建稳定、高效的跨境供应链关键节点，京东正体系化助力更多中国品牌、以供应链为基础的技术和服务走出去，融入全球市场。

在东南亚，京东印尼（JD.ID）和京东泰国（JD CENTRAL）帮助 100 多个中国品牌落地本地市场。在欧洲，"超级仓店" ochama 于 2022 年 1 月在荷兰开业，开启了基于自动化仓储和机器人技术、全渠道购物、智能供应链、线下店和配送上门的全新零售模式。与此同时，京东的自动化软硬件仓储系统已推广到美国洛杉矶仓、德国法兰克福仓、荷兰芬洛仓、英国伯明翰仓和澳大利亚悉尼仓等地。

案例

||||||||||

天眼查：商业查询领域的"拓荒者"

张燕征

电视剧《闯关东》里有这样一个片段，主人公朱开山一家要投资山河煤矿，其养子提出可用商社资金入股。考虑到商社背后的势力，朱开山派大儿子去天津调查一郎商社的资金情况。这说明，早年间人们在做生意时，为了解对方的真实背景，需要实地对公司的股权结构、主营业务及资金情况进行摸排。

如今人们可以足不出户在国家企业信用信息公示系统、中国裁判文书网、中国执行信息公开网等官方网站查询所关注的企业的基本信息。不过也有一些空壳公司或者通过层层嵌套间接控股的公司，导致人们在查询企业关系时如同"雾里看花"，很难看清当下的商业世界。这也成为柳超创办天眼查的原因之一。

"为什么我们要叫天眼查？这体现出我们是一家由技术驱动的公司。天眼查的名字就起源于我们技术的特点——将点和线连成面，继而连成一张图，像是用一种天眼的视角来看清商业社会中的关系。我们把零散的信息聚合在一起，让大家能够看得更远更透，公平看清世界是我们的使命。"北京金堤科技有限公司（下称天眼查）创始人、董事长柳超解读道。

商业查询领域的"拓荒者"

作为一名"技术咖"，柳超是一名不折不扣的学霸。1999 年，他以河南省理工科高考第一名的成绩考入北京大学计算机系，后来又获得美国伊利诺伊大学厄巴纳－香槟分校（UIUC）的计算机硕士与博士学位。2008 年，柳超进入美国微软研究院，主管数据智能团队。

在微软工作期间，为了更全面地了解项目，柳超将美国 TechCrunch 公开数据库中公司的历次融资、人力信息数据链接后，用人和公司间的商业关系构建网络，很快预测出了哪家公司能获得融资、能获得谁的融资。

这一次尝试，让柳超意识到公开数据的价值，以及"基于关系网络的价值创造"的巨大商机。从那时起，柳超心里便埋下了一颗创业的种子。

"大数据领域主要是基于私有数据的挖掘。而在美国，公开数据的量很少，仅有的一些公开数据也在陆续转为收费。"柳超介绍道，反观中国，国家从 2012 年开始逐步推进信息公开基础设施建设，数据公开大势明确。

2012 年，柳超回国并加入腾讯，领导"腾讯搜索"的相关数据挖掘与机器学习业务。一年后，在腾讯与搜狗战略合并之际，柳超出任搜狗首席科学家，从零开始组建了搜狗数据科学研究院。

2014 年 6 月，国务院发布《社会信用体系建设规划纲要（2014—2020 年）》。柳超对身边的人说，"中国大数据的春天就要来了"。当年 10 月，柳超出资 100 万元创办了天眼查，从清华科技园创业大厦一个 50 多平方米的开间起步，开始了商业查询领域的"拓荒之旅"。

回望来时的路，柳超认为自己当时抓住了一个很好的时机。"在高效的商业信息社会，市场对信息与数据的需求越来越多"。柳超认为，随着经济的发展，企业的公开数据会越来越透明，对个人隐私的保护会越来越强，做公开数据一定会有大发展。他相信，数据的价值不在于稀缺性，而在于对数据进行分析、挖掘、联系之后得出的"洞见"型结论。

事实证明，柳超的判断是对的。2017年6月1日，《中华人民共和国网络安全法》实施后，许多以出售私有数据获取高额利润的大数据公司逐渐举步维艰，而专注公开数据的企业则如雨后春笋般成长起来。

2019年4月，天眼查获得央行企业征信备案，成为该领域第一个获此资质的企业。

普惠型浅度尽调工具

"查公司""查老板""查关系"这些项目如今已成为天眼查的常见应用场景。在理财防坑、面试防骗、合作防老赖、找项目、找客户、监控竞品、产品维权等场景中，天眼查的应用范围也越来越广泛。

天眼查在后台机群上创建了一个密如蛛网的商业世界元宇宙。这张网就是对真实商业世界原原本本的复刻或者说映射，即"数字孪生"。这样的关联包含几十亿个点、几百亿条边，每时每刻都在变化。天眼查不仅将复杂的商业关系进行可视化呈现，还实现了对企业风险从预警到洞察的全方位把控。

"'让每个人公平地看清这个世界'这句话里的每一个关键词都很重要，都是我们工作的方向和准则，"柳超解释道，"每个人即代表着产品易用，从专业人士到职场小白，从在校学生到上班族，从公司高管到跳广场舞的大妈，这是一种普惠的理想。'公平''看清'代表着对等，以及打破信息不对称。我们希望通过大数据技术，在商业领域将它率先实现。"

如今的天眼查将自己定位为"普惠型浅度尽调工具"。"我想从三个方面来说明：一是服务普惠金融，解决融资难问题；二是降低企业运营风险，解决运营难问题；三是助力员工、雇主建立信任，解决用人难问题。"柳超说。

"对于中小微企业来说，融资可能是当前企业主最关注的问题。"柳超表示，中小微企业因为自身制度不规范，普遍存在着经营水平低、风控能力弱、财务规范性差等问题。而对于金融机构来说，风控和安全是摆在第一位的，加上中小微企业数量大、分布广，而金融机构的人员、网点有限，在没有信任基础的情况下，双方很难达成合作。

在柳超看来，天眼查所代表的大数据企业征信行业努力的方向就是低成本、高效率地优化营商环境，降低商业风险。"基于公开、合规信息，使用人工智能分析技术，我们将几百种维度的商业信息呈现在平台上。任何个人或机构都可以查询到精确的企业信息，这就减少了信息不对称，降低了建立信任的成本。投融资机构可以更好地实施普惠金融，助力诚信社会建设。"柳超说。

"企业可以使用天眼查，依据公开数据对经营交易对手进行风险评估，实现规模化拓展。"柳超举例称，比如某头部物流企业利用天眼查，全面掌握了与其合作的 95 万多家中小微企业客户的基本信息、风险信息等多维度数据，实现了对合作企业的有效内控管理及风险识别，从而优化了业务运营管理。

下一步，天眼查怎么走

如今的商业查询领域竞争激烈，企查查、启信宝、爱企查等商业查询类"玩家"先后入局，以商业查询业务为主的赛道已变成一片红海。据艾瑞咨询发布的《2021 年中国商业查询发展研究报告》，天眼查的用户渗透率在 60% 以上，用户覆盖已超 3 亿，稳居商业查询行业第一梯队。

天眼查如何在众多竞争对手中取得优势？2021 年 3 月，天眼查的企业服务业务进行了全新升级。天眼查官方数据显示，截至目前，其企业服务业务的行业覆盖率为 89.7%，全国覆盖率为 87.5%。柳超介绍道，进入企业服务领域，是基于整体经济环境、行业环境及痛点、自身特点优势三个方面考虑的结果。

"在'十四五'规划中，国家对经济的高质量发展提出了更高的要求，也必然会对配套的企业服务行业提出更高要求。"不过，现阶段中国企业服务市场的发展还不均衡，服务水平参差不齐。经过一年多的自营深耕，柳超表示对行业痛点已有比较充分的认知。

通过调研，天眼查发现，现有企服市场需要服务的企业大多找不到专业机构，乱收费、效率低下等现象层出不穷，从事企业服务业务的公司也缺少规范的流程和统一的服务评价体系。"行业转型升级，必然需要一个综合实力强、能为市场主体各方面提供高质量服务的综合型平台，这也是我们决心做综合型企业服务平台的重要决策依据。"柳超说。

据国家统计局发布的《2020 年国民经济和社会发展统计公报》，2020 年中国企业数量实现正增长：2020 年全年新登记市场主体 2502 万户，日均新登记企业 2.2 万户，年末市场主体总数达 1.4 亿户；全年规模以上工业企业实现利润 64 516 亿元，比上年增长 4.1%。这意味着企业服务市场蕴藏着巨大的存量用户。

具体来看，企业服务涉及各个方面，如帮助企业注册工商、财务管理、税务筹划、知识产权管理的财税工法企业服务平台，辅助员工招聘、人事管理的人力资源企业服务平台，等等。"天眼查企业服务这一综合型企业服务平台，顺应了时代潮流，未来将加速活化万亿级企业服务市场。"柳超指出。

事实上，通过解析企业生态，依托近 3 亿家社会实体的信息，天眼查搭建起了庞大而翔实的基础数据积累，描绘出了可视化的商业图谱，能为社会各界提供可参考的信息。

未来，天眼查将成为一家什么样的公司？柳超给出了答案："科技创新是天眼查的起点，未来会持续保持技术上的专注度和投入度，继续在商业信息查询、企业征信、企业服务等领域深耕细作，持续挖掘数据背后的价值，坚持服务'诚信新基建'建设、服务实体经济发展。"

案例
||||||||||

众安保险：用新技术构建业务新生态

魏薇

"新基建"是近两年的热词，众多企业将新基建作为推动企业可持续发展的动力，保险业也不例外。

"尽管'新基建'概念是近期提出的，但在保险业这一赛道，早在 2014 年，为了满足当时业务高速发展的需求，众安保险就决定在云端搭建保险核心系统——无界山 1.0。"众安保险首席执行官姜兴如是说。

作为国内第一家互联网保险公司，众安保险凭借着先天的互联网基因和爆款百万医疗险，成功杀出重围，成为保险行业一只不可忽视的新生力量，这其中保险"新基建"无疑发挥着重要作用。

保险"新基建"是什么？怎么建？有何趋势？姜兴的看法如下。

拥抱云计算——保障保单快速处理能力

2018 年 12 月，中央经济工作会议在确定 2019 年的重点工作任务时提出"加强人工智能、工业互联网、物联网等新型基础设施建设"，这是新基建首次出现在中央层面的会议中。新基建不仅在工业等领域发挥着作用，在与每个人都息息相关的保险行业，新基建也正在成为风口。

"可以说，'保险新基建'为众安过去几年的创新和发展打下了非常坚实的基础。"姜兴谈到。

在姜兴看来，云计算是保险新基建中最为重要的基础设施之一，基础设施全面云化是未来发展不可逆转的趋势。要想在这场保险新基建大战中占据一席之地，就要尽早、果断地拥抱云计算。

翻看科技发展史可以看到，云计算从 2006 年开始正式登上科技舞台，过去十几年来，云计算获得了迅猛发展，各行各业都在部署"上云"。所谓"上云"，即企业以互联网为基础，进行信息化基础设施、管理、业务等方面的应用，并通过互联网与云计算手段联结社会化资源、共享服务及能力的过程。

保险行业"上云"是从最近几年开始的。"由于互联网保险的产品特性，众安保险的保单增长规模与速度是传统模式下难以想象的。与其他行业相比，保险新基建对业务的研发管理一体化提出了更高的要求。"姜兴说。

众安保险成立之初就定下了做众安开放平台的目标，以联结更多长尾交易场景，为细分领域垂直碎片化的保险需求服务。姜兴带领技术团队奋力攻关，率先在云端搭建保险核心系统——无界山 1.0。众安保险也成为国内首家搭建在"云"上的保险公司。

"记得在 2017 年的'双 11'，我们当日的保单量突破了 3 亿张。得益于快速上'云'的决定，无界山系统保障了'双 11'当天的保单处理能力，峰值处理速度曾达到每秒 3.2 万张保单。"姜兴回忆道。

中台搭台——挖掘数据的核心价值

根据艾瑞咨询发布的《2021 年中国数据中台行业白皮书》中披露的数据，2020 年数据中台的市场规模达到人民币 68.2 亿元。随着企业数字化转型驱动，市场需求将持续增加，数据中台行业的增长势头明显，市场规模快速扩张，预计在 2023 年将达到人民币 183.2 亿元。

而所谓的数据中台，即通过将企业全域海量、多源、异构的数据整合资产化，为业务前台提供数据资源和能力上的支撑，实现数据驱动的精细化运营，是一系列数据组件或模块的集合。

近年来，多数企业已经认识到，数据是企业的新型资产。如何将"数据用起来"就成为摆在企业面前的关键问题，中台就是解决这一问题的一把钥匙。

2019 年，众安保险对无界山系统进行全面升级，"无界山 2.0"正式上线。

据姜兴介绍，"无界山 2.0"相当于业务中台＋技术中台＋数据中台。业务中台将通用的业务基础能力进行沉淀，能够快速、高效且低成本地支持前台开展业务和后台运营，以及满足监管合规的要求。而技术中台则是研发管理一体化平台，从中间件、运维、安全、效能等多个维度提供技术支撑。数据中台则以数据汇聚为基础，利用机器学习、知识图谱等工具，挖掘数据资产的价值并服务于业务。

姜兴坦言，在建设保险中台的过程中碰到了很多挑战，首先是要明确中台的定义。"公司有丰富的业务生态，在大量碎片化的场景中，能够将多种个性化的保险产品和服务提供给海量的用户，在这个过程中需要通盘考虑和梳理哪些服务是可以复用、沉淀到中台的，哪些是更侧重于快速迭代的上层应用。"

厘清数据的边界后，中台的实际落地更为重要。在姜兴看来，架构的规划和调整需要组织结构的配合，大家应一起突破壁垒以形成合力。

"所以我们从顶层设计出发，确定了保险中台的核心价值，聚合了用户、产品、财务等公共支撑能力，聚合了不同渠道对接和服务客户的能力，做好了核心业务域的划分和明确边界，标准化了保险业务流程，架构委员会则牵头通过了统一技术栈的落地。"姜兴说。

众安保险的年报显示，2020 年众安保险被保用户数量增至 5.2 亿，总保单超过 79 亿张。这张成绩单的背后，是每日新增的超 13TB 的数据量，持续考验着企业的数据处理、分析、应用和业务赋能的数据价值体系。

姜兴介绍，众安的数据中台体系已先后嵌入了众安保险的健康、汽车、数字生活、消费金融四大生态，形成了统一的业务数据标准，为重塑保险全价值链运营提供了基础设施，加快了企业决策速度。

据了解，"无界山2.0"实现了从保单承保到业务批改、理赔等流程的数字化，在降本增效的同时提升了用户体验，例如将保单查询时间从1秒缩减到了0.3秒。

姜兴透露，众安保险下一步将打造"无界山"体系下的保险中台生态圈，持续做好生产管控和架构演进，不断迭代产品基线，让商业生态中的合作伙伴能够迅速搜索到"无界山"所提供的服务，并且提供标准化的开发工具，供外部平台方便地调用和连接。

数字化转型——新一轮技术浪潮驱动保险新生态

2020年的新冠肺炎疫情是一场大考，也倒逼保险行业加速数字化转型，数字化俨然成了行业的共识与行动。然而仍有大部分问题没有描述清楚，数字化转型到底应该怎么做？

惠誉评级在2021年3月的报告中指出，科学技术创新和电子商务的日益普及将不断重塑中国保险行业的市场格局。新冠肺炎疫情促使许多中国保险公司开始重新评估其与互联网相关的营销、承保、风险考量及理赔方面的能力。惠誉预计，保险公司将更加积极地部署新型数字技术，以增强其长期竞争优势。

在姜兴看来，自疫情暴发以来，以5G、人工智能、工业互联网、物联网为代表的"新基建"成为新风口，也是各行各业数字化转型加速发展的新基石。

他进一步分析称，宏观政策的引领无疑为保险行业的转型升级提供了坚实基础。除了政策带来的机遇，经济增长模式的变化和科技发展的红利，同时为保险业的转型升级带来了机遇和挑战。

"早期的互联网红利如今已逐渐见底，用户增长速度趋缓，企业发展的重点从促进增量转变为激活存量；而新一轮技术浪潮的到来正在驱动保险业业务增长、优化业务运营、构建业务新生态。"姜兴说。

姜兴还注意到，随着"80 后""90 后"逐渐成为保险消费的主力，消费者的需求有所转变，更加追求灵活、个性，因而拥有更强适应性和便捷性的保险产品将获得消费者的青睐。他认为，未来更加频繁的交互和快捷的服务或将成为保险业的破局点。

案例
||||||||||

<h1 style="text-align:center">中科昊芯：国产 DSP 芯片引领者</h1>

付玉梅

"我觉得现在是中国芯片行业发展最好的时期。"北京中科昊芯科技有限公司（下称中科昊芯）董事长李任伟多次感慨道。疫情下，芯片一跃变成各界的"网红"，这让像李任伟一样的芯片创业者喜出望外。

在过去，李任伟带着产品去"敲开"企业的门很困难。但如果不进入应用环节，芯片就无法调试和迭代，这几乎是一个死循环。如今的转变来得有点戏剧化：疫情下的"缺芯"现状倒逼着国产芯片进入中国市场供应链体系，企业开始主动接触甚至是争抢国内芯片资源。

2019 年 1 月，中科昊芯成立。2021 年 3 月底，其研发的全球首款基于 RISC-V 指令集的数字信号处理器（digital signal processor，DSP）芯片实现量产。

很快，千万级别的订单相继摆在了李任伟和他的团队面前。技术本身对这位"工科男"来说不是难事，只是他隐隐觉得，一切都跑得太快了。一些问题总在他脑海里浮现：如何在眼下市场的"热闹"中保持初心、稳住脚步？如何保证供货？如何招聘人才？如何匹配市场？

对于这家年轻的芯片企业来说，机遇的背后是考验。

找准 DSP 芯片赛道

作为中科院孵化的创业公司，中科昊芯现在的办公地点就在距中科院自动化研究所两千米外的大厦里。框架眼镜、深色条纹衬衫、平头发型，采访当日，李任伟以一名典型的"工科男"形象出现。

2007 年，李任伟被保送硕博连读从而进入中科院自动化研究所，研究领域包括计算机体系结构、集成电路设计等，现为自动化研究所副研究员。近 10 年来，李任伟与团队一直致力于 DSP 及通用微处理器的研发，这也是中科昊芯目前的技术方向。当前，中科昊芯正瞄准机器视觉和工业自动化两大领域，研发基于 RISC-V 指令集的 DSP 芯片（见图 3–5）。

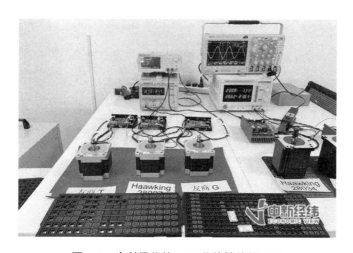

图 3–5　中科昊芯的 DSP 芯片性能展示区

图片来源：中新经纬提供。

DSP 被称为"芯片四大件"之一，其最大的优势是能实时高速处理数字信号，已被广泛应用于通信、计算、消费电子和自动控制等领域。

而 RISC-V 还只是一个"年轻"的开源指令集架构。与大多数指令集相比，RISC-V 可以自由地用于任何目的，也允许任何人设计、制造和销售 RISC-V 芯片和软件。李任伟认为，这些特征几乎能完美地解决国产 DSP 面临的制约因素。

　　长期以来，DSP 芯片市场基本被国外巨头垄断。"ARM 和 Intel 这些巨头为什么能霸占市场？因为它们掌握着 ARM 和 X86 指令集，不对外开放。自己定义一套指令集不难，难就难在还要构建一整套工具链和生态，这不是一家企业就能完成的。"李任伟强调，没有生态，芯片是绝对不可能发展起来的。

　　而 RISC-V 的开放特性，正好能应对知识产权和应用生态的问题。彼时，业内还没有任何团队或公司基于 RISC-V 指令集来研发 DSP，李任伟决定试一试。在 2018 年下半年获得投资后，2019 年 1 月，中科昊芯正式成立，初创团队约有 10 人，多是中科院背景。

敲企业的门更容易了

　　2021 年 3 月，中科昊芯除了量产芯片外，还完成了数千万元的 Pre-A+ 轮融资，该轮融资由红杉资本领投，原股东九合创投和宿迁锐达也追加了投资。

　　在"缺芯"潮下，中科昊芯的量产芯片来得很"巧"。现在，李任伟根本不用为订单发愁。2020 年年底，当公司还处在芯片量产的冲刺阶段时，芯片需求已经蜂拥而至。

　　据介绍，中科昊芯的客户群涵盖了工业控制及电机驱动、消费电子、新能源等领域。这些领域对芯片的质量要求是非常严格的。"企业不会轻易替换主控芯片，因为机会成本很高、风险很大。过去我们在和企业接触时，哪怕是主动降低报价，对它们来说吸引力也没有那么大。"李任伟说。

　　然而，"缺芯"后，企业不再是"想用什么芯片就有什么芯片"了。"现在，我们敲企业的门变得容易许多。"李任伟介绍，如果对方原来用过类似的芯片，都很愿意跟我们交流，我们有产品给对方试用，对方也很愿意接受。

　　在刚离开实验室时，李任伟也曾对市场的需求感到很困扰。"之前我们主要是承接国家项目，潜心做研究。但成立公司后，你要考虑的就不再是怎么把产品指标或者技术做到最牛，而是该怎么选择市场、运营公司、打通供应链。"李任伟说。而且，芯片是个极其"烧钱"的领域，团队必须做出被市场认可的产品，才能获取投资人的信任。

事实上，被企业所接受、使用，也是芯片"进阶"的必经之路。如果企业因为担心芯片的安全性而不敢使用，芯片就无法在调试中迭代升级，也没办法快速实现整体质量的提升。

"任何一家芯片公司，其产品都要经过很多次的迭代才能逐渐成熟。但以前，国产芯片的接受程度没有那么高，也承受着质疑。一开始甚至也有很多人说中科昊芯的定位很奇怪，"李任伟直言，"现在大家主要是有了一种心态上的转变，愿意来试用国产芯片。"

另一个明显的改变在于芯片人才待遇的提升。2007年，李任伟刚到中科院时，集成电路还不是一个热门专业，"真正教学生做专用集成电路（ASIC）设计的高校并不多，"李任伟感慨道，"就拿两三年前来说，集成电路行业的工资待遇跟互联网公司相比真的差得太远。但最近这一年，芯片设计人才的工资水平完全不输于互联网公司。"

产能吃紧、资本涌入

不过，在芯片"热"下，李任伟却有不少"冷"思考。他坦言，"缺芯"是一把"双刃剑"。"我们现在处在'风口浪尖'的行业里，有很好的发展机会，各种资源都在大量地往这个行业倾斜，但这也很容易让我们迷失方向。我们最大的挑战在于，怎样才能让更多产品快速量产。"

受疫情等因素的影响，多家芯片代工厂产能告紧，并开始提高报价。李任伟透露，对中科昊芯这样的芯片设计公司而言，现在找产业链上游的晶圆制造、封装、测试的产能都很费劲。至少需要一两年的时间，才可能把产能扩出来。

这也成了他们的隐忧："我们的产品刚刚开始量产，在供应链这块压力很大，不过我们近两年非常重视供应链的完善，目前可以确保一定的产能，这也是眼下最重要的。"

晶圆产能吃紧，而需求端的热情却只增不减，引得资本争相涌入。天眼查App 的数据显示，中国目前有超 28.2 万家企业名称或经营范围含"集成电路、芯片"，且状态为在业、存续、迁入、迁出的芯片相关企业。

"我一听到这个数据就觉得太惊人了！很吓人的一个数字，"李任伟反复表达着自己的惊讶，紧接着又说，"我们现在真的需要那么多的芯片企业吗？"

由于这两年来密切对接产业链的上游，李任伟非常清楚，当下的产能要支撑起那么多芯片的出货量是有困难的。人才紧缺也是一个棘手问题。好几次，李任伟都已经与应聘的人谈好了，但他们转身就被其他公司以更高的价格抢走了。

此外，李任伟也曾目睹一些企业一味地追求规模扩张，但业务发展速度却完全跟不上来，最后出现了严重后果。"芯片公司在前期找准一个真正能做到的方向很重要，未来的芯片企业一定要找准细分赛道。"

相信行业很快会冷静下来

"你觉得芯片行业是一个小众行业，还是一个网红行业？"当被问及这些年的感受时，李任伟说："现在是网红行业，说实话，原来真的是太小众了。10 年前中国有几家做芯片的公司？像我们这种一直做处理器设计的就更少，去外面找工作，都没几个地方可以去。"

"资金投入高、人才要求高，更关键的是周期太长。"据其介绍，在正式量产之前，芯片要经过流片、封装、测试全过程的工艺步骤。"我可以负责任地讲，大部分流片第一次都能动起来，但这不代表芯片就完全成功了，一定存在优化迭代，"但是，李任伟强调，"如果选用稍微先进一些的工艺制程，随便进行一次流片，可能几百万到几千万元就花出去了。"

同时，一旦芯片出现问题，修改后又需要重新流片，则又会花费几个月、半年的周期。"一个处理器类型的芯片能在两年内实现从研发到量产，我觉得已经很快了。"

因此，他相信行业很快会冷静下来。李任伟直言："现在绝对是泡沫比较大的时期。"但他又说道："首先这是一个好事，从长远来看，如果一个行业完全没热闹过，那它怎么发展？不过，它最终一定会冷静下来，我觉得应该用不了太久。"

案例
||||||||||

极智嘉：智慧物流的赋能者

张燕征

"我最欣赏的企业家是特斯拉公司的 CEO 埃隆·马斯克。"北京极智嘉科技股份有限公司（下称极智嘉）创始人兼首席执行官郑勇表示。敢于创业的人都有一些特质，比如喜欢冒险，不仅有理想主义精神还有乐观的态度，最重要的是能够真正给世界创造价值。

身穿休闲装、戴着黑色边框眼镜的郑勇，刚一落座便打开了话匣子。"作为一家中国智能物流机器人公司，极智嘉的终极目标是成为一家改变世界的机器人公司。"郑勇说。

在创业之初，郑勇和他的团队就抱着追求智慧和代表智能化的技术目标，希望公司能长久地追求卓越，并为此将公司取名为"极智嘉"。另外公司的英文名"Geek+"寓意着希望以后能有更多元化的人才加入团队，给更多领域赋能。如今，四人创业团队已经发展成为一家拥有 1500 多名员工的机器人企业，业务覆盖全球超 30 个国家和地区。

从投资机构高管到企业创始人

物流成本居高不下令很多企业头疼不已。TalkingData 发布的物流行业报告曾指出，物流总费用额在 GDP 中的占比每下降 1%，相应可节约千亿元成本。

据中国物流与采购联合会发布的数据，2020 年中国社会物流总额为 300.1 万亿元，同比增长 3.5%。社会物流总费用占 GDP 的比率为 14.7%。而在 2015 年，中国社会物流总费用为 10.8 万亿元，社会物流总费用占 GDP 的比率为 16.0%。五年间，中国社会物流的市场规模不断扩大，单位物流成本增速明显趋缓。不过，相较于世界发达国家，中国的物流成本依然较高。

"物流一定是 AI 和机器人技术最先落地的重要场景。"在郑勇看来，运输、仓储和物流平台是物流中的三个核心环节，涉及原材料采购、成品入库等，相较于其他行业，搬运工作属于劳动密集型产业，而越来越多的年轻人不愿意从事高强度的体力工作。所以物流领域更需要企业用技术去颠覆它，实现智能化技术的变革。

成立于 2015 年的极智嘉，从 2018 至 2020 年已连续三年占据全球自主移动机器人（见图 3-6）市场份额第一。同时，极智嘉也是耐克、沃尔玛、丰田、西门子、顺丰等知名品牌的智慧物流合作伙伴，截至目前，公司已服务全球超 300 家客户。

郑勇曾在清华大学和德国亚琛工业大学学习工业工程专业，之后在跨国公司 ABB 和圣戈班从事供应链管理工作，负责中国重点生产基地从工程到质量控制和物流的整体运作。之后，他加入了投资基金公司新天域资本，主要负责投资组合公司的投后管理，以及数字新媒体产业（TMT）和机器人行业的新投资项目。

"2014 年，我在考察亚马逊仓库的物流项目时，注意到它们正在全面推广机器人的设备应用，这让我感到非常震撼。"郑勇坦言，基于所学的专业和工作经历，他能很清楚地看到这样的机器人系统在物流领域的巨大价值和市场空间。于是，郑勇便开始在中国寻找相关物流领域的创业公司。

图 3-6　极智嘉的自主移动机器人

图片来源：受访者提供。

"当时是抱着投资的心态去找的，但没找到，我觉得这个事情非常有价值，所以就回到母校清华大学，看看在机器人研究方向上，有没有涉及物流领域的。后来就找到了我们公司现在的 CTO 李洪波，他当时就在清华大学计算机系当老师。"郑勇回忆道。

随后，郑勇又找来了另外两位创始合伙人刘凯和陈曦。在清华大学计算机系的信息科学技术大楼（FIT 楼）的地下室，郑勇和李洪波等人开始聚焦于物流机器人的研发。"2015 年 7 月，我们的产品原型基本上就做好了，于是我从原来的投资公司离职，开始出来创业，成立了智能物流机器人公司。"

商业化落地的三个挑战

从实验室原型产品到商业化落地的过程，并没有郑勇最初想的那么容易。考虑到商用的复杂性，郑勇启动了天使轮融资，招兵买马扩大团队。投资人给他们的第一个挑战性目标是，当年的"双 11"要正式发布公司产品。"当时我们只有一台机器人原型，而距离产品发布不到 3 个月，于是 20 人的团队开始没日没夜地继续研发。"郑勇称。

正是这股拼劲，让郑勇的团队如期交付了一个真正的物流机器人系统，并在某超市的仓库里实现了完整运转。

当团队在努力进行物流机器人的研发时，郑勇发现，其他企业也瞄上了这个赛道。"2015 年，我发现了另外一家物流机器人公司，其生产的 20 台机器人在一个仓库里，但还没有真正跑起来。"潜在的竞争对手让郑勇意识到，要想让公司脱颖而出，还需要提升品牌知名度和获得市场份额。

对于如何在中国市场迅速推广与应用物流系统产品，郑勇解释道，因为公司推出的毕竟还是个新的物流产品自动化方案，如何提高机器人的多种应用场景和性能成了摆在团队面前的难题。

当时的国内电商正蓬勃发展，而分发拣货速度慢令电商们非常头疼，特别是遇到"双 11""6·18"这种促销活动，仓库经常爆仓。郑勇表示，促销期间，电商的客单量几十倍地增长，原有的物流机器人系统随即崩掉。"电商非常希望解决人工操作效率低、易出错的问题，提升效率和拣货准确度。于是，我们共同合作落地了机器人系统，并在多轮测试中对整个产品系统做了多次迭代。"

有了样本案例，郑勇获得了多个头部零售商的青睐，逐步打开了国内的物流机器人应用市场。2017 年之后，郑勇团队经过调研了解到，日本、澳大利亚等国家的人工成本很高，对物流机器人的需求量很大。于是，他又将业务逐步拓展到了日本、美国、英国等海外市场。

谈及打开海外市场的经历，郑勇坦言最初有许多顾虑，这也是第三个挑战：设备系统在国外能否长期稳定运转？是否要经常维修？在当地如何解决产品专利的国家认证问题？数据的安全性如何保障？如何建立本地化团队……"我们顺利交付的第一个海外项目是在日本，这给予了我们非常大的信心，既然'挑剔'的日本客户都能够对我们的产品满意，说明我们的产品质量过硬，我们便开始逐步建设海外市场。不知不觉中，我们已成长为一家跨国公司。"郑勇称。

融资助推企业发展壮大

2021年6月11日，中国证监会披露的备案信息显示，极智嘉已与中金公司签署上市辅导协议，拟在科创板上市。

对于冲刺上市的进程，郑勇认为，"公司确实发展到了一定阶段，可以去考虑这件事了"。

天眼查显示，2015年4月，极智嘉获得心怡科技1000万元的天使轮融资；次年，获得火山石资本和高榕资本5000万元的A轮融资；2017年，获得高榕资本等机构的1.5亿元融资，华平投资等机构的6000万美元融资；随后几年，陆续获得GGV纪源资本、云晖资本等知名投资机构的青睐，完成超3.5亿美元的B轮、C轮及C+轮融资。

郑勇此前在投资机构的工作经历让他更懂得如何借助资本的力量，给企业匹配更多资源。"我觉得这段工作经验对我最大的帮助是，让我能够站在投资方的角度去看待公司的发展，我可能更了解投资方愿意去投的公司是什么样的。当然，因为有在投资机构的工作经验，我可能会比一些创业公司更有机会和资源去接触到一些投资人。但投资人在真正准备进入这个行业的时候，他们会对业内所有的公司进行考察对比，最终能够吸引资方的还是公司本质的一些东西。"

在郑勇看来，企业各方面的能力、发展的潜力等都是投资方决定是否要投资的关键，而极智嘉之所以能够得到资本的青睐，最主要的原因在于他们有优秀的公司团队、良好的业务情况和先进的产品技术。"特别是2018年，公司的国内外业务高速增长，我们亟须更多的融资力量、多元化的人才来支撑业务的发展。"

第 4 章

飞跃的数字经济

继工业经济之后，人类进入了数字经济时代。数字化不仅深刻地改变着我们的生活，也在深刻地改变着每一个产业，产业数字化正在成为经济增长的新动能。在"数字中国"战略的指引下，产业互联网与行业数字化转型正在各行各业如火如荼地推进。

本章将就数字化对企业的重要意义进行阐述，并就数字化面临的一些难点、影响进行解析。同时通过中国工商银行、多点 Dmall 等典型企业的数字化转型经历探寻企业转型之路。

数字人民币有条件成为绿色金融的重要抓手

李礼辉

中国银行原行长、中国互联网金融协会区块链研究工作组组长

2021 年 12 月召开的中央经济工作会议指出，要坚持节约优先，实施全面节约战略。在生产领域，推进资源全面节约、集约、循环利用。在消费领域，增强全民节约意识，倡导简约适度、绿色低碳的生活方式。

数字人民币作为绿色金融的重要组成部分，在推动绿色低碳生活方面具有一定的价值。同时，有条件成为绿色金融的重要抓手。

应用场景创新引入数字人民币

人民币现金俗称现钞。数字人民币不是现钞，胜似现钞，本身就是绿色低碳的货币工具和支付工具，具有低成本、高效率、安全可靠等特点，可以节约货币

流通成本，节约印制现钞所需要的纸张。当然，这样一些绿色低碳价值的实现是需要"规模化"的。根据中国人民银行发布的《2021年前三季度金融统计数据报告》，2021年9月末中国流通中的货币（M0）即人民币现金的余额为8.69万亿元，同比增长5.5%；前三季度净投放现金2552亿元。这些流通中的货币（即人民币现金）的总量是逐年累积的，一定时期的净投放现金数量等于投放现金数量减去回笼现金数量。数字人民币是数字化形态的现金，今后，随着数字人民币发行数量的逐步增长，印钞、发钞以及旧钞回笼和销毁所需的资源和成本就可以逐步缩减。

数字人民币作为法定货币，也将改变支付市场的格局。在微信支付、支付宝等市场化支付手段主导的移动支付市场中，增加官方的支付手段，有利于其相互竞争、相互促进，进一步提高支付的效率和可靠性，实现支付普惠和金融普惠。近10年，中国移动支付用户数量和移动支付规模逐年增长。根据中国互联网络信息中心发布的《中国互联网络发展状况统计报告》，截至2020年12月，中国移动支付用户的规模达到8.54亿，网民使用移动支付的占比达到86.4%。另据中国人民银行发布的数据，2020年中国处理的移动支付业务达1232.20亿笔，金额达432.16万亿元，同比分别增长21.48%和24.50%。在这个巨大的移动支付市场中，数字人民币具有持续增长的市场空间，具有越来越大的社会价值和商业价值。

此外，大额数字人民币支付是可溯源、可追踪的，扩大数字人民币的应用范围，提高数字人民币在流通现金中的比重，可以节约反洗钱、反逃税、反腐败的成本，也具有一定的社会价值。

数字人民币需要达到一定的市场规模，才能充分实现它的社会价值和商业价值。而规模化的前提是两个关键：一是优化底层技术架构，实现规模化可靠应用；二是开发建设丰富的应用场景，让数字人民币融入老百姓日常生活的方方面面。互联网企业最突出的优势就是拥有亿级用户和高频率的C端使用场景，因此，在应用数字人民币推动绿色低碳生活方面，互联网企业可以做也应该做的，就是把数字人民币引入各种应用场景中。

中国人民银行遵循稳步、安全、可控、创新、实用的原则，最早在深圳、苏州、雄安、成都等城市和地区及 2022 年北京冬奥会场景开展数字人民币试点测试，以检验理论的可靠性、系统的稳定性、功能的可用性、流程的便捷性、场景的适用性和风险的可控性。从 2020 年 11 月起，增加上海、海南、长沙、西安、青岛、大连六个新的试点地区。

2021 年 9 月，美团联合中国邮政储蓄银行、中国农业银行、中国建设银行共同发起了"用数字人民币享低碳骑行季"碳中和公益主题的数字人民币试点活动，面向北京、上海、深圳、海南、长沙、苏州、西安、成都、雄安新区等数字人民币试点地区居民免费发放数字人民币低碳出行红包。据美团官方数据，数字人民币试点活动对绿色出行频次的拉动效应明显。试点活动上线三个月来，已吸引接近 800 万用户报名参加，其中有近 200 万用户在活动期间下载和开立数字人民币个人钱包。这些用户累计产生超过 4200 万绿色骑行千米数，与驾驶普通燃油车相比，同等运量下预计可减少大约 11 400 吨的碳排放量。

美团率先以绿色低碳为主题开展数字人民币试点，鼓励绿色出行，看起来只是导引数字人民币进入共享单车这一应用场景，简化共享单车支付流程，但更重要的是，使用数字人民币钱包可以提升用户体验，进一步导引用户进入美团的一系列支付场景，促进全新的数字人民币融入老百姓的日常生活。在一定意义上，场景即规模，场景即竞争力。美团有 6 亿多用户，美团试点是一个有意义的尝试，是对市场是否接纳数字人民币的一次测试。

数字人民币为绿色金融创造新机遇

从更广的层面看，"双碳"目标是人类共同的也是中国自己的崇高目标。必须建立绿色金融体系，支持"双碳"目标实现。中国人民银行已经确立包括"三大功能""五大支柱"的绿色金融发展政策思路，数字人民币通过开发批发型功能和全球化功能，有条件成为绿色金融的重要抓手。

一是成为绿色金融产品市场的工具。通过鼓励产品创新、完善发行制度、规范交易流程、提升透明度，中国目前已形成多层次绿色金融产品和市场体系，下一步将继续推动产品创新和市场稳健发展。在碳排放权及其他绿色金融产品交易市场中，可以使用数字人民币作为支付工具。数字人民币有一项待开发的功能，就是加载智能合约，实现有条件支付。在碳排放权交易等绿色金融产品市场中，无论是碳排放权的直接交易，还是碳期货等衍生产品的交易，都需要通过市场竞价来为碳金融产品合理定价，也都需要执行约定的条件，加载智能合约的数字人民币可以作为智能化的计价工具和支付工具。

二是成为绿色金融激励约束机制的工具。通过绿色金融业绩评价、贴息奖补等政策，引导金融机构增加绿色资产配置、强化环境风险管理，有利于提升金融业支持绿色低碳发展的能力。执行"双碳"政策、实现"双碳"目标，不仅仅是企业的事，也涉及千家万户，只有每个人、每个家庭都能自觉践行低碳节能的生活方式，才有可能真正实现"双碳"目标。因此，绿色金融激励约束机制应该覆盖企业、家庭和个人。在绿色金融激励政策的落地方案中，采用数字人民币作为计价工具和支付工具，可以起到事半功倍的作用。

三是成为促进绿色金融国际合作的工具。地球是人类的共同家园，各国是命运共同体。实现"双碳"目标，是全球各国的共同责任。绿色金融需要国际合作，碳排放权及其他绿色金融产品的交易市场不仅是一个国家的，也是全球的。实现数字人民币的国际化，有利于配合中国的绿色金融产品融入国际市场。而且，中国是经济大国，中国承担的碳达峰、碳中和指标的分量和份额都比较大，在全球化的碳排放权等绿色金融产品市场中使用数字人民币作为计价工具和支付工具，有利于在数字经济时代促进全球货币金融体系的均衡和协调。数字人民币自身的技术架构能够达到跨境使用的基本要求。中国人民银行已经明确，将在充分尊重货币主权、依法合规的前提下探索数字人民币跨境支付试点，遵循无损、合规、互通原则与有关货币当局建立法定数字货币汇兑安排及监管合作机制。

无论是将数字人民币在国内用于绿色金融产品市场、用于绿色金融激励政策的执行，还是跨境用作国际化的绿色金融产品交易的货币工具，都将创造新的机遇，都可能产生新的辐射性的蓝海效应。有能力的互联网企业应该予以关注，从企业的实际出发，提前布局，配置必要的人力、技术、财务等资源，争取发展的机会。

"十四五"时期数字化和 ESG 对企业的重要性

王忠民

全国社保基金理事会原副理事长

"十四五"时期影响企业发展的重要因素

无论是从 2021 年来看，还是从"十四五"来看，对于企业（包括实体企业、服务类企业、金融企业等）来说，有两大方面至关重要。

一个方面是数字化的影响、改造和落地。无论是数字化软件对服务类型的改变，还是实体企业通过后台技术数字化来改变它的产品，或从场景、流程、工艺，乃至云服务的角度去改变，数字化已经成为时代的主题。从企业的角度看，如果说 To C 端的数字化在过去实现了发扬光大，那么今天，To B 端的数字化正在迎来更为重要的发展阶段。我们在基础设施领域可以看到，物理性基础设施已经有了重大发展，数字基础设施，特别是 5G 云服务、IDC，获得了爆发性发展。从服务的角度看，线上教育服务在新冠肺炎疫情期间发展迅速。如果我们把全社会的服务业全部都用数字化去改造和提升，那将会有无限大的机会和可能。

另一个方面，环境、社会、治理（ESG），特别是环境，对企业的影响变大。我们现在把碳达峰和碳中和列入"十四五"规划，并且提出量化要求，这具有重大意义。每个新的替代领域，一定是最具爆发力和成长力的。同时这也是企业的社会责任，是治理结构中应该落实的。从企业角度看，应计划在"十四五"时期把数字化和 ESG 纳入每一个动作、每一个活动、每一个场景当中，这是我们的当务之急。企业要在数字化和 ESG 的浪潮中，勇当先锋，勇拓市场，勇立潮头。

从金融的角度看，什么样的金融产品能够使 ESG 通过金融交易不断传递到每个产品、每个流程及每个工艺当中去？金融市场服务本身的 ESG 要求，就可以通过金融交易创新和金融服务的深度来实现。

"十四五"时期，从金融市场的服务需要来看，必须产生新的金融工具、新的金融市场、新的金融交易，只有如此才可以让数字化和 ESG 的逻辑得到较大发展和进步。

要强调的是，数字化金融，包括数字货币、数字人民币、供应链金融和所有基于数字化的 To C 端的金融服务和 To B 端的产业链金融服务，应该是"十四五"时期发展的重要落脚点和重要趋势。

推广注册制的内在要求

"十三五"时期，中国的证券市场发生了多次改革，特别是注册制的推行。"十四五"时期可以进一步把注册制的内在要求在更大范围和更深层面进行推广。除了把注册制从创业板和中小板推向全部板块，还可以在交易限制上对其进一步放宽。因为注册制的根本逻辑是基于信息披露的真实性和有效性，而不是基于某个交易限制和交易规约。所以，在注册制大概念上，应该打破所有的交易限制并贯通交易。

比如，应该将具体的交易管理限制放得更宽，交易的 T+0 制度和单日交易的规模限制、价格限制，都可以放开。T+0 制度可以使金融资源的配置效率提高，其流向更有效率的投资的可能性会增大。

还应该推出更多新的金融工具、新的市场、新的交易来服务社会。比如发展衍生品市场、期货市场。假定在股票市场、债券市场有风险的时候，有一个标的可以把风险对冲掉，安全边际就大幅提高了，这样全社会的金融资源配置就相对平衡一些。比如，对于固定收益产品，应该让垃圾债和其他债券品种一样得到更大的成长和发展。

数字金融的发展趋势及未来问题破解

黄益平

北京大学国家发展研究院副院长

"十四五"时期传统金融机构或将发挥更大作用

中国数字金融的创新不仅在很大程度上改变了金融服务本身，也改变了中国经济。展望数字金融在"十四五"时期的发展趋势，我认为，过去最活跃的数字金融主体是科技公司，下一阶段传统金融机构可能会发挥更大的作用。这一方面与监管改革有关，另一方面因持牌原因，传统机构更有优势。

"十三五"期间，中国普惠金融的发展取得了很大成绩，其中很大的贡献就来自数字金融的发展。而"十四五"期间，可能有一些新的领域更值得我们期待。过去，数字金融的主要突破依赖于消费互联网的发展，下一阶段我们可能会看到一个新的爆发点——产业物联网的业态发展。

这和中国的 5G 数字基础设施有关。新的业态发展起来之后，金融就可以在这上面做很多文章。比如数字供应链金融，在该平台上，机构可以直接为所有企业提供金融服务，规模可以扩大，期限可以扩大，甚至可以直接支持实体企业。所以，我称之为"数字金融发展的 2.0 阶段"。我对 2.0 阶段有很高的期待，我认为会出现很多跟过去不一样的现象或者呈现出不同的特点。

中国数字金融的发展正迈向第二阶段

新冠肺炎疫情暴发后，我们发现数字金融已经越来越多地融入普通百姓的生活中。在传统金融时代，老百姓买卖东西的主要支付手段是现金，也有部分人会用信用卡，但能用信用卡的地方很少。而今天，我们会发现，在中国，用手机支付几乎是每一个老百姓都在做的事情。

曾经有一位新加坡的高级部长到北京来开会，他在街上看到老百姓买完东西后用手机扫一扫就走了。他非常吃惊，回国后便表态也要发展数字金融。这件事说明了什么呢？说明从全球来看，中国数字金融的发展已经非常普惠了。

但是我们仍有两个问题需要改进。第一个问题是数字鸿沟。今天的普惠金融很普惠，普惠到只要你有一部智能手机，只要有移动信号，不管你在中国的哪个地方，都可以享受同样的金融服务，这在过去是无法想象的，这是普惠性的重大突破。但前提是你得有智能手机，得有移动信号，而实际上确实有很多人不用智能手机，更不会使用支付宝等支付软件，所以，未来要解决数字红利不够的问题，就是如何能使一些知识水平比较低、甚至视力不好的人群，或者是老年人，信任数字金融，会用数字金融。例如，我们要提高安全性，要让一些工具更加好用、更加简单。第二个问题是我们有一些业务做得还不太好。"十四五"期间希望在智能投顾和数字保险方面能有新的突破。比如，老百姓要做投资，当然可以买余额宝等投资产品，但是严格来说，到目前为止，我们的很多理财服务都局限于给人卖东西，不是一种完整的理财服务。理财服务其实更多的是考虑一个综合性的理财方案，在比较长的时期内，规划客户在风险可控的情况下的稳健回报，这才是真正意义上的理财服务。保险的承保范围目前也很有限，很多事情无法投保。比如，企业的经营规模比较小，有没有适合的保险。又如，现在政府在推动一些政策性支持项目，那么牛羊养殖等是否可以投保？我觉得通过数字技术的使用，可以改进金融产品的设计和对风险的控制，这些也是需要解决的。所以，我认为数字金融的发展只经历了第一个阶段，现在正在迈向第二个阶段。

普惠金融如何"普"而"惠"

成绩的背后也存在一些乱象，如利息过高、套路贷等，这让一向标榜"普惠"的数字金融陷入"普"而不"惠"的质疑。

我认为，科技平台的贷款利息相对来说可能确实高一些，但我觉得有几个方面的因素需要考虑。第一，科技平台虽然都有金融方面的牌照，但是不能远程开户，不能像银行一样吸收存款，所以资金成本相对来说确实高一些。第二，科技平台利用大数据进行信用风险管理，看上去边际成本很低，但实际成本是很高的。因为它们聘请的几乎都是全世界最好的数据工程师，这方面的成本很高。第三，我们现在一般讲的都是年化利率，但是科技平台发放的贷款很多都是 3 个月或 6 个月的，在这种情况下把年化利率压低是很困难的。

比如，我和工作伙伴见一次面，不管是交流 30 分钟还是 6 个小时，他花在路上的时间成本是一样的。如果把时间成本摊在见面时长上，我们的交流时间越短，对他来说平均成本就越高。

不过，这些问题将来肯定要通过一系列的办法去解决，比如引导科技平台将风控做得更好，降低边际成本，或者让科技平台可以获得相对更低的资金成本。把这些做得更好，就可以把利率往下压，这很有必要。

贷款利率是否越低越好

关于中国普惠金融存在的问题，我认为有一个政策问题一直没解决，那就是定价问题。

货币银行学有一个很重要的规则：风险程度和资金的成本相匹配。也就是说，金融机构应该对所有的客户都提供贷款，但定价是不一样的，风险低的客户其贷款利率要低一些，风险高的客户其贷款利率要高一些。

国家希望针对中小微企业的贷款利率不断下降，因为资金成本太高，不利于它们的发展和经营。而中小微企业的风险是比较大的，所以针对它们的贷款利率实际上要稍微高一些，我觉得这其实是可以理解的，但我们要想方设法降低它们的融资成本。比如实行宽松货币政策，降低它们的资金成本，或者增强金融行业的竞争力。

市场化风险定价是金融机构能够长期持续的唯一根基。如果失去了这一根基，它就不是商业化的金融服务，就变成了扶贫，变成了公益事业。

融资难、融资贵一直是我国中小微企业面临的难题。2021 年以来，为引导金融资源更多地流向中小微企业，相关部门实施了定向降准、再贷款等多项措施。不过，我认为，对大多数中小微企业而言，解决融资难问题的重要性要远远超过解决融资贵的问题。对它们来说，能拿到钱支持它们的经营、扩大它们的业务才是最重要的。当然，成本越低越好，但是如果违背金融规律去把成本压低，其实对于最终解决融资难问题是不利的。

数据确权要在社会和个体多方权衡中前进

孙 克

中国信息通信研究院政经研究所副所长

近几年，数字经济方兴未艾。随着数字经济的发展，数据变得越来越重要了。数据要素作为一种商品，其重要性日益上升，但和其他商品相比，二者无论是在物质形态上还是在性质上都有重大差异，进而产生了一些问题。比如数据确权问题。

数据确权存在困难与争议

2020 年，中共中央、国务院发布的《关于构建更加完善的要素市场化配置体制机制的意见》，将数据定义为继土地、劳动力、资本、技术之后的第五大生产要素。中央也提出要构建以数据为关键要素的数字经济。

数据要成为一种生产要素就要实现价值化，因为数据本身并不必然是生产要素。它要在经过资本运作、生产、标注等一系列的活动之后，才能够成为一种生产要素。

数据价值化的过程分为三个阶段。第一个阶段是数据资源化的过程，按经济学的说法，就是实现使用价值的过程。在这个过程中不存在确权争议。第二个阶段是数据资产化的阶段，在这个阶段要和别人进行交易，就会存在三个方面的问题：一是确权的问题，二是定价的问题，三是市场建设的问题。第三个阶段是数据资本化的阶段。类比于金融市场，第二个阶段是银行，第三个阶段是产生证券、金融衍生品等。目前，国外一些大公司也在做数据金融衍生品，未来，数据的资本化是一个大的发展趋势。

目前，各地的数据确权其实还是以所有权的确定为基础和前提的，这其实是非常困难的。我建议，数据产权可以创新。欧洲出台的《通用数据保护条例》（GDPR）提到了一种新的权利，叫作被遗忘权和被删除权。也就是说，在平台上买东西，消费者拥有一种让平台删除数据的权利，它不是所有权，而是一种新型的权利。我们也可以做一些权利上的创新。

互联网完成的是信息的传递，但我们做确权、做市场要真正完成的是价值的传递。比如我有一百元钱，若我将其传递给你，我就没有了。这才是价值的传递，而互联网恰恰完成不了数据价值的传递。现在我们有了新的解决方案，比如区块链。

在产业型数字经济时代，数据确权将更困难

当前，我们正处在一个历史节点。过去 30 年，我们发展的都是消费型数字经济，比如淘宝等业态。未来发展的将是产业型数字经济，如工业互联网、智能制造等。从消费型数字经济到产业型数字经济，有一个巨大的跨越，我总结为一句话：消费型数字经济是"一米深，百米宽"，产业型数字经济是"一米宽，百米深"。在产业型数字经济时代，每个行业都是不一样的，标准很难统一，认同感比消费型数字经济时期更强。一家工厂会天然地认为，它生产的数据是属于自己的，而很多消费者是没有这个概念的。所以，无论是在标准层面，还是在意识层面，未来数据的确权和交易将变得更困难。

因此，数据的确权需要在社会和个体多方的权衡中取得进展。数据确权涉及公权和私权两个范畴，覆盖了国家、企业和个体三个利益层面，所以必须在三者

之间做好利益权衡，既要保证以国家网络安全为核心的数据主权，也要避免侵犯个体和企业的合法权益。

数据的属性更加复杂，而且它的权利归属更不明确。比如在自然属性方面，数据可以复制，复制成本非常低，接近于 0。所以，复制后被占有和控制，就造成了数据所有权的不明确。在社会属性方面，数据财产的权属和权利属性是不明确的，不能通过传统的物权、债权和知识产权的原有路径对其加以保护，并且数据的生产关系也非常复杂，这加剧了数据权利的复杂性和模糊性，也是现在尚未解决的问题。

针对未来的商业数据，我认为不应该采取绝对性或者排他性的财产权保护，而应该采取合理性制度体系来加强对数据的保护并实现数据共赢。另外，对于公开型、半公开型和非公开型的数据，要更多地做到因地制宜。

数字经济推动产业新变革

盘和林

浙江大学国际联合商学院数字经济与金融创新研究中心联席主任、研究员

商诗语

广州数字金融创新研究院研究员

我国数字经济的高速、高质量发展

数字经济规模再创新高，增速引领全球

在全球经济下行及新冠肺炎疫情冲击的背景下，我国数字经济仍实现了逆势增长，规模由 2014 年的 16.2 万亿元增长至 2020 年的 39.2 万亿元；2020 年，我

国数字经济的同比增速达到 9.6%[①]，位居世界第一，引领全球数字经济高速发展。随着新一轮科技革命的到来，数字经济已成为我国经济的重要组成部分，是推动我国经济高质量发展的动力源泉，也是促进传统产业结构转型升级、落实创新驱动战略的关键抓手。

数字经济的结构不断优化，对经济的贡献作用明显

2020 年，我国数字产业化和产业数字化的规模分别为 7.5 万亿元、31.7 万亿元，同比增速分别为 5.3%、10.3%，占数字经济的比重分别为 19.1%、80.9%，说明产业数字化已成为我国数字经济发展的主引擎，数字经济结构持续优化，5G、大数据、云计算、数字贸易和工业互联网等产业加速发展。与此同时，数字经济对我国经济的贡献度也在逐年提升。2015—2020 年，我国数字经济占 GDP 的比重由 27% 提高至 38.6%[②]，说明数字经济对国民经济的推动作用愈发明显。

数字经济融合应用稳步推进，细分行业的发展可圈可点

2020 年，我国第一、第二和第三产业的数字经济规模占行业增加值的比重分别达到 8.9%、21.0% 和 40.7%[③]，三次产业的数字经济渗透率不断提高，说明我国各项产业与数字经济实现了加速融合发展，数字化转型稳步迈向新台阶。从数字经济细分行业的情况来看，各行业百花齐放。2020 年，我国规模以上电子信息制造业的营业收入超过 12 万亿元[④]，产业地位不断提升；软件业务收入达到 8.16 万亿元，实现了较快增长[⑤]；规模以上互联网和相关技术服务业实现业务收入 1.28 万亿元[⑥]，整体实现平稳发展。

[①] 参见：中国信息通信研究院发布的《全球数字经济白皮书（2021）》。

[②] 参见：中国信息通信研究院发布的《中国数字经济发展白皮书（2021）》。

[③] 参见：中国信息通信研究院发布的《中国数字经济发展白皮书（2021）》。

[④] 数据来源：http://www.gov.cn/xinwen/2021-04/09/content_5598747.htm。

[⑤] 数据来源：https://www.miit.gov.cn/gxsj/tjfx/rjy/art/2021/art_f6e61b9ffc494c099ea89faecb47acd2.html。

[⑥] 数据来源：http://www.cac.gov.cn/2021-06/28/c_1626464503226700.htm。

数字经济推动产业新变革

数字经济重塑产业结构，提升产业竞争力

科技创新是第一生产力，也是推动产业结构变革的内生驱动力。数字经济以科技创新为引领，推动传统产业转型升级，重塑了我国的产业结构。从生产流程来看，数字技术通过改进传统的研发、设计、生产、物流、销售及售后等环节，实现降本、提质、增效，强化了产业的竞争力；从业务流程来看，大数据等数字技术通过对业务进行全方位的展示、监督和修正，可以及时规避经营过程中的异常和风险。无论是生产流程的改进还是业务流程的改进，都说明数字技术正在改变过去的模式和业态，驱动我国传统产业结构转型升级，提升我国产业在全球的整体竞争力。

数字经济催生新产业，赋能经济高质量发展

数字技术在产业化的过程中会形成众多新产业。经过几十年的发展，电子信息制造业、互联网及相关技术服务业和电信业等数字产业已较为成熟，大数据、云计算、人工智能、移动物联网、区块链和网络安全等新兴产业方兴未艾。当前，数字经济等新兴产业在大力迈向新征程的同时，也为我国经济在下一阶段的发展提供了更多增长极，赋能经济持续高质量发展。

数字经济企业释放发展新动能

数字经济龙头企业引领行业向前发展

数字经济细分领域的龙头企业作为具有一定垄断力量的商业领袖，是推动本行业数字化转型的"灯塔"。它们紧握数字经济发展机遇，通过数字化手段改造全业务生产流程，在不断强化自身竞争力的同时，赋能上下游企业共同转型，从而提高整个产业链条的韧劲，实现大中小企业融通协同发展。近年来，各细分领域已形成一批具备较强竞争力的数字经济龙头企业，比如互联网领域的阿里巴巴、腾讯、百度和字节跳动等，电子信息制造领域的华为、中兴、联想和京东方

等，以及智能制造领域的三一重工、徐工和美的等。根据赛迪研究院的整理，截至 2019 年底，我国在 A 股、港股及在美上市的数字经济领域的企业共 1466 家。[①]各大龙头企业不断加大对数字技术的研发投入，在数字化转型上进行了诸多探索与尝试，通过对技术、业务等进行多方位创新，引领行业前行。

代表性数字经济企业及其成果

华为：全球通信领域的解决方案服务商

成立于 1987 年的华为，是中国通信行业的领头羊，也是信息通信技术（ICT）领域全球领先的解决方案服务商，位居 2020 年中国民营企业 100 强第一位，2020年《财富》杂志世界 500 强第 49 位。一方面，华为的数字化改革动力来自外部市场，2006 年后，华为的市场重心由亚非市场走向发达国家，合规性标准迫使华为对财务系统等进行改进升级；另一方面，在业务主体由运营商变成企业的过程中，华为原有的 IT 体系难以承载过多流量，想发展就必须进行数字化转型。华为的数字化转型战略可归纳为"135"原则，即"瞄准 1 个目标，做好 3 项工作，实现 5个转变"，其中"5 个转变"是指"转意识、转组织、转文化、转方法及转模式"。以旗下的华为云业务为例，其云平台已上线 210 个解决方案，全球合作伙伴超过1.9 万个，汇聚了 160 万个开发者。除了自身的数字化转型成效显著外，华为也将自身经验赋能智慧城市、智慧园区、智慧物流、智慧机场等多个领域，助力千行百业发展升级。

阿里云：国内公有云市场的领军者

随着电商业务的迅猛发展，为满足线上流量对 IT 架构的海量需求，阿里巴巴在 2009 年正式组建了阿里云公司。在王坚、胡晓明、张建锋前后三代掌舵人的带领下，当前阿里云在云计算、网络安全、大数据处理等方面已处于全球领先地位。阿里云以"做深基础、做厚中台、做强生态"为三大方向，打造"云钉一体"新型操作系统，构建了数据库、存储服务、ET 大脑等多个产品体系，目前已服务国

---

① 参见：赛迪顾问发布的《2020 中国数字经济最具价值企业白皮书》。

家税务总局、海关总署、中国联通、华大基因等多领域的大型客户。2020 年 1 月，阿里云被授予"国家技术发明奖""国家科技进步奖"两大国家级科技奖项，这是国内首家同时获此殊荣的互联网企业，说明阿里云的技术能力得到了国家认可。2021 年 4 月，根据国际研究机构 Gartner 发布的数据，2020 年阿里云的全球市场份额为 9.5%，排名世界第三、中国第一。

美的：家电行业数字化转型的标杆

美的的全面数字化转型始于 2012 年，当时国内家电市场发展得如火如荼，美的的订单接连不断。但彼时刚接手美的的方洪波发现美的正面临"增收不增利"的尴尬局面，大规模、低成本的商业模式难以为继，如果不进行数字化变革，美的将会被时代抛弃。于是从 2012 年到 2021 年，美的耗资数百亿元投入数字化建设，在"产品领先、效率驱动、全球经营"战略的指引下，贯通研发设计、计划采购、生产制造、物流管控、售后服务等全价值链环节，沿着"传统制造 – 重构数字基础 – 搭建工业互联网平台 – 赋能上下游企业"的路径，实现了自身乃至家电行业的升级变革。当前，美的的数字化转型已取得明显成效，旗下的南沙工厂被评为"全球灯塔工厂"：劳动效率提高了 28%，单位成本下降了 14%，订单交付期缩短了 56%。① 美的的营收从 2012 年的 1027 亿元增长到了 2020 年的 2857 亿元，2020 年的净利润是其老对手格力的 2 倍多，顶住了新冠肺炎疫情的冲击。

广电运通：智能金融领域的践行者

2015 年后，国内的移动支付实现爆发式发展，使得银行的传统现金业务出现大幅收缩，对金融终端设备的需求也大大减少，而作为国内金融终端设备的龙头企业，广电运通的业务发展也受到了惨烈冲击。为应对这一危机，广电运通积极探索数字化升级之路，在原有业务的基础上，以"技术 + 场景"的模式，发力智能金融领域，同时聚焦"金融科技"和"城市智能"两条业务主线，推动人工智

---

① 数据来源：http://www.gzns.gov.cn/zwgk/zwdt/content/post_6719670.html。

能四大要素'数据、算力、算法、场景'的能力建设和协同发展。当前，广电运通逐步摆脱了移动支付带来的影响，在智能金融等多个领域稳扎稳打，已连续 13 年摘得国内金融智能设备市场的桂冠，是国内第一家实现全部主流生物特征识别国家标准布局的金融电子企业，综合实力位居世界前三，其业务覆盖了全球 80 多个国家和地区。

数字经济发展面临的挑战及趋势

数字经济发展面临的挑战

企业认识不足，缺乏整体的数字化转型战略

目前有很多企业，特别是传统中小企业，对数字化转型认识不足，没有从企业整体战略的高度考虑如何转型。部分企业的决策层存在严重的"路径依赖"，遵循传统的商业发展模式，不敢轻易做出转变；不同部门对数字化转型的认识存在一定差异，比如，业务部门关注的是数字化转型短期内能不能提高收益，而技术部门觉得数字化转型是一个长期过程，二者认知不一致就会影响决策层，从而难以形成统一的整体战略部署。

外部环境挑战加剧，内部的数字创新能力有待提升

近年来，中美贸易摩擦、地方债务危机及新冠肺炎疫情等"黑天鹅"事件频频发生，恶化了企业外部的经营环境，对企业业务和发展造成了一定冲击。面对前景不明、需求不足的外部环境，企业增长乏力，迫切需要找到一条突破不确定性的成长转型之路。此外，内部创新能力不足，也给企业转型升级带来了一定挑战。当前，大多数企业的信息化投入水平较低，基础设施建设不足，核心技术受制于人，这些均导致企业创新举步维艰，更遑论实现成功转型了。

不同企业转型步调不一，成果在短期内难以显现

除了企业内部会出现不同部门对数字化认知不同的情况外，不同企业之间也存在数字化转型步调不一致的情况。从产业链角度分析，企业数字化转型并不是单靠自身力量就可以实现的，需要依托上下游企业共同发力，需要协调设计、生

产及销售等环节，因此不同企业所处的转型阶段的不同，也在一定层面上阻碍了企业的发展。同时，数字化转型的成果短期内难以显现，需要长期可持续性的投入。而如何平衡企业现期生存压力和长期转型投入，是企业实现升级之路必须克服的难题。

数字化人才匮乏，数据运营效率低

随着数字技术的成熟落地和应用普及，企业对 AI 算法研究员、IT 技术人员及大数据专家等数字人才的需求与日俱增，但在当前的白领工作者中，预估数字化人才仅占 4.6%[①]。企业的传统人才培养模式效率不高，跟不上企业转型的步伐；外部的数字化人才短期内又难以理解企业内部业务的发展逻辑，因此当前数字化人才供给存在巨大缺口。除此之外，受制于数字技术、数据运营成本及外部关联数据获取困难等因素，企业实际的数据运营效率低下，也使得企业转型"难上加难"。

数字经济发展趋势分析

加快与实体经济深度融合

在数字经济时代，传统生产流程和业务模式已跟不上企业转型发展的需求，市场必将不断涌现出更多新物种、新技术、新业态及新模式。随着数字技术的不断迭代升级和跨界应用，实体经济与数字经济的界限也变得愈加模糊，二者进一步深度融合是必然趋势。5G、大数据、云计算、人工智能等数字技术与实体经济的深度融合，优化了企业的产品质量和生产速度，加速了产业结构优化升级，为实体经济的高质量发展提供了新的增长引擎和发力点。

数字化转型步伐将进一步加快

随着数字化转型进程的不断推进，越来越多的企业认识到数字化转型不再是一道"选做题"，而是一道"必做题"。部分头部企业早已开始探索和部署数字化转型工作且效果显著。新冠肺炎疫情期间，运行的数字化系统全面保障了企业的

---

① 参见：脉脉和开课吧联合发布的《中国数字化人才现状与展望 2020》。

生产和管理，为企业度过危机保驾护航。而没有进行数字化部署的传统企业，则被疫情打了个措手不及。因此，企业在深刻认识到数字化的重要性和迫切性后，将加速自身技术和业务模式创新，积极加速迈入数字化全面转型行列。

数字化转型模式将整体走向成熟

虽然数字化转型是一个漫长的过程，但不同于刚开始的迷茫困惑，不少企业当前立足于自身的痛点和需求，制定了适合自己的数字化转型方案，同时快速吸收行业优质转型经验，在数字化方面不断加大研发投入，技术部门和业务部门之间的合作也更为娴熟，企业数字化转型模式整体走向成熟。随着转型方案的成熟落地，为更好地协调产业链上下游企业，核心企业开始将自身转型经验赋能其关联企业，加速产业生态变革，使产业数字化转型整体向前迈进。

数字经济企业发展的对策建议

巩固顶层设计，积极谋篇布局转型新思路

一是重塑数字化转型思维。不少企业把数字化转型理解为技术层面的迭代更新，得到的往往是局部改造的效果，难以实现整体效益提升。真正的数字化要兼顾技术、业务及战略等多个方向，明确转型目标，不同部门共同发力。因此，企业要摒弃传统的转型思维，从全局角度出发，绘制数字化发展路线图。二是做好顶层设计整体规划。企业决策层需明确整体转型框架及目标，制定短期、中期和长期规划，实现自上而下的统一思想、统一目标和统一行动等。同时要考虑产业链关联方及同行竞争者，企业顶层设计不仅需兼顾自身发展和产业链上下游企业的协同问题，而且要及时关注"友商"动态，抢占市场先机。三是推动规划落地执行。数字化顶层设计不仅要考虑战略性和全局性，还要强调可操作性。在整体目标的指引下，企业需明确不同阶段的重点任务，将技术创新与业务场景紧密结合起来，积极探索改革新路径。同时，企业需留意大数据在转型中发挥的重要作用。因此，企业除了要积极布局数据采集、数据处理和数据分析等系统以达到改善自身业务外，还要实现部门间、企业间的数据打通，提升自身乃至整个产业链

的协作效率。

加强数字化建设，提高企业抗风险能力

一是强化"内功"修炼。"打铁还需自身硬"，在数字经济时代，企业只有加强自身数字化核心能力建设，才能有效抵抗内外部风险。一方面，创新作为企业变革的不竭动力，是企业优化内部流程、提升效益及实现新旧动能转换的关键抓手。企业要积极融入数字经济环境，利用数字技术开发新产品、新技能和新模式，推动数字科技与业务场景深度融合发展，重构业务发展逻辑，减少中间环节，实现资源配置的最优化。另一方面，数字化转型不可能一蹴而就，需要企业长期可持续性的投入。企业除了要加大在大数据、云计算、人工智能等新型细分领域的投入力度，还要在现有发展的基础上迭代前进。企业需致力于改进现有生产工艺、业务流程及协作机制等，根据自身发展阶段，实施"上云上平台""以机换人""无人工厂"等数字化改造项目，突破发展瓶颈。二是构建外部合作体系。"独木难成林"，在巩固自身数字化能力建设的同时，也要积极搭建外部网络体系。与产业链上下游等关联方建立长期稳定的合作关系，学习行业内龙头企业的先进经验与数字技能，降低转型带来的不确定性和风险性。此外，要关注政府动态，与政府建立良好的互动关系，及时获取政策信息，明确产业政策发展方向等。

不同企业优势互补，协同共进

一是推动大中小企业融通发展。不同规模的企业各有其独特的发展优势，大企业的优势集中在研发投入、规模效应及抗风险能力等方面，中小企业的优势集中在决策效率、业务灵活度及创新动力等方面。为使整体效益尽可能实现最优化，应促进大中小企业融通发展，发挥各自优势，提高企业间的专业化分工和协作能力，以实现技术研发、产业应用及商业模式的跨企融合，加速数字化转型进程。二是提高与配套单位的协作水平。以实体企业为例，其配套单位包括金融机构、咨询公司、科研院所和当地政府等，企业和配套单位的协作水平也能从侧面影响其数字化转型升级的效果。因此，企业和其关联配套单位需打造协作发展体系，

建立相互推动、共同前进的良性循环，实现数字化成长的乘数效应。三是加强国内外企业的合作交流。企业在获取数字化先进经验方面，不能仅局限于国内企业及市场，要具有全球视野，积极参与"一带一路"等国际合作交流。有能力的企业可与国际优质公司以跨境合作、资金入股等方式建立长期合作关系，踊跃参与国际合作项目、国际标准制定等多项工作。

探索新合作模式，引进与培养数字化人才

一是加强内部培养。随着数字技术的飞速升级，传统人才已经难以支撑企业数字化业务的发展需要，企业急需培养既懂业务又具备数字技能的复合型人才。因此，除了必要的内部数字技能培训外，在培养数字化人才方面，企业可着力搭建数字化人才资源体系、建立数字化部门、强化员工激励机制及创新人才管理制度等，培养具备先进视野、前沿思维及扎实技术的数字化人才队伍。二是积极引进外部人才。外部人才给企业带来的经验、知识和活力，对企业的数字化发展来说是弥足珍贵的。企业应以实际能力为衡量标准，多渠道、跨领域大力引进数字化升级紧缺的高级人才、技术人才及复合型人才，做好外来人才的福利保障工作。三是探索合作培养新模式。当前的教育机制与数字化产业发展存在明显脱节，高校培养的人才不符合企业发展需求。因此，在大数据、云计算、工业互联网及人工智能等新兴领域，企业可探索与高校或科研院所等建立人才合作培养模式，吸引高校或科研院所人才来企业就职、兼职或定期交流，加速技术成果转化。此外，企业可探索与高校和科研院所等建立人才共享资源池，整合多方人才资源，打造数字化人才培养高地。

案例

||||||||||

中国工商银行：打造开放与融合的金融跨界生态

魏薇

你有多久没去过银行了？在数字化浪潮下的今天，越来越多的人习惯于使用手机 App 办理业务。这只是银行业变化发展的一个缩影。

近年来，银行业面临的竞争环境越发复杂，不仅要面对来自金融同业的竞争、跨界的竞争，还要面对新的市场环境以及新的客户需求带来的挑战。

在新形势下，科技引领和创新驱动成为银行业实现高质量发展的共识，新技术的应用也为银行的发展注入了新鲜"血液"。

"金融的高质量可持续发展离不开科技创新。近年来，金融科技从后台走向前台，已成为金融创新发展的重要引擎。银行业天然具有数字化基因，目前正在发挥金融科技优势，主动破解难题，在服务和融入构建新发展格局上展现更大作为。"中国工商银行党委委员、副行长张文武曾公开表示。

站在"十四五"开局之年的新起点，中国工商银行把握新的机遇，制定了金融科技发展规划，引领银行业进入高质量发展的新阶段。

五位一体"科技强行"

纵观全球，新的科技应用不断更迭，云计算、大数据、区块链、人工智能等新技术深刻地改变了银行业。科技赋能传统银行业务，令银行在数字经济时代能快速应变，让"大象"也能轻盈地跳舞。

与此同时，新冠肺炎疫情的流行让消费者尝试数字金融服务的意愿不断增强，从而加快了银行业的创新步伐和数字化进程。

2021 年以来，无论是大型银行还是中小银行都在更积极主动地拥抱金融科技。作为银行业数字化转型的先行者和推动者，中国工商银行的一举一动都被视为业界的风向标。

中国工商银行在 2021 年的半年报中，透露了最新制定的金融科技发展规划（2021—2023 年）。规划提出，在规划期内，将显著提升科技创新能力和金融创新能力，以科技自立自强和数字化重构双轮驱动，引领具有时代标志的银行数字基因变革，打造"敏捷、智慧、生态、数字、安全"五位一体的"科技强行"。

在这份规划中，"敏捷"被摆在了首位，中国工商银行立志通过机制变革建设激发内生原动力的"敏捷"银行。何谓敏捷银行？麦肯锡在此前发布的一份报告中指出，作为一种创新组织形式，敏捷组织打破了条线割裂、层级森严的传统组织架构，在稳定性与灵活性之间实现了完美平衡。敏捷模式可将产品开发速度提升五倍、将决策效率提升三倍。

银行是经营风险的行业，经过数百年的发展，逐渐形成了严格缜密的流程化业务模式以及一套完善的风控模式。敏捷则需要打破部门间的壁垒和组织的孤岛，以科技的力量赋能业务。

中国工商银行在半年报中提到，除"一部、三中心、一公司、一研究院"的金融科技组织布局外，积极推进金融科技人才兴业工程，加大"科技菁英"校园招聘力度，引入高端社会化专业科技人才，探索建立"科技培养 – 业务使用"的金融科技人才"蓄水池"机制，培养"懂业务、通技术"的复合型金融科技人才队伍。围绕"解决技术难题、填补市场空白"的项目，加快推进"揭榜挂帅"机制，进一步激发员工的创新动能。

"科技强行"强调的另一个重点是"智慧"。中国工商银行提出要建设科学技术贯穿前中后台的"智慧"银行。智慧银行最大的特点是汇聚了 5G、大数据、物联网、区块链、生物识别、AI 等多项先进技术，并将其融合于前中后台之中。

为此，中国工商银行不断加强对前沿技术的研究应用，不仅优化"核心业务系统＋开放式生态系统"新型 IT 架构，打造一系列领先的新型数字基础设施，还探索前沿技术新高地，如率先建成以北斗卫星导航系统为唯一信号源的国产智能 POS 终端监控体系。

在立足科技的同时，中国工商银行还注意到金融和场景之间密不可分的关系，进一步明确将打造开放、互联、拓展、无界融合的"生态"银行。在智慧政务方面，中国工商银行依托聚富通、API、中国工商银行云等开放平台的同业领先优势，加快政务、产业、消费（GBC）三端联动和场景生态建设，在重点领域建成 6262 个互联网有效场景，较上年增加 975 个。

打下牢固的科技基础，少不了数据要素的支持。中国工商银行在半年报中还提到，要建设成为数据资产释放新要素活力的"数字"银行。对外，积极参与数字产业化，共建数据要素市场，通过大数据联合建模，与全国 26 个省市开展政务数据合作，落地 300 多个政务合作场景；对内，深入推动数字资产化，打造新型数字基础设施，建成了集团数据中台。

近年来，保证数据"安全"成为金融行业的当务之急，金融业作为数据密集型行业，更需要加强对数据和信息的防护。对此，中国工商银行强调，要成为一家稳定、可控、支撑可持续发展的"安全"银行。

在安全银行方面，中国工商银行的系统可用性持续保持在 99.99% 以上，基于"核心业务 + 开放生态平台"的双核心 IT 架构，为用户提供服务。

科技赋能提升服务质效

随着金融科技的广泛应用，银行在获客、授信、交易等多个方面的能力得到了极大提升，不仅提升了金融服务的效率，也使客户从产品体验、响应速度、服务质量等各方面感受到了金融服务的质变。

过去，融资难、融资贵是小微企业发展的一大阻力。近年来，中国工商银行综合运用行内外数据，通过对数据信息的整合、挖掘和分析，构建了涵盖信用贷款、抵质押贷款、数字供应链融资的数字普惠产品体系，推出抗疫贷、电 e 贷、税务贷等 500 多个场景融资产品，实现了对小微企业的"滴灌式"精准扶持。

在服务实体经济发展方面，中国工商银行在持续提升金融服务的适应性、竞争力和普惠性。2020 年以来，借助金融科技手段，中国工商银行准入 2000 多户制造业供应链核心企业，通过它们加强对上下游中小微制造业企业的辐射带动，为产业链供应链提供了稳定的资金支持，制造业核心企业上下游融资余额达 3300 亿元。中国工商银行通过科技赋能数字普惠，围绕各项生产经营数据，创新推出 400 多款线上信贷产品。

依托创新技术的优势，中国工商银行围绕打造智慧生态城市，相继推出了工银融安 e 信、e 企宝、教培云、财资管理云、智慧医疗开放平台、工会云、智慧停车服务平台等 14 个创新场景应用，全方位满足政府和企业的金融需求。

中国工商银行还将业务发展与支持国家经济发展、促进民生改善相结合，在做好民生金融服务上迈出了坚实的步伐。

为满足客户多元化的金融服务需求，中国工商银行手机银行面向重点客户群迭代打造了多种专属版本和专属产品。针对老年客户群，实施适老化改造，持续优化"幸福生活版"适老亲老功能体验，提升老年人移动金融服务便利；针对小微客户，推出普惠专版，提升金融服务的普惠性和可获得性；针对乡村县域客户，引领服务重心下沉，提供"惠民、惠农、惠商"专属金融服务，支持城乡联动发展战略。

截至 2021 年 6 月末，中国工商银行个人手机银行客户达 4.43 亿户，个人手机银行当月活跃客户超 1 亿户，法人网上银行月均活跃客户达 420 万户，法人手机银行月均活跃客户达 146 万户，各项指标均引领同业。

在完善自身金融生态闭环的基础上，中国工商银行还深入打造开放与融合的金融跨界生态，以 API 开放平台和金融生态云平台双轮驱动，实现了支付、安全认证等九大类 2200 余个 API 接口服务输出，上线了 20 余个"金融＋行业"的 SaaS 行业云服务，覆盖了 3000 余家合作伙伴；链式赋能产业互联网，利用数字技术改进金融服务，推动金融服务综合化输出，打造智慧产业链，助力企业转型发展。

数字服务平台助力乡村建设

"十四五"时期，"三农"工作的重心已转向全面推进乡村振兴、加快中国特色农业农村现代化进程，这是"三农"工作任务的历史性转变。实现中华民族伟大复兴最艰巨、最繁重的任务在农村。

乡村振兴的关键是产业振兴。如今，各个乡村地区都在大力发展当地优势产业、龙头企业，乡村产业对发展当地经济、提升就业率、提高农民收入有着重要作用。

金融是乡村振兴的血脉，作为国内最大的商业银行，中国工商银行充分发挥客户、资金、规模等方面的优势，扩大涉农信贷的覆盖面。中国工商银行以大数据、云计算、物联网等新技术为支撑，全面推进普惠型"三农"金融服务，创新推出了"农 e 贷""e 链快贷"等产品。截至 2021 年 6 月末，中国工商银行涉农贷款余额超 2.5 万亿元；累计承销乡村振兴债达 156 亿元；累计落地涉农产业链供应链 150 余条，为链上企业和农户提供融资近百亿元。线下渠道县域覆盖率超85%。

2021 年 6 月，中国工商银行启动了"工银兴农通"乡村振兴金融服务品牌，该品牌针对县域农村资金监管、农产品销售、农业企业信息化和农民采购款发放等具体问题，面向乡村地区提供全方位一站式的金融服务，致力于构建全面的覆盖农村、农业、农民的乡村金融服务体系。

"十四五"规划提出，加快推进数字乡村建设，构建面向农业农村的综合信息服务体系。中国工商银行也积极实施城乡联动发展战略，不断完善金融支持乡村振兴的路径和模式，创新打造"数字乡村综合服务平台"，面向县乡村提供政务、村务、党务、金融服务等一体化综合服务，致力于打造全行涉农产品服务的统一载体和输出渠道，为金融服务乡村振兴搭建广阔平台。

自 2020 年 3 月"数字乡村综合服务平台"上线以来，"数字乡村综合服务平台"通过"一窗受理"方式，面向农业农村主管部门、新型农业经营主体、村民三端客户，提供涵盖党务、村务、政务、财务、金融服务的"五位一体式"服务，实现"省、市、县、乡、村"五级穿透。具体服务包括智慧党建、数字政务、阳光村务、三资管理、产权交易、惠农补贴管控、宅基地管理、普惠信贷等，可较为全面地满足乡村数字化建设需求，实现综合金融服务"一触即达"，打造乡村金融服务新常态。

截至 2021 年 11 月，中国工商银行依托该平台已与 18 个省级农业农村主管部门签署战略合作协议，与 700 多个区县级农业农村主管部门达成信息化合作，服务覆盖 31 个省（自治区、直辖市）、232 个地市。

中国工商银行的有关负责人透露，未来中国工商银行将不断融合客户画像、大数据、云计算、区块链等先进技术，实现行业服务和金融服务的创新组合，为建立新型农业金融服务体系注入科技新动能，将"数字乡村综合服务平台"打造成业务丰富、功能齐全、技术先进、操作便捷、服务优质的"乡村振兴综合服务中心"，让手机成为农民的"新农具"，数据成为农村的"新农资"。

助力乡村振兴还要坚持以人为本。据了解，近期，中国工商银行在线上举行乡村振兴专项招聘"云发布"仪式，正式启动"工银星辰·兴农助梦"乡村振兴专项招聘。中国工商银行计划在五年的脱贫攻坚过渡期内，面向脱贫家庭大学生等重点帮扶对象、支农助农群体及重点帮扶地区，提供不少于 2000 个就业机会。

该负责人还表示，下一步，中国工商银行将有序推进各项专项招聘工作，持续做好脱贫地区的就业帮扶，以行动助力打造乡村振兴金融人才队伍，全力服务于国家乡村振兴战略。

案例

IIIIIIIIII

美团：数字人民币的场景突破

"数字人民币试点活动对用户低碳行为的拉动具有长效作用"，美团副总裁包塔在参加第七届北京金融论坛时曾透露，美团上线数字人民币碳中和试点以来，累计有约 300 万用户开立数字人民币个人钱包，并积极使用数字人民币绿色骑行，减碳成果累累，"这证明，以数字人民币为代表的新技术创新将成为碳中和进入用户日常生活场景的重要突破口"。

数字人民币试点应用不断扩大

为响应"数字人民币"国家战略，落实中央经济工作会议对碳达峰、碳中和的任务要求，在中国人民银行数字货币研究所的指导下，美团以低碳出行为核心场景，联合中国邮政储蓄银行、中国农业银行、中国建设银行等数字人民币运营机构，于 2021 年 9 月起，在北京冬奥会场、上海、深圳、成都、苏州、海南、长沙、西安、雄安新区等全国九大数字人民币试点地区，同期启动"用数字人民币享低碳骑行季"碳中和公益主题数字人民币试点活动。

九大数字人民币试点地区的用户可以通过报名参加活动，用数字人民币红包免费骑共享单车。累计的骑行次数还可以换取更多数字人民币奖励，用于支付后续的骑行费用，进而形成"低碳骑行 – 数字人民币激励 – 更多低碳骑行"的正向循环。

鉴于在倡导绿色低碳生活方式上取得的显著成果，2021 年 12 月中旬，美团进一步扩大了数字人民币碳中和试点的奖励范围。在美团平台上参与绿色低碳消费，例如点外卖时选择不要一次性餐具、采购生鲜时选择用环保袋绿色自提、通过在线购买电子机票火车票减纸减塑料，只要是被认可的绿色低碳消费行为，都能够获得一定数值的数字人民币低碳返现奖励。

2022 年 1 月，美团再次扩大数字人民币碳中和试点活动范围，活动首次落地青岛、大连、北京冬奥会场三地，实现了对全国"10+1"数字人民币试点地区的全面覆盖。

2022 年 1 月 5 日，随着数字人民币 App 试点版正式上架，全国"10+1"数字人民币试点地区的居民在美团 App、美团外卖 App 上订外卖时即可通过数字人民币支付餐费。这是数字人民币在"吃喝住行"民生场景上的再度拓展，也是数字人民币 App 试点版正式上架各大应用市场以来数字人民币场景支持机构的首个重要动作。

2022 年 1 月 25 日，美团联合中国银行、中国农业银行等数字人民币指定运营机构，在西安市推出"战疫情，助复工"数字人民币主题促消费活动，面向社会公众发放加载指定民生领域智能合约的数字人民币红包补贴，这是数字人民币智能合约功能首次应用于定向补贴疫后复工复产、民生消费复苏，以实现民生领域补贴资金的精准发放和精准促消费。截至 2022 年 3 月 8 日，约有 56 万名西安市民参与了该活动，累计带动民生消费 2.21 亿元。

2022 年 1 月 26 日，美团宣布将为平台的线下消费全场景开放数字人民币支付通道，包括餐饮、外卖、生鲜零售、共享单车、美团打车、酒店旅游、电影演出、休闲娱乐在内的美团平台的 200 多个线下消费场景。这是数字人民币首次实现本地生活服务平台的全场景覆盖。数字人民币试点正在从线上覆盖线下，并逐渐显现出独特的促进消费、服务民生的社会价值。

数字人民币的场景突破

作为国内用户日常生活消费的首选服务平台，丰富、高频、贴近用户日常生活的消费场景，是美团助力推广数字人民币的独特优势。

美团率先在平台内线上线下的全部 200 多个消费场景开通了数字人民币支付通道，使得数字人民币首次实现了本地生活服务平台的全场景覆盖。这些场景紧密围绕用户的"吃喝住行"等日常生活，有利于数字人民币深入人们的日常生活，助力数字人民币的加速普及和推广。

同时，美团 2021 年第三季度的业绩报告显示，餐饮外卖的日均交易笔数达到 4360 万笔。这也是数字人民币测试以来规模最大、最为高频的试点应用场景。业内人士认为，随着越来越多像美团外卖这样的超高频民生应用场景的接入，数字人民币的应用生态、交易规模有望得到极大提升。

数字人民币研发、试点的出发点和落脚点，是服务实体经济和便利百姓民生。美团平台全场景开通数字人民币支付，以数字人民币为纽带，高效精准地连接 6 亿多用户、超 800 万小商户与百姓的日常消费需求，有助于进一步促消费、稳增长，提高服务于实体经济和普罗大众的效能。

拥有丰富的生活服务类场景且能够联结最广泛的真实商户的美团无疑是最适合的撬板和服务支点。美团的全场景开通基本等同于实现百姓日常生活场景的"数字人民币全覆盖"，预计将实现美团平台、数字人民币推广和用户的"三赢"：从平台的角度来讲，用户的数量和黏性都有所提升，美誉度提高，数字人民币潜在的盈利潜力被资本市场看好，还能够以此为依托辐射更多合作伙伴；从数字人民币角度来看，无疑找到了和高频消费场景更好的结合方式，能在更大范围上服务实体经济和百姓生活，带动数字人民币普惠性和可得性的提升，通过市场化的手段推动中小微企业的发展，为它们的生存注入长久持续的动能；而用户除了直接获得更多的优惠外，也可以进一步地切身实践绿色低碳的生活方式。

美团的数字人民币试点以创新为导向，从低碳骑行场景切入，构建了"绿色普惠＋消费场景"的模式。数字人民币的技术应用，有助于推动绿色金融和数字经济造福百姓生活，为公众提供更加绿色普惠的出行选择，而公众又把对数字人民币的热情转化为更大的绿色消费动力，试点形成了很好的良性循环。

业内人士普遍认为，数字人民币是一种支持数字经济发展的金融基础设施。美团积极推动数字经济健康发展，面对碳达峰、碳中和的时代命题，选择把数字人民币当成破题切口。数字人民币作为一种普惠的支付方式，其本身就是无纸化的绿色货币，大大节省了货币制造和流通成本。数字人民币技术和互联网场景的叠加发力，可以极大释放环保能量，既能够为数字人民币的普及创造条件，又能够实现数字人民币与"双碳"目标的有效协同。

美团的碳中和试点以低碳骑行场景切入，并将数字人民币应用扩大至平台内的全部消费场景，是数字人民币首次大规模进入"吃喝住行"日常生活全场景。中央经济工作会议明确提出要在消费领域倡导绿色低碳的生活方式。数字人民币定位于零售领域，紧贴用户的日常生活消费场景。未来在消费领域，尤其是对于"吃喝住行"等日常消费场景，以数字人民币为代表的支付技术创新有望成为碳中和深入百姓日常生活、倡导绿色低碳生活方式的重要突破口。

美团试点是对中央经济工作会议决策精神的积极践行。作为国内用户日常生活消费的首选服务平台，美团利用自身的生态场景优势助力数字人民币切入绿色低碳消费全链条的探索，既能够助力数字人民币的推广普及，又能够推动数字人民币与"双碳"目标的有效协同，为其他同样拥有大量消费场景的互联网企业提供了很好的行业范式，具有突出的创新价值与示范意义。

数字人民币应用的成效及意义

1. 助力低碳减排

截至 2022 年 2 月 28 日，上线半年的美团数字人民币碳中和试点活动已吸引超过 1000 万用户报名参与，其中约有 300 万用户在活动期间下载和开立数字人民币个人钱包。这些用户累计产生超过 7120 万绿色骑行千米数。与驾驶燃油车相比，同等运量下预计可减少碳排放量近两万吨。

在以低碳骑行为核心的美团数字人民币碳中和试点活动中，开立数字人民币个人钱包的用户的绿色出行频次比普通用户平均高出 8.14%。美团平台上线对用户低碳消费行为的数字人民币返现激励后，迄今已累计发放返现超过 1600 万次。截至 2022 年 3 月 6 日，领取过数字人民币低碳返现的用户，再次进行低碳消费的频次比未领取过的用户平均高出 24.8%。

半年以来的试点数据表明，数字人民币激励对用户的低碳行为表现出了显著的促进作用。在天气逐渐转冷后，数字人民币用户的骑行订单量、骑行千米数和试点之初相比仍保持了稳定增长。这些用户在其他低碳消费行为的选择上同样表现优秀，点外卖时选择"不要一次性餐具"的比例明显高于其他用户，买生鲜商品时也会更多地选用自带环保袋上门自提，拒绝塑料外包装袋。

2. 助力消费复苏、服务实体小微企业

中国人民银行提出，要把数字人民币的研发试点落脚到服务实体经济和百姓生活上去，让更多的企业、个人感受到数字人民币的价值，充分激发产业各方的积极性。

在美团全场景开通数字人民币支付后，数据表明，数字人民币显现出了促进

消费复苏、服务实体小微企业的积极效果。

截至 2022 年 2 月 7 日,春节假期 7 天内,美团平台日均数字人民币交易笔数环比节前一周增长了约 56%,日均数字人民币交易金额环比节前一周增长了约 68%。随着数字人民币试点范围的扩大,这个春节试点城市地区的消费者首次可以线上线下全场景使用数字人民币支付。因此,这也是数字人民币首次大规模完整参与的春节消费季。

数字人民币的多种红包和补贴,促进了春节期间的民生消费。据美团披露,春节假期期间,买菜、餐饮等百姓日常民生消费中的数字人民币交易尤为活跃,买菜购物场景的日均数字人民币交易笔数环比节前一周增长了约 20%。

数字人民币红包补贴的加入,助力春节档的文娱产业复苏。数据显示,春节一周,美团平台电影场景日均数字人民币交易笔数环比节前一周增长超过四倍,参加数字人民币观影活动的日均报名人数环比节前一周增长了近 105%。

自 "10+1" 阶段推出数字人民币试点以来,美团持续加码数字人民币落地应用。至 2022 年 3 月,已有超过 300 万个数字人民币子钱包被推送至美团 App,有超过 250 万用户在美团平台用数字人民币消费。根据 1767 份有效调查问卷的调查结果,82% 的用户表示自己通过美团平台的数字人民币活动第一次接触并使用了数字人民币,77% 的用户在美团单车和美团外卖场景中初次使用了数字人民币支付。

美团数据显示,数字人民币红包补贴能够显著提振餐饮外卖、蔬菜生鲜等民生消费。美团 2022 年 1 月 26 日宣布全场景开通数字人民币支付并发放补贴红包后一周,餐饮外卖场景的日均数字人民币交易订单量环比前一周增长了 45.5%,日均交易金额环比前一周增长了 35.9%;买菜购物场景的日均数字人民币交易订单量环比前一周增长了 49.7%,日均交易金额环比前一周增长了 43.9%。

从 2022 年 1 月美团平台全场景上线数字人民币消费补贴至 2022 年 3 月下旬,约有 850 万名消费者参与了美团在全国 "10+1" 试点地区发起的数字人民币促消费活动，累计带动民生消费约 64 亿元。在美团数字人民币活动中，92.2% 的数字人民币红包都流向了外卖、买菜、餐饮等百姓生活日常消费场景，其中又以 30 元以下的小额交易订单占比最高，有效带动了各类民生消费及线下实体小微商户的发展。

包塔表示，未来，美团还将在有关部门的指导下，以"吃喝住行全低碳"为数字人民币试点的方向，在更多产品和业务线上进行基于低碳理念的设计，鼓励低碳行为，助力提振民生消费，争取为用户创造价值、为社会的低碳发展贡献力量。

案例
||||||||||

飞鹤：一罐奶粉的数字化之旅

闫淑鑫

"身处数字化时代，问题已经不在于传统制造业想不想改变，而是布局越早，数字化带来的红利可能会越大。"飞鹤副总裁魏静表示。

魏静当前主要分管飞鹤的信息化业务。2018 年，飞鹤全面开启数字化升级，2022 年是第四个年头。

数据显示，2021 年上半年，飞鹤实现营收 115.4 亿元，同比增长 32.6%。在行业发展面临诸多挑战的情况下，这一成绩的取得实属不易，数字化或是重要的推动力。

目前，飞鹤的数字化已全面切入供应链、生产端及消费端，搭建了数据中台和业务中台，智慧供应链、智能工厂等初具规模。魏静透露，未来，随着数据维度的不断增加，飞鹤还将探索智慧农业、智慧仓储、智慧物流等领域。

一场从头到尾的革新

飞鹤创建于 1962 年，是中国最早的奶粉企业之一，同时也是行业内较早进行数字化升级的企业。

2018 年，飞鹤正式拉开了数字化升级的大幕。在魏静看来，这是一场从头到尾的革新，从硬件到软件，再到管理思维，均经历了推倒式重建。

飞鹤的数字化升级战略可简单概括为"3+2+2"。具体来说，就是以智能制造、ERP 系统建设、智能办公 3 个具体 IT 项目为依托，以数据中台和业务中台 2 个中台为统一支撑，支持新零售和智慧供应链 2 个核心业务目标的实现。

2019 年 9 月，飞鹤数据中台一期上线，并全面切入供应链和生产端。一方面，消费者对乳产品新鲜度的认可，指引成品库存与原材料供应追求更趋极致的货龄管理和周转效率；另一方面，用户的满意度指引生产端的质量检测与把控追求更加精细、精确。

同年 10 月，飞鹤数据中台二期（供应链数据中台）启动，建立了全链路溯源系统，覆盖了牧场、生产、仓储、流通、质量等环节，以智能算法为这些环节提供预测与建议，打造智能工厂和智慧供应链。

2020 年元旦，飞鹤 ERP 系统全面上线；同年 5 月，飞鹤启动业务中台建设。业务中台的建设使得生产端、消费端、供应链之间形成了正反馈循环，并最终从更深层次驱动产品和服务品质的提升。

魏静介绍，经过两期数据中台的建设，飞鹤的团队能力与组织文化已经能够高度适应数字化场景下的生存与发展。

不过，飞鹤数字化的推进也并非顺畅无阻。"我们既要建立数据中台，又要建立业务中台。业务中台实际上会对公司体制、流程等各方面的管控以及自动化办公等提出更高的要求。而作为快消品企业，涉及的部门会比较多，大家对数据的认知、使用习惯，包括对系统的要求也都不太一样。所以在整个开发和实践的过程中，就会有不断的沟通与碰撞，需要一定的磨合期。"魏静解释道。

随着信息技术的成熟，企业所涉及的仓储、生产、物流、销售等各个业务环节，社会上都有独立的技术公司提供服务，比如前端 POS 系统、线上订单处理系统、物流仓储系统，但当公司达到一定规模后，单是整合这十几个单独的系统，就令人无从下手。

"比如我们的无人仓库，它的威力在飞鹤的整个生产供应体系中已经逐渐显现出来。但无人仓库的建设并不是一蹴而就的，在这个过程中，大家对它的认知会有所不同，有人会觉得很麻烦，还得去输入这些数据。它会挑战人的惯性思维。"魏静举例。

魏静表示，飞鹤的数字化建设还需要各方不断去磨合和碰撞，从而达到理想中的数据运维体系，或与之更接近。"可能没有办法完全达到，因为人的需求与机器呈现出的结果肯定会有一定的差异，所以我们讲'求大同存小异'，在不断前进的过程中去梳理和调整我们原有的这些体系，去适应企业的发展。"

目前，飞鹤的数字化建设仍在继续。"随着数据维度的不断增加，不只是智慧供应链、智能工厂，对于智慧农业、智慧仓储、智慧物流等领域，飞鹤也会去探索和尝试。"魏静表示。

数字改变生产

那么，数字化究竟给飞鹤带来了哪些变化呢？

以溯源系统为例。每一罐从生产线上下来的飞鹤奶粉，都有自己唯一的身份识别系统——二维码，这既是产品的溯源系统，也是货品的全流程管理系统。从出厂到送到消费者手中，每一罐奶粉经历了哪些运输过程，每个环节停留了多长时间，都会被详细记录。在各大商场或者母婴店的飞鹤专柜上，消费者随便取一罐奶粉，扫描罐底的二维码，系统便可追溯到它是哪个工厂、哪条生产线生产出来的。

同时，在飞鹤内部和对接的监管部门的系统里，这罐奶粉的原奶来自哪个牧场、哪一栏奶牛，以及奶牛所食用的饲料批次、生产过程等信息，均一目了然。而在全面数字化之前，即便是内部的溯源，也只能具体到牧场。

溯源系统不仅改善了消费端的体验，对于生产端也颇具价值。据悉，通过溯源系统，飞鹤已经可以及时捕捉市场需求，具备了小批量、高速度的柔性生产能力。

"目前，终端也都实现了数字化运营。过去，营养顾问大多都是手工报表，每天在写不同的数字，很麻烦，现在通过手机扫码就能将相关数据上传到系统后台，系统也能第一时间记录并将其反馈到生产端。"魏静称。

再比如无人仓库。魏静介绍，2018 年，飞鹤开始筹建无人仓库，从设计到投入使用大概用了三年时间。"在以前，叉车是每个仓库必备的，人们在仓库里看到的通常是叉车上下翻飞，下面是熟练的操作工人。现在不一样了。飞鹤的无人仓库里没有人，全部是机器在操作，可以自由组合所有的货品，自动配合每一个订单，不仅节省了人工成本、提升了工作效率，而且准确度更高。"

在飞鹤的工厂中，数字化也在发挥同样的作用。通过对生产流程的数据监测，飞鹤的中控系统可以自动判断生产设备的运行状态，不仅可以精准控制投料数量，还能对异常情况做出实时判断。

魏静说，当前飞鹤工厂的达产率已接近90%，这在国内制造领域并不多见。"同样的设备，90%的达产率和60%的达产率，不只是30%的差距，它还代表了管理能力和协作效率、边际贡献的大幅提升，这对于生产制造企业非常重要。"

需要注意的是，对于任何企业而言，数字化转型都是一项长期投资和挑战，飞鹤也不例外。魏静表示，飞鹤对数字化转型投入很大，而且在逐年加码。在生产端，飞鹤更看重的是它怎样使公司效率更高、运转更顺畅，包括它带来的管理改善以及边际贡献的逐年提升等。

2021年1月，工信部公布了2020年制造业与互联网融合发展试点示范名单，凭借面向产品全生命周期创新与服务的新型能力，飞鹤从众多参选企业中脱颖而出，成为为数不多的入选该名单的企业。此前，飞鹤还曾入选由中国企业联合会组织评选的"2020年全国智慧企业建设最佳实践案例"，充分体现了其在数字化建设方面的成功实践。

致力于成为"客户运营商"

魏静认为，在这个时代，有海量的数据是必然的，但对海量数据的挖掘和使用才是关键。数字语言的背后是用户与企业经营的真实故事。读懂这些故事，为用户带来体验感和价值感的提升，才是最重要的。

以飞鹤旗下的消费者服务平台"星妈会"为例。据悉，"星妈会"是一个向消费者免费开放的会员服务平台，当前拥有超过4000万沉淀用户。

"4000万用户，我们要去了解他们都是谁，分别有什么喜好，需要针对他们提供哪些服务等。通过大数据获得用户画像，然后更精准地为用户提供服务，缩短品牌与用户之间的距离。"魏静说。

在魏静看来，如果光有数据而没有做到触达，那这些数据的存在就毫无意义了。"消费者依然距离你很远，你没有办法真正激活这些数据。如果能将产业端、供应端、消费端的数据全都打通，对于企业未来的管理、生产等都将有很大的帮助。"

魏静称，如果数据整合做得足够好，终端门店每卖出一罐奶粉，工厂就知道接下来应该多投几滴液态奶。"对数据的运用就应该达到这种状态，目前飞鹤还在朝这个方向努力。"

阿里研究院副院长安筱鹏曾在一场主题分享中评价称，飞鹤数字化转型的成功之处在于它逐渐让自己成了一家"客户运营商"，而这也是它与其他企业明显不同的地方。

作为"客户运营商"，企业要实时洞察需求、实时满足需求。"过去把产品卖给客户代表着交易的结束，而今天把产品卖给客户仅仅是服务的开始，要持续不断地去运营。"在安筱鹏看来，飞鹤现有的几个平台的核心目标都是不断地去触达消费者，满足消费者个性化、多样化的需求。

魏静也提到，数字化改变的是品牌和用户之间的联结方式，而这种联结方式的变化，更多来自品牌和用户的沟通，"品牌就是要通过多种渠道不断地去触达用户"。

"用户第一"的经营理念，加之对数据的挖掘与深耕，让飞鹤获得了应有的市场地位。

魏静表示，在数字化时代，不变的是产品和消费者的实际需求。"飞鹤生产婴幼儿配方奶粉，这是不变的，我们就想着怎样把这一罐奶粉做得更好，做得更适合中国宝宝体质。"

案例
||||||||||

上海家化：消费升级让国潮拥有持续的生命力

闫淑鑫

2020 年 5 月 6 日，潘秋生正式出任上海家化首席执行官兼总经理，同年 6 月又当选为公司董事长。彼时这一消息传出后，上海家化的股价连收两个涨停板。

在经历过高层变动、业绩不振等波折后，上海家化能否重现辉煌？潘秋生坦言，上海家化曾一度在新消费的冲击下迷失了方向，凭着经验做决策，使得企业远离了消费者，但实际上产品需求应该由消费者来决定。

"如果我能够帮助上海家化复兴，推动它在一个非常艰难的过程中逐渐走向成功，那么，这件事情本身的成就，对我来讲是非常重要的。"潘秋生如是说。

"上海人"潘秋生

潘秋生从小在上海长大，童年和少年时期在弄堂里度过。在他的记忆里，与夏天相伴而来的，除了蚊虫，一定还有六神花露水。

上海家化的前身是成立于 1898 年的香港广生行，至今已有 120 多年的历史，旗下拥有"六神""美加净""双妹""佰草集""玉泽"等多个知名品牌。2001 年 3 月 15 日，上海家化在上交所主板上市。

"上海家化曾是国货日化美妆行业无可争议的第一，是人们心目中上海的金字招牌。佰草集曾经是国货护肤领域的领头羊，六神花露水在线下渠道也占据着绝对的霸主地位，包括后来玉泽在皮肤科学护肤品领域的异军突起，都说明了上海家化有着深厚的群众基础。"潘秋生表示。

据公开报道，潘秋生拥有 20 多年的快消品行业从业经验，之前曾在欧莱雅等跨国公司任职，熟悉化妆品行业。据了解，正式履新后，潘秋生先后调研了总部职场、科创中心和青浦跨越工厂，与公司的渠道、品牌、科研、供应链部门一一开会，还和经销商、消费者进行了面对面沟通。

在 2020 年 6 月 16 日的股东大会上，潘秋生提出一套"123"经营方针，即一个中心、两个基本点、三个助推器——以消费者为中心，以品牌创新和渠道进阶为基本点，以文化、系统与流程、数字化为助推器。

从业绩上来看，潘秋生提出的这一套经营方针的效果较为明显。在新冠肺炎疫情背景下，2020 年下半年，上海家化的业绩持续回暖，第三、四季度归属于母公司的净利润增速分别达到了 33.37% 和 608.71%。

2021 年 8 月 24 日，上海家化发布 2021 年半年报，上半年实现营业收入 42.10 亿元，同比增长 14.26%；归属于母公司的净利润为 2.86 亿元，同比增长 55.84%；扣除非经常性损益后的净利润增至 3.32 亿元，同比增长 103.26%，盈利能力大幅提升。

然而，2019—2020 年间，随着珀莱雅、丸美等本土美妆公司成功上市，在市值层面，上海家化遭遇过多次"后来者居上"的状况。在前述股东大会上，也有投资者对此提出过质疑。对此，潘秋生直言："我们不是在进行百米赛跑，我们跑的是马拉松。"

在 2021 年 8 月 25 日上海家化上市 20 周年交流会上，潘秋生也呼吁社会各界随公司一同把目光投向更远的未来，一步一步、逐季逐季完成既定目标。

"这一年最大的变化是离消费者更近了"

随着 Z 世代登上舞台，消费者对于品牌的需求越来越个性化，为了满足新兴消费群体的需求，越来越多的新锐品牌应运而生。快速变化的市场环境，曾让上海家化等一众老牌日化企业陷入低迷。

在 2020 年年报中，潘秋生说："面对越来越复杂的外部环境，拥有 123 年历史的上海家化进行了深刻的反思，是什么让我们的表现在过去几年逐渐落后于市场的发展的？"

在本次采访中，潘秋生再次聊到了这一话题。潘秋生称，上海家化曾一度在新消费的冲击下迷失了方向，凭着经验做决策，使得企业远离了消费者，但实际上产品需求应该由消费者来决定。

从 2020 年开始，上海家化开始推行新的研发方法论，"用数据说话，我们会梳理所有的数据，包括产品概念、对标的竞争对手、消费者调研反馈"。潘秋生介绍，上海家化通过和天猫新品创新中心的深度合作，倾听消费者的声音，用消费者洞察主导新品研发的方法论已经取得了一定成果。过去一年，上海家化最大的变化便是距离消费者更近了。

"2021 年上半年上市的佰草集和玉泽新品，从复购和连带的数字上都可以看到明显的进步。有了好产品，接下来需要的是快速打爆。"潘秋生称。

潘秋生坦言，在过去一段时间里，互联网技术对行业的革新超出了上海家化的预料。许多依托互联网成长起来的新锐品牌成为数字化企业，在行业中逐渐崭露头角。这些基于互联网的品牌似乎更懂现在的年轻人需要什么，用什么样的数字化营销方式能触达他们、打动他们。"而在数字化程度上，上海家化还有较大的提升空间。"潘秋生说。

在"123"经营方针中，上海家化特别提出了数字化这一助推器。据悉，从 2020 年下半年开始，上海家化着手搭建数字化团队，逐步在新媒体运营和私域板块布局，以消费者为中心，构建全链路数字化营销生态，打造家化独有的"多品牌联动"私域阵地。

多品牌、多品类，让潘秋生在上海家化身上看到了无限可能。"我们可以针对 16 岁的用户提供'美加净'产品，等到她进入大学或步入工作后，便可以提供'玉泽''典萃'等品牌产品，结婚生娃后则可以推荐'启初''汤美星'，随着用户消费能力的提升，可以向她们推荐'双妹'等高端产品，形成用户全生命周期的美妆日化产品服务。"潘秋生称，通过精细的数字化运营，上海家化有望提升流量效率，提升消费者全生命周期的价值。

国潮当道带来新机遇

最近几年，国潮风兴起，且愈吹愈烈。

百度不久前发布的搜索数据显示，国潮在过去 10 年的关注度上涨了 528%，其中手机、汽车、美妆等热门行业的中国自主品牌的关注度全面反超海外品牌。2021 年国货品牌的关注度达到洋货品牌的 3 倍。

潘秋生也感受到了这一变化。他介绍称，当前国内美妆日化市场对国产品牌的印象已经发生了一些改变，越来越多的国产品牌正在被消费者接受和喜爱。

"在'60 后''70 后'消费者成长的年代，我们对西方的一些进口品牌是仰视的；而在'90 后''00 后'消费者的成长过程中，中国品牌已经开始渐渐崛起。"潘秋生称。

不过，在潘秋生看来，消费者已不满足于仅有中国风外形的产品，如何在产品中更好地融入中国传统文化，增强国内外消费者对中国品牌的认同感，让国潮拥有持续的生命力，是国货品牌需要深入探索的问题。

以"双妹"为例，该品牌诞生于 1898 年，由广生行的创始人冯福田创立，民国时期曾是名媛佳人们追捧的对象，在一些影视剧中，也经常能看到"双妹"的身影。2020 年，上海家化重启"双妹"品牌，并将"双妹"列为快速发展品类，持续打造"双妹"的高端护肤品牌形象。

潘秋生介绍，复兴后的"双妹"在产品中融合了现代科技，同时还通过整合全域营销、互动营销等多种形式，加强与消费群体的沟通，建立情感联系。数据显示，2020 年，"双妹"获得了高双位数的增长。

"中国传统文化博大精深，是中华民族之根，而国潮是向年轻人推广中国传统文化的一种很好的传播方式。当下年轻人对传统文化的尊崇和喜爱势必会带动国潮消费趋势，而'双妹'本身就是拥有百年历史的高端品牌，在国潮概念上具有先天优势。"潘秋生称。

不过，对于上海家化来说，复兴"双妹"不仅仅是因为国潮。潘秋生曾提到，高端护肤、功效性护肤和彩妆均是目前市场上年均复合增长率及毛利率较高并且提升较快的品类，未来上海家化的重点品类将聚焦于高速增长的高端护肤、功效性护肤领域，而对于彩妆品类，将用自有品牌试水，同时择机并购彩妆品牌。

2021年8月10日，上海家化宣布成立品牌孵化中心，服务并投资兼具"中国基因""数字智能""美丽健康"等特色的中国优秀新锐品牌。据了解，这是中国化妆品市场上第一个由国产化妆品企业成立的品牌孵化中心。

"过去，我们曾尝试过彩妆，不过经历了品牌升级以及定位梳理后，公司目前更关注护肤领域。当然，我们一直也在关注好的细分领域的彩妆品牌，可以通过孵化或其他方式切入彩妆。"潘秋生称。

据中银证券发布的研究报告，中国是全球第二大化妆品市场，增速位列全球第一，2020年市场销售规模达754亿美元，10年复合增长率为9.5%。在国内化妆品市场的9大子板块中，护肤品市场的规模占比最大，约为52%。当前"成分党"兴起，国产护肤品品牌的红利逐步释放，未来在消费升级的趋势下，产品结构将得到改善，护肤品市场有望持续增长；在彩妆市场，得益于内容营销的推广，国产品牌打破了零市场占有率的局面，未来随着线上销售的加速，彩妆有望通过在低线市场的布局驱动量增、通过消费升级驱动价增，从而带动整体规模增长。

国潮当道对于潘秋生来说，是"复兴家化"难得的机遇。

"对于我来说，加入上海家化，帮助这样的百年龙头日化美妆企业实现复兴，使我有了一种荣誉感和使命感。我希望将承载中华传统文化及几代中国人珍贵记忆的优秀品牌发扬光大，强化中国品牌的影响力，将中国'美'带给全世界。"潘秋生表示。

案例

||||||||||

多点 Dmall：零售业数字化转型提供商

闫淑鑫

提到多点，很多人首先想到的可能是物美，甚至有人会认为多点就是多点 App，是物美的一个线上购物渠道。

然而事实并非如此。多点 Dmall 总裁张峰指出，多点 Dmall 自诞生之日起便是一个中立且开放的数字零售服务商，为所有的连锁零售经营实体提供商业 SaaS 解决方案，并不是专为物美服务的。

目前，除核心客户物美外，多点 Dmall 已与 120 多家连锁商超达成合作，覆盖全国约 1.5 万家门店。张峰及其团队的主要工作，便是帮助这些连锁商超及品牌商等进行数字化转型。

数字化将成为零售行业第三次革命的核心

多点 Dmall 成立于 2015 年，张峰是创始合伙人中的一员。张峰回忆称，2014 年前后，移动互联网、大数据蓬勃发展，零售行业迎来了第三次革命。

2014 年，富基融通创始人颜艳春所著的《第三次零售革命：拥抱消费者主权时代》出版。书中介绍，过去 50 年零售业已经发生了两次革命，第一次零售革命是沃尔玛创始人山姆·沃尔顿发动的全球地面店互联，是连锁商店革命，其背后是"全球私人卫星网络技术"；第二次零售革命是亚马逊创始人杰夫·贝索斯发动的电商革命，其背后是"PC 互联网技术"。

张峰认为，从本质来讲，数字化将成为零售行业第三次革命的核心，"零售行业线上线下将进一步融合，数字时代会重新定义企业与消费者之间的关系。基于以上种种思考，我们创办了多点 Dmall"。

据张峰介绍，在多点 Dmall 发展的早期，物美更像是 Dmall OS 数智化操作系统的试验田。在物美全链条零售场景下，多点 Dmall 不断进行系统打磨、测试、升级迭代，直到 2019 年物美从传统的 IT 系统全部切换成 Dmall OS，物美的数字化转型步入高阶水平。

张峰介绍，多点 Dmall 定位于一站式全渠道数字零售解决方案服务商，通过输出以 Dmall OS 为核心的零售联合云服务，助力零售商和品牌商的数字化转型，改善消费者到店和配送到家服务的双重体验。

他举例说，零售企业接入 Dmall OS 外卖中台后，便可统一管理多点 App、美团、饿了么、天猫超市等多渠道订单，可缓解多元购买渠道下，商超生产经营面临的挑战，同时方便消费者在外卖平台选购超市货品。

"再比如，Dmall OS 门店大脑让管理工作全面移动化和数字化。当门店出现缺货等异常运营指标时，员工会收到相应的盘点和补货任务。手机工作台协助店长管理门店，用数据驱动经营，实现了任务到人、高效运转，降低了商超经营对人的经验依赖。"张峰称。

用技术让消费者买到平价茅台

除物美外，多点 Dmall 服务的连锁超市还包括麦德龙、重庆百货等。在公司官网上，多点 Dmall 用四个关键词来概括与麦德龙的合作：全渠道线上线下一体化、麦德龙 App、PLUS 会员、茅台。

张峰介绍称，所谓"茅台"，是指多点 Dmall 帮助麦德龙数字化销售 1499 元的飞天茅台，"我们将之前物美 + 多点卖茅台的模式跑通之后，复制到了麦德龙身上"。

2019 年 4 月，贵州茅台酒销售公司发布 600 吨茅台酒公开招募商超、卖场公告。同年 6 月 21 日，招标结果公示，华润万家有限公司、康成投资（中国）有限公司（大润发）和物美科技集团有限公司入围，成为贵州茅台酒首批全国商超、卖场的经销商。

2019 年 8 月 3 日，物美正式推出 1499 元飞天茅台，拉开了茅台酒商超销售的大幕。当年 9 月 26—29 日，物美又与茅台联合推出为期四天的国庆系列活动，在北京地区再度投放 8 万瓶茅台酒，全部以 1499 元的价格销售，平均一天销售 2 万瓶。

物美销售茅台酒采取的是多点 App 线上预约、门店提货的方式。供应量的加大以及预售规则的调整，让多点 Dmall 的技术部门和运营部门面临较大的考验。

据悉，2019 年 9 月 23 日晚 11 点，多点 Dmall 收到物美"国庆前夕开展茅台预购专享活动"的需求，在短短两天时间，多点 Dmall OS 系统高效适配，预约购买页面就正式上线了。

在张峰看来，物美会员数字化的深入程度决定了其茅台预售模式能否成功，而这与过去几年物美与多点 Dmall 的合作密不可分。他介绍，早在 2015 年，物美就成为多点第一批探索数字化转型的客户。2019 年，物美的电子化会员占比已达到 75% 左右，精准的大数据会员画像，为其后来销售茅台酒奠定了基础。

"多点可以通过 Dmall OS 系统帮助商超做到茅台预售价格可控、流向可查，最终让真实的消费者受益，买到正品平价茅台，并遏制倒卖、囤货现象。"张峰表示。

零售企业数字化面临的挑战实则在应用阶段

新冠肺炎疫情加速了国内零售企业的数字化。微软与国际数据公司（IDC）的合作研究显示，在应对新型肺炎疫情的过程中，63% 的中国企业加快了数字化进程。

张峰对此也深有体会。他认为，疫情对于国内零售企业而言，既是机遇也是挑战。"受疫情影响，到家模式迎来爆发，而在这背后又不同程度地折射出各家企业在供应链、物流及数字化技术层面的短板和问题。"

据 QuestMobile 的数据，生鲜到家在 2020 年春节后一个月的月活跃用户（MAU）接近 7000 万，上年同期为 4400 万，同时，日人均使用次数、时长增幅均在 20% 以上。截至 2020 年 2 月，行业玩家入局数量由上年同期的 21 个增至 26 个，触达用户也开始向 36 岁以上用户、二线城市用户蔓延。

此外，中国连锁经营协会发布的"2020 年中国连锁百强榜单"显示，2020 年，连锁百强企业线上销售规模达到 5600 亿元，同比增长 12.0%，占连锁百强企业销售规模的 23.3%。

张峰称，线上线下一体化、全面数字化已成为行业共识，零售链条上各环节数字化程度的高低，决定着零售企业未来的走势。

提及零售企业全面数字化的核心，张峰认为，一是对零售全链条进行数字化解构再重构，包括会员、商品、门店、供应链、管理等各个环节；二是零售企业在产业端必须要将传统的 IT 系统切换成一整套、全模块的数智化操作系统，高效联结零售商、品牌方和用户；三是在前两点基础之上，最终实现以算法驱动经营。

在张峰看来，目前，国内大部分零售企业的数字化只是做了个报表，把原来不可视的报表可视化、在线化了，仅此而已。"这属于第一阶段比较浅的内容，本身还不能发挥太多作用，只是把业绩显性化了。第二个阶段其实应该是让数字之间产生关联，比如退货，当有顾客退货，很多数据就需要产生关联，当门店员工收到了退货，库存那边就要关联实施，销售额相应地也要发生变化，这就是数据互联。如果顾客反馈了退货原因，就要关联到相应部门，比如商品质量关联到采销，或拣货配送问题关联到履约。"

张峰表示，零售企业数字化面临的挑战实则在应用阶段。当数据互联之后，要搞清楚哪些工作可以让算法智能化完成，达到解放门店人力的目的，即所谓的"算法驱动经营"。"到了这个层面，数字化就发挥了实际作用"。

张峰介绍，过去几年，多点 Dmall 已经在大卖场和便利店业态打造了数字化转型标杆案例，基于现有的成功经验，未来公司的发力点将主要集中在两方面：

一是积极扩展新业态，尤其是要加速与新消费品牌的合作；二是向国际化扩张，以零售联合云服务为切入点，持续拓展亚洲、欧洲乃至全球本地零售市场的规模。

2021 年 8 月，多点 Dmall 与德国麦德龙集团达成国际战略合作意向，未来，多点 Dmall 将发挥技术优势，与麦德龙共同交流和探索在欧洲市场进行数字化合作的空间，首要目标在于摸清向小型零售商（尤其是麦德龙在东欧地区的特许经营便利店）提供数字化零售解决方案的可行性。

张峰称，接下来，多点 Dmall 还将不断提升零售联合云基础的能力，完善商业 SaaS 解决方案，全面助力实体零售的数字化转型。

第 5 章

现代服务业之道

现代服务业本身就是以现代科学技术特别是信息网络技术为主要支撑的，因而天然具有科技和创新的基因。随着我国经济的不断发展，现代服务业的服务方式、范围也在不断扩大，而一些新业态的出现更丰富了现代服务业的内涵。

本章将就如何提升服务业核心竞争力展开论述，并就物流业这一现代服务业的发展趋势进行展望。同时，结合美团、苏宁易购、海底捞等典型企业案例剖析现代服务业的发展之道。

一体化供应链物流服务的发展趋势

赵　萍

中国国际贸易促进委员会研究院副院长

周晋竹

中国国际贸易促进委员会研究院国际贸易研究部主任

一体化供应链物流服务的含义及特点

一体化供应链物流服务是以传统物流及供应链服务为基础发展而来的，能够实现更高程度的整合协同，并为客户提供定制化供应链物流服务的一种新的物流服务模式。

1. 物流与供应链服务

物流是指物品从供应地向接收地的实体流动过程。在分工条件下，生产或流通企业可以将物流活动委托给专门的物流企业来完成，其中为满足客户需求所实施的一系列物流活动产生的结果被称为"物流服务"，而接受客户委托并为其提供专项或全面的物流系统设计以及系统运营的物流服务模式就是第三方物流。物流效率的高低对企业的运营成本具有重要影响，节约物流成本也被认为是"第三利润源泉"。而以系统化的方式实现物流活动各个功能部分的有机结合及设施设备的充分利用，是提升物流效率的重要方式，并由此产生了一体化物流服务，即根据客户需求对整体的物流项目进行规划、设计并组织实施的过程及其产生的结果。

供应链是"以客户需求为导向，以提高质量和效率为目标，以整合资源为手段，实现产品设计、采购、生产、销售、服务等全过程高效协同的组织形态"。[①]供应链往往涉及行业上下游的多家企业。通过建立共同的需求链状网络，实现更为精准的预测、计划和更加紧密的衔接、合作，能够降低总运营成本，提高参与企业的整体竞争力。供应链这一概念是对物流领域协同整合的进一步深化，体现为将物流活动优化的范围由一家企业扩大至上下游各企业，由围绕一个"节点"扩大至着眼整个"链条"。相比仅针对单个企业内部及其外部衔接环节进行物流活动优化，基于供应链的协同整合更有助于实现"全局最优"的目标。在以供应链整体优化为目标的改进物流活动的过程中，出现了为客户提供综合性解决方案的专业服务商，它们能够调集、管理自有及互补性服务提供商的资源、能力和技术，埃森哲咨询公司将其定义为"第四方物流"。[②]

2. 一体化供应链物流服务

一体化供应链物流服务是指由一家服务商为客户同时提供一整套供应链服务与物流服务，并以全方位、可定制的解决方案满足客户多样化需求的服务形式。其中，物流服务包括整车与零担运输、快递、配送、仓储及其他增值业务（如上门安装、售后服务等）。作为外包物流服务市场中的一种新的细分形式，一体化是

---

① 该定义参见《国务院办公厅关于积极推进供应链创新与应用的指导意见》（国办发〔2017〕84号）。

② 参见：Bade D J, Muller J K, New for the Millennium: 4PL. Transportation and Distribution, 1999, (2):78-80。

其鲜明特点。一方面，供应链集成规划与物流服务实现了一体化。相较于外包给不同服务商，由一家服务商同时提供供应链与物流服务，既可以使围绕供应链的战略优化与业务整合方案更好地落地，也可以在物流环节的具体实施过程中获得更加充分的信息反馈，从而形成包含计划、组织、协调、控制等环节在内的有效闭环，以更加高效和有效的供应链与物流管理服务支撑客户增长。另一方面，在统一的供应链信息驱动下，内容繁杂的各项物流服务实现了一体化。相较于外包给多家第三方、第四方物流企业的情形，一体化供应链物流服务通过提供整体解决方案的形式，将多家服务商之间的协同转变为一家高水平服务商内部的模块间的协同，协调成本更低、反应速度更快。

一体化供应链物流服务对服务提供商提出了更高的要求。通常，能够提供此类服务的企业至少应具有以下特点。一是具备全面的物流服务能力。企业能够为客户提供包括订单处理、仓储、存货管理、运输、配送、逆向回收乃至上门售后等一整套物流服务，这是一体化解决方案最终落地的基础。二是具备供应链战略规划能力。企业应具有较长时间的跨行业服务积累，能够帮助各类顾客发现供应链运行中的关键节点和问题所在，并从战略高度提出改进方案和增长规划。三是具有运用新一代数字技术改进管理绩效的能力。以大数据分析为基础来帮助客户提升优化供应链预测的能力，运用云技术、物联网技术降低业务模块间的协调成本等，都离不开新技术手段与管理实践的有机结合。四是具有灵活的服务组织能力。在为客户提供定制化服务的过程中，企业需要根据实际需求来组织业务模块，并提高耦合效率。五是能够在开放发展中不断提升行业影响力。企业应具有与客户及合作伙伴共生发展的能力，并在提供服务的过程中促进行业上下游资源的整合，实现规模经济和范围经济。

一体化供应链物流服务出现的背景条件

一体化供应链物流服务的出现与上下游行业的发展及竞争关系的变化密切相关，具体而言包括以下背景条件。

宏观经济实现高质量发展

在追求高质量发展的新时代，提升经济运行效率的要求更加凸显。与此同时，随着居民消费的不断升级，消费的个性化、理性化特征日益明显，诸多消费领域出现了以提升"性价比"为导向的发展特征。一体化供应链物流服务能够在形成专业分工优势、实现局部优化的同时，进一步提升协调效率、降低全局成本，从而帮助企业更好地适应市场需求变化、增强竞争力。

渠道利益关系发生重构

在市场竞争的过程中，企业需要在提升产品质量与降低销售价格两方面做出努力。其结果是，超额利润被不断压缩，可供生产商与销售商分配的渠道利益也逐渐减少。由此，通过供应链与物流的整合优化来创造"合作剩余"，就成为上下游企业的共同选择。这为新一代数字信息技术引领供应链协同整合，实现更高水平的创新发展提供了微观动机。

物流行业发展方式的转变

物流行业的发展方式正不断地由粗放型转向集约型。从早期主要依赖车辆、土地等物流资源，到着力发展客户、拓展市场，再到通过优化、整合提升规模经济水平、降低服务成本，物流行业已经进入领域不断细分、竞争日益深化的阶段。当前，物流行业的竞争日趋激烈，服务价格不断逼近边际成本。通过新技术、新模式提升规模经济、降低协同成本，已成为物流行业自身创造利润空间、实现进一步发展的内生动力。

大型主导企业的一体化能力趋向成熟

供应链与物流活动的整合优化涉及关系协调、技术导入、流程调整等多个方面。在很长时间内，由于缺乏有效的协调机制，诸多传统行业及物流服务领域都难以实现自发协同。而大型数字化供应链与物流服务公司在自身发展的过程中构建起了规模化、高效率的服务网络体系，能够通过模块化"解耦"再重新"耦合"的方式输出一体化解决方案。在服务提供商内部实现物流活动的协调，有效降低了客户完成供应链协同整合的门槛和成本。而且，这些大型主导企业还可发挥自身的影响力，进一步促进行业内部及上下游之间更大范围的物流与供应链优化。

信息技术的革新与运用

信息技术催生了大量新的生产与流通模式。其中，电子商务极大地改变了企业销售与居民消费的模式。同时，为电商发展提供支撑的供应链与物流领域也发生了深刻变化。特别是随着电商业务流程数据的不断积累，以大数据分析为基础的物流活动优化与供应链协同技术得以产生，并为更高水平的服务创新提供了条件。当前，数字技术红利已经在全渠道零售、精准营销、平台经济乃至社会治理、民生服务等多个领域得到显现，但在产业互联网应用，尤其是促进中小企业运营优化方面的巨大潜力尚待挖掘。

用户需求更加多样化

在制造企业规模化、品牌化发展的过程中，需要更高水平的供应链物流服务来为其运营活动提供支撑。面临转型升级要求的大量中小、小微企业也需要集约化、低成本的物流支撑，以降低供应链成本。一体化、定制化的用户需求由此产生，并对以一体化供应链物流服务为代表，具有更高整合能力、更低协调成本的服务模式提出了发展要求。

一体化供应链物流服务的形成与现状

不断提高协同整合程度，是增强供应链与物流服务能力，从而帮助企业提升运营效率和竞争能力的关键。一体化供应链物流服务就是在这样的理念与趋势下形成的。

初级阶段：围绕基本物流活动的局部优化

在这一阶段，生产与流通企业[①]产生了初步的物流活动优化需求，主要围绕单项内容展开。其中，优化库存管理是一个重点。为了避免产品售空损失销售机会、原料用尽导致生产停工等事件的发生，企业需要预估库存需求，并由此安排采购、

---

① 若无特别指明，在本文余下的部分中，"企业"均指从事非物流及供应链服务的生产或流通企业。

仓储等业务活动。同时，企业也会对仓库设施、运输工具等加以改进以提高相应物流活动的效率。但在这一阶段，预测通常是企业自身根据过往习惯和经验积累，以简单估计的方式做出的，库存周转偏慢、占用资金偏多的问题突出。对物流活动的改进也往往是局部性的，尚未达到统筹协调的层面。

在这一阶段，社会化、专业化的第三方物流企业开始出现，但其数量、规模较为有限，提供的服务以整车运输和仓库管理为主，大量物流活动仍需要由企业自身完成，从而导致企业在物流设施与设备的运营及维护方面投入的资金较大。

中级阶段：运用供应链理念推动物流活动全局优化

进入这一阶段，大量企业接受了基本的供应链管理理念，并开始从供应链整体的角度考虑物流活动的全局优化。随着市场竞争的加剧，企业需要在提升顾客服务水平与降低综合运营成本两方面做出改进。由此，企业开始对库存数量、金额、消耗速度等数据进行精确核算，并结合销量预测、订货周期、运输时效等因素做出原材料、半成品、产成品的库存优化。在这一阶段，企业开始导入基于现代管理方法的管理信息系统并运用其内置工具，但可能面临标准化系统与企业管理需求不相契合的问题。同时，企业开始将上游的供应商与下游的客户纳入供应链与物流优化的考虑范畴，但具体举措仍主要围绕企业自身展开。

在这一阶段，第三方物流企业有了较大的发展，企业可以通过与物流企业进行合作来减少物流投入、降低运营成本，其合作关系及委托业务量均趋于稳定。供应链服务企业开始出现，但主要为行业中的大型企业提供优化方案及配套支撑。

高级阶段：基于专业化分工的供应链物流协同优化

进入高级阶段，企业将供应链与物流的协同优化作为提升竞争力的重要途径，并开始寻求更加专业化的服务支撑。随着诸多行业进入差异化发展阶段，准时率、破损率等用户体验类指标成为竞争力的体现。由此，企业或投入大量资金构建属于自身的物流与供应链能力，或将大量相关业务交由第三方、第四方物流企业等专业机构完成。在这一阶段，企业已经开始意识到基于供应链多方主体实现上下游整体优化的重要性。在普及使用企业资源信息管理系统（ERP）的基础上，共享库存信息、自动订货补货等成为现实，但供应链环节间的协同仍主要围绕库存管理展开。

在这一阶段，专业化的供应链与物流服务商大量涌现并形成竞争。一些大型企业的自有物流体系在取得规模化优势以后，也逐渐由对内服务的业务部门分化为具有独立运营能力的专业公司，并开始提供社会化服务。通过与它们建立中长期合作关系，生产或流通企业可以实现分流程、分地区的物流与供应链优化。但受限于服务商的规模与能力，不少企业需要同时与多家服务商开展合作，并自行完成其中的协调职能。

更高级阶段：大数据驱动的一体化供应链物流服务

在技术发展与市场竞争的共同推动下，供应链与物流服务领域进一步细分，形成了以"一体化供应链物流服务"为代表，具有大数据驱动、一体化提供特征的新模式，从而进入适应"工业互联网"发展要求的更高级阶段。在这一阶段，大量企业希望突破由传统外包所带来的协调障碍，而新一代信息技术能够以更低的成本实现涉及更多业务活动与更大地域范围的协调整合。这与基于"大数据资产"所积累形成的预测分析能力一起，成为供应链与物流服务企业帮助客户提升竞争能力的有效途径。与此同时，具有"生态圈"效应的大型供应链与物流服务企业能够通过对自身内部业务模块的划分与重组，为大量中小企业提供适应其发展阶段特点的定制化服务。在这一阶段，消费环境的变化不断推动着技术与模式的创新，使通过上下游协同形成供应链整体竞争能力逐渐成为企业的自发选择。并且，企业间合作的目的已不再局限于降低物流成本，而是会逐渐拓展到研发设计、产品改进、增值服务等构建需求驱动型生产组织模式的各个方面。

在这一阶段，大规模、综合性的供应链物流服务商已经具备了跨地区、跨业务的协调整合能力，开始依托数字信息技术为客户提供一体化、定制化的解决方案。它们往往具有较强的行业影响力，能够为客户提供具有前瞻性和可行性的供应链整合方案，并利用自有核心资源为企业减少物流外包产生的协调成本。

一体化供应链物流服务的发展趋势与社会影响

1.发展趋势

作为一种新生的细分服务形式，一体化供应链物流表现出了独特的市场竞争力。从技术应用、客户需求及行业提升等角度来看，其未来的发展将表现出以下趋势。

更广泛的协同整合。由分工实现的局部优化可以在一定程度上为企业降低成本，但分工需要通过协同来实现整体目标，而协同成本决定了分工的边界。在竞争等因素的作用下，降低协同成本的要求更加凸显。高效的资源整合作为一体化供应链物流服务的一个关键特征，符合市场需求的发展趋势。在实现自有核心设施设备协同的基础上，有效接入并调动更多的社会化资源以形成服务生态，并在服务规模扩大的过程中帮助客户企业在行业内、行业间实现衔接与协调，或将成为一体化供应链物流服务的发展趋势。

更充分的技术运用。进入 21 世纪以来，信息技术与供应链技术、物流技术的融合极大地促进了行业效率的提升。社会经济的发展要求更加高效、智能的供应链物流服务体系。从基本的软件客户端接入到基于物联网技术和云信息平台的仓储、运输乃至生产管理，从服务商自有智能化设施设备的研发与建设到更多合作伙伴的数字化、信息化改造，从各环节的信息采集记录到基于大数据的全链路优化分析，技术手段在各项业务活动、各个运营主体中的深入运用将为一体化供应链物流服务商不断优化客户体验提供动力和支撑。

更柔性的按需定制。随着客户的业务规模及所处行业越来越多样，供应链与物流服务需求的差异化程度在逐渐加深。相较于生产领域的大规模定制模式，由于多样化、跨地区的供应链与物流基础设施的投资规模大，多元化业务活动间的协调成本高，在按需定制与成本控制之间总是难以达到平衡。而一体化供应链物流服务提供商能够运用其规模化的自有业务资源，以信息技术实现高效协同，并通过模块化组合的方式为客户提供定制化服务，从而具备了适应、满足个性化需求的能力。未来，更加细致深入的业务划分与更为丰富、灵活的业务组合将成为这一服务模式发展的方向。

更高效的服务对接。在供应链与物流服务外包的实现过程中，企业不仅需要投入成本，还要进行必要的业务流程调整。一体化供应链物流服务商能够在提供多样化服务的同时，以更高的效率和较低的成本帮助企业完成第三方服务接入与业务流程重塑，并针对客户的动态需求变化完成更新。以新一代技术理念与业务模式为基础，从规模化、模块化再到集成化的实现路径，是达到这一效果的关键基础。当前，各个行业进行供应链与物流优化整合的需求越来越普遍。在为各类顾客制定一整套解决方案的同时，不断降低对接成本和导入门槛，也是一体化供应链物流服务的发展方向。

2. 社会影响

一体化供应链物流服务在整合资源、提升效率方面做出了模式创新，其发展将对企业、行业乃至整个宏观经济产生重要影响。

微观层面：降低供应链运营成本，增强企业竞争能力。企业将供应链与物流业务外包给第三方机构，本质上是通过专业化分工来实现降本增效，企业作为分工组织者所付出的协调成本则成为其中的瓶颈因素。而一体化供应链物流服务能够帮助企业完成专业化模块的协调，在执行层面达到分工与整合相统一的效果。而且，一体化供应链物流服务能够利用自身优势，为企业提供更具全局性和可操作性的优化方案。特别是依托服务提供商实现全流程的数字化、信息化、标准化运作，将有助于企业提升供应链柔性，达到缩短响应时间、加速库存周转的效果。并且，通过业务模块的按需定制，一体化供应链物流服务能够为属于不同行业、具有不同规模的企业带来运营成本与客户服务上的改进，从而产生更广泛的积极影响。

中观层面：提升供应链协同效率，支撑产业转型升级。在市场竞争的驱动下，围绕效率与服务改进的要求正逐渐由单个企业、单一领域推向整个行业、多个部门。而以一体化供应链物流服务为代表的新型协同整合模式，能够利用服务商的资源整合能力及行业影响力，使上下游企业的优势得到共同发挥，促成基于供应链的竞争优势。尤其在大量的传统行业中，由于主导力量缺乏、人才资源缺乏、变革成本高昂等原因，供应链的协同整合进展较为缓慢。而一体化供应链物流服务可以面向中小企业进行业务模块定制，并以更为便利、高效的方式与之实现对接，从而有针对性地弥补短板、解决问题，为这些行业的长期优化发展提供途径。由此，新一代信息技术红利将得到更加充分的释放，柔性生产、按需定制与快速反应将在更多行业领域中得以实现，继而推动以满足个性化、多样化消费需求为导向的产业转型升级。

宏观层面：推动供应链现代化，适应高质量发展要求。随着中国经济由高速增长阶段转向高质量发展阶段，"建立健全绿色低碳循环发展的经济体系"成为一项重要的时代课题。当前，我国总体上仍面临供应链一体化程度偏低的问题，社会物流总额占 GDP 的比重长期高于日本、美国等发达国家。加之近年来劳动力成本、资源成本与环境成本不断上升，通过技术与模式创新实现低消耗、低污染、低排放也已成为行业自我转型的内在要求。其中，上游生产领域的中小企业物流与下游流通环节的消费端物流需求特征复杂、网络节点繁多，一直是协同优化的难点。而以大数据分析技术为基础的一体化供应链物流服务商不仅能够实现各类仓库、配送中心等物流节点及物流线路的优化，还能在需求预测的基础上充分发挥库存前置、仓配一体等新模式的作用，降低全流程的无用损耗。此外，该服务的一体化属性也有助于解决共同配送、循环物流、包装重复使用等绿色物流实践中遇到的主体间协调问题，从而突破发展瓶颈，推动供应链与物流的低碳化与合理化。

一体化供应链物流服务企业的典型代表

案例一：京东物流 [①]

京东集团创办于 1998 年，其自身定位为"以供应链为基础的技术与服务企业"，是一家业务活动涉及零售、科技、物流、健康、保险、产业研发和海外等多个领域的大型企业。京东集团自 2007 年开始自建物流，并于 2017 年 4 月正式成立京东物流集团。2021 年 5 月，京东物流在香港联交所主板上市。作为目前中国领先的技术驱动型供应链解决方案及物流服务提供商，京东物流已经基本具备了提供一体化供应链物流服务的能力。

跨业务、跨地区服务能力

京东物流建立了包含仓储网络、综合运输网络、配送网络、大件网络、冷链网络及跨境网络在内的高度协同的六大网络，具备数字化、广泛和灵活的特点，且服务范围覆盖了中国几乎所有地区、城镇和人口，由此成为可以实现多网、大规模、一体化融合的供应链与物流服务提供商。京东物流的供应链物流网络具有"自营核心资源＋协同共生"的特点。截至 2021 年 6 月 30 日，京东物流已在全国运营约 1200 个仓库，其中有 38 座大型智能仓库"亚洲一号"，还拥有约 20 万名配送人员。2017 年，京东物流创新推出"云仓"模式，将自身的管理系统、规划能力、运营标准、行业经验等用于第三方仓库。目前，京东所运营的云仓数量已经超过 1400 个，自有仓库与云仓的总运营管理面积达到约 2300 万平方米。同时，京东物流还通过与国际及当地合作伙伴的合作，建立了覆盖超过 220 个国家及地区的国际线路，拥有约 50 个保税仓库及海外仓库。

新一代数字信息技术驱动

京东物流通过运用 5G、人工智能、大数据、云计算及物联网等底层技术来持续提升自身在自动化、数字化及智能决策方面的能力。同时，京东物流的先进技

---

① 资料来源：贸促会研究院根据公开资料整理。

术可以为客户实现供应链关键环节的自动化及数字化。自动导引车（AGV）、智能快递车及搬运、分拣机器人等新型设备能够大大提升物流活动效率。专有仓库管理系统（WMS）使京东物流能够管理存货、劳动力及数据传输的整个流程，从而提升存货的可视性及其运营效率。专有运输管理系统（TMS）可以通过实时追踪车辆及商品，以及自动化的运力筛选和费用结算，更全面地管理运输过程。基于强大的数据分析能力，京东物流还可以向客户推荐最优区域仓库数目，并决定存货在不同区域仓库间的最佳分配。由算法计算出每个区域的最优库存水平，京东物流可以在库存水平最小化和营运资金有效运用及提高库存率之间取得平衡，为客户创造更优体验。

例如，通过与京东物流合作，快消品品牌"安利"的成品物流费用节约了10%以上，现货率提升至99.5%以上，库存周转天数降低了40%以上，分销计划的运营效率提升了1倍。与京东物流合作之后，鞋履品牌"斯凯奇"的加权平均履约成本降低了11%，其在中国的加权平均交付时间减少了约5小时。

一体化供应链物流服务解决方案

京东物流已经开始为客户提供一体化的供应链物流服务解决方案。首先是"方案一体化"或"垂直一体化"，即提供从产品制造到仓储、配送的一整套解决方案，使企业客户能够避免因为协调多家服务供应商而产生的成本。其次是"网络一体化"，即通过京东物流的六大网络，全面满足企业的物流活动需求。最后是"运营一体化"，即基于不同环节进行集中化运营，依托京东物流的服务网络形成规模化效应，帮助客户进一步降低供应链成本与物流成本。

例如，京东物流为服装行业提供的解决方案（见图5-1）能够实现从当天多次配送、促销期履约能力保障，到全渠道存货管理与调拨、大量SKU管理、布料及衣物储存，以及退货贴标签、修理及重新包装等全方位一体化服务，由此获得核心竞争力。

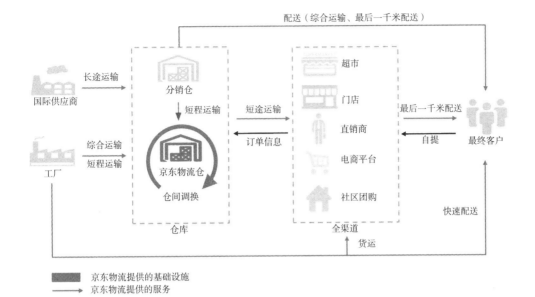

图 5-1　京东物流服装行业解决方案

资料来源：京东物流《招股说明书》。

为了满足不同规模、不同行业的客户需求，京东物流通过服务"解耦"与模块化重组实现了解决方案的定制化。中小企业客户在使用京东物流提供的配送服务后进一步转化为一体化服务客户，能够获得更为完整的运营支持，从而形成良性循环。

行业影响与整合能力

京东物流在提供社会化开放服务的过程中十分重视关键客户。这些关键客户在行业中具有风向标意义。京东物流为之提供涉及多个链条，包括商业咨询、库存优化、全国网络规划、仓库管理、运输配送以及退换货等在内的全套定制化服务，能够产生重要的行业影响力。目前，京东物流所服务的关键客户数量已经达上千个，主要集中在快消品、服饰、3C 电子、家居家电、汽车后市场、生鲜等领域。包括雀巢、小米、上汽通用五菱等客户都通过京东的一体化供应链物流服务提升了智能化、自动化水平。由此带动了一系列标准客户使用仓储、运输、快递、云仓、技术等服务产品，在更大范围内推进了涵盖行业上下游的供应链物流的整合与优化，产生了积极的社会价值。

案例二：亚马逊 [①]

亚马逊公司成立于 1994 年，总部位于华盛顿州的西雅图。目前，亚马逊已从初期的在线图书零售商逐渐发展为一家综合服务提供商，其产品和服务在各细分业务领域均形成了较强的竞争优势和市场主导能力。亚马逊致力于打造遍布全球的物流和供应链体系，通过持续的资本投入，其运营水平位居世界同行业的前列。

跨业务、全球化服务能力

亚马逊采用了"同心多元化"发展战略，以企业原有的业务为核心不断增添相关的新业务，由此发展为超大规模的综合服务商。目前，其主营业务已涵盖线上零售平台、线下实体店、亚马逊物流（FAB）、第三方卖家服务、订阅服务、亚马逊海外云服务等。其中，亚马逊物流能够提供包括运输、仓储、存货管理、订单处理、末端配送等在内的一整套服务。截至 2020 年 6 月，亚马逊在全球拥有物流配送基础设施（包含分拣、订单履行、配送中心等）共 1182 处。其中，美国 559 处，英国 97 处，德国 49 处，印度 331 处（包括 250 个末端配送站）。

应用新一代数字信息技术

亚马逊在业内率先利用大数据、人工智能、云技术进行仓储物流管理，搭建大数据智慧物流运营系统，将其全球所有的物流基础设施紧密相连以实现快速响应。为提高分拣效率，亚马逊物流依据大数据规则选择随机储存模式，将商品分配在各地仓库。因各类客户的收货地同样具有随机性，故这一模式有效提高了仓库的利用率和运输效率，缩短了单位储运时间。运营中心后台强大的数据算法为每名物流作业人员提供了最佳拣货路径，极大地提高了分拣效率，避免了重复作业。亚马逊还在商品储存位置的分配上，通过收集与整理用户历史记录并构建数据模型，预测各产品未来的需求数量、地域分布，并提前进行配货规划、运力调

[①] 资料来源：中国国际贸易促进委员会研究院根据公开资料整理。

配，有效提高了供应链的整体运营能力。

一体化供应链物流服务解决方案

亚马逊物流作为亚马逊在 2006 年启动的一项专门业务，致力于服务不断变化的消费格局，满足全球范围内不同的在线零售环境的需求。其运营主要依托亚马逊零售，体现为"卖家销售，亚马逊发货"：卖家将销售产品发送到亚马逊，然后由亚马逊负责产品储存，并在收到订单时处理订单。亚马逊物流还推出了"新选品计划"，第三方售卖的产品可以免费配送到亚马逊运营中心进行储存，后续的挑选、包装、安排运输、提供客户服务和退换货等环节也交由亚马逊运营中心的人员完成。希望通过 BigCommerce、eBay 等渠道销售商品，但仍由亚马逊物流完成配送的客户，则可选择多渠道配送服务。在决策优化方面，亚马逊物流为卖家提供了综合考虑卖家库存量、过剩库存、搁置库存和销售率情况的库存绩效指数，以帮助卖家优化库存、改善经营效率。2018 年，亚马逊推出了一项名为"亚马逊供应链关联"的新计划，卖家的库存商品可以直接从供应商处转移到亚马逊运营中心，省去了中间环节，使商品配货、交付和仓储等流程变得更高效[①]。

亚马逊的服务方式充分考虑了中小企业的特点与需求。其物流配送中心对第三方卖家储运的产品数量没有最低要求，并会根据其数量情况调整相应的库存，因而可以帮助更多的中小卖家将节约的时间和资源用于自身核心业务。此外，亚马逊物流可以为规模较小的卖家提供专业的金融服务，以帮助其开拓市场、实现增长。

行业资源协同整合能力

除了自建物流公司以外，亚马逊还将其快递业务外包给美国邮政、联邦快递、联合包裹等第三方大型物流企业，并打造了"快递服务合作伙伴"和 Amazon Flex 两大模式，实现了末端配送网络的"众包"运营。其中，"快递服务合作伙伴"联

---

① 资料来源：中国国际贸易促进委员会研究院根据公开资料整理。

结了数百家中小型快递服务公司及其在美国的超过 7.5 万名司机，具有"超低折扣运输，易于跟踪"的特点，目前能够服务亚马逊一半的订单。Amazon Flex 则通过互联网应用来联结有空闲时间的劳动者，后者以零时工的方式参与货物配送，以解决快递配送高峰时期运力不足、低谷时段工薪负担重的双重矛盾。这些灵活可控的终端配送模式既整合了社会物流资源，又保证了订单履行效率，还提升了配送速度。

数字赋能是提升服务业核心竞争力的重要引擎

王晓红

中国国际经济交流中心信息部副部长、山东大学教授

郭　霞

中国社会科学院亚太与全球战略研究院博士后

中国已经进入服务经济时代，服务业在 GDP 中的占比、对经济增长的贡献率、吸纳的就业人数都居主导地位。统计数据显示，2019 年中国服务业增加值占 GDP 的比重为 53.9%，对经济增长的贡献率为 59.4%，从业人员占全部劳动从业人员的比重接近 50%，服务业利用外资占全国利用外资的比重达 72%。由此可见，服务业既是保持国民经济健康运行的"稳定器"，也是稳增长、促就业、惠民生的主力军。而针对新冠肺炎疫情给服务业带来的冲击，采取有力措施保障服务业持续健康发展是实现"六稳"和保持经济稳定增长的重中之重。

疫情对传统服务业的影响大于新兴服务业

笔者研究发现，总体而言，此次新冠肺炎疫情对服务业影响明显，而其对传统服务业的影响远远超过新兴服务业。具体来看，新冠肺炎疫情对服务业的影响

可以分为两个层面。

1. "面对面"服务的传统领域遭受冲击

2020 年春节以来，为阻止新冠肺炎疫情的蔓延，中国采取了严格限制人员流动等一系列公共防疫措施，这些措施对于"面对面"服务的领域，如餐饮住宿、批发零售、交通运输、旅游休闲、文化娱乐、会展等行业的影响较为显著。尤其是春节期间正是这些服务业一年中最为活跃旺盛的时期，这些限制措施无疑会为其带来损失。

餐饮业和商贸业。根据 2020 年 2 月 12 日中国烹饪协会发布的《2020 年新冠肺炎疫情期间中国餐饮业经营状况和发展趋势调查分析报告》，疫情期间，因受公共防疫措施的影响，全国餐饮业近乎整体性闭店。按照国家统计局的统计，2019 年全国餐饮收入达到 46 721 亿元，其中 15.5% 来自春节期间的消费。

部分餐饮企业在无法营业的同时，还要承担房租、员工薪酬等固定成本。外卖业务由于小区防控严业务大量减少，且要向平台支付佣金。笔者认为，应警惕餐饮业等资金链条较短的行业陷入现金流短缺的危机，尤其是餐饮业中的中小企业占绝对主体，抗风险能力弱，融资贷款难问题更加突出。

旅游休闲娱乐业。从监测数据来看，有组织的旅游活动随着新冠肺炎疫情的暴发而停止；探亲访友游客同比大幅减少。文化和旅游部的数据显示，根据国内旅游抽样调查结果，受新冠肺炎疫情的影响，2020 年度国内旅游人数为 28.79 亿人次，比上年同期减少 30.22 亿人次，下降了 52.1%。其中，城镇居民出游 20.65 亿人次，下降了 53.8%；农村居民出游 8.14 亿人次，下降了 47.0%。分季度看，呈现降幅收窄趋势，其中一季度国内旅游人数为 2.95 亿人次，同比下降 83.4%；二季度国内旅游人数为 6.37 亿人次，同比下降 51.0%；三季度国内旅游人数为 10.01 亿人次，同比下降 34.3%；四季度国内旅游人数为 9.46 亿人次，同比下降 32.9%。

此外，电影业的春节档是全年票房收入的重要组成部分，2020 年大年初一的票房仅为 181 万元，而 2019 年的同期票房高达 14.58 亿元。

交通运输业。2021 年春运全国铁路、公路、水路、民航共发送旅客预计达到 8.7 亿人次，比 2019 年同期下降 70.9%，比 2020 年同期下降 40.8%。2020 年春运，全国铁路、公路、水路、民航共发送旅客 14.8 亿人次，比 2019 年同期下降 50.3%。

会展业。随着春节后持续限制人员流动，所有会议、会展等活动也都相继取消或延期，因此给会展业带来了损失。

国际展览业协会（UFI）联合 UFI China club 于 2020 年 2 月 6 日发布的《新型冠状病毒肺炎对 UFI 中国会员的影响调查报告》显示，UFI 主办会员在 2020 年 2—3 月延迟或取消的 55 场展会净面积总数达 291 万平方米，27 家 UFI 场馆会员共延迟或取消了 158 场展会。

即使考虑到新冠肺炎疫情对刚需消费品的冲击可能因网购得到较大程度的弥补，但其对休闲娱乐、文化旅游、住宿餐饮等可选择性消费的负面影响或许在短期内难以完全弥补。

2. 互联网数字经济新业态逆势上扬

研究发现，新冠肺炎疫情凸显出了互联网数字经济新业态的强大优势。如网络消费、网络办公、网络教育、网络医疗、网络金融、网络娱乐等均实现逆势增长。

例如，从快递业的数据可以看出网上消费增长幅度很大。据国家邮政局统计，2020 年 1 月 24 至 29 日，全国邮政业揽收包裹 8125 万件，同比增长 76.6%；投递包裹 7817 万件，同比增长 110.34%。

此外，有数据显示，2020 年 1—2 月实行远程办公的企业超过 1800 万家，远程办公人员超过 3 亿人。95% 的网民增加了线上娱乐和服务的使用，爱奇艺、芒果 TV 和腾讯视频的会员数量分别环比增长了 1079%、708% 和 319%。在线医疗需求激增，据平安好医生公布的数据，2020 年 1 月 20 日至 2 月 10 日，平台访问人次达 11.1 亿；1 月 22 日至 2 月 6 日，App 新注册用户量较前 20 天增长 10 倍，App 新增用户日均问诊量增长达 9 倍。

在国家统计局公布的 2020 年 2 月份中国采购经理指数中，在调查的 21 个行业里，有 19 个行业的商务活动指数位于收缩区间，但金融业的商务活动指数为 50.1%，继续保持在扩张区间。电信、互联网软件行业的商务活动指数虽有所回落，但在云办公、在线教育和远程医疗等新业态新技术的支撑下，明显好于服务业总体水平，分别高于服务业商务活动指数 13.2 个百分点和 11.3 个百分点。

政策建言

此次新冠肺炎疫情确实给服务业暂时带来了困难，但随着中央和地方一系列政策措施的陆续发布并逐渐落实，情况得到了有效缓解。同时，疫情也为服务业的数字化转型升级提供了重要发展机遇，应充分利用数字技术手段，从供需两侧发力，实现结构升级，增强服务业发展的内生动能。

发挥政策组合拳作用，确保中央政策落地

近一段时间，中央和地方政府密集出台了一系列政策措施，重点扶持中小微企业和服务业发展，这些政策措施精准、全面、力度大，将对促进"六稳"发挥重要作用。其主要体现在减税降费、降低企业成本方面，包括降低企业税赋、融资成本、生产要素成本和"五险一金"，给予企业阶段性社保费减免、住房公积金缓缴、贷款利率下调、还本付息延期等优惠政策，为民营中小企业因受疫情影响造成合同履约、劳资关系等法律问题提供法律援助和咨询服务，以及优化信息服务等举措。

例如，在减税降费措施方面，规定 2020 年 3 月 1 日至 5 月 31 日对除湖北省以外的小规模纳税人减征增值税，湖北省免征；对受疫情影响较大的交通运输、餐饮、住宿、旅游业企业 2020 年度发生的亏损，最长结转年限由 5 年延长至 8 年；2020 年 1 月起对纳税人因提供公共交通运输服务、生活服务以及为居民提供必需生活物资快递收派服务取得的收入免征增值税；2020 年 2 月 22 日至 6 月 30 日，阶段性降低非居民用气成本；从 2020 年 2 月起，对中小微企业的养老、失业、工伤保险三项社保的单位缴费实行阶段性免征，免征期限不超过 5 个月；对大型企业等其他参保单位（不含机关事业单位）三项社会保险单位缴费部分可减半征收，减征期限不超过 3 个月；2020 年 2 月 1 日至 6 月 30 日期间，一般工商业及其他电价、大工业电价的电力用户，电费统一按原到户电价水平的 95% 结算；2020 年 3 月至 6 月，阶段性减免部分征信服务收费。

又如，在资金支持方面，规定对 2020 年 1 月 25 日至 6 月 30 日遇到暂时困难的中小微企业贷款，给予临时性延期还本付息安排；对中小微外贸企业进一步降低保险费率，简化服务程序，合理缓交保费，在定损核赔时予以酌情处理。

这些好的政策措施，如何能真正落实，从而让企业从中真正受益？首先，应指导企业用足用好现有的各项政策措施，建议综合运用互联网等科技手段和行业协会等渠道宣传政策，使中小企业尽量周知，对具有行业带动性的大型企业提供个性化服务，及时协调解决企业经营中遇到的困难；其次，应采取安全的特殊措施和标准稳步推动复工复产，建议采用特殊时期的管理办法，如采取限制人数等办法保证景区、饭店、超市、商场等安全营业，保证生活服务类企业的复工与生产性服务配套；最后，应因地制宜，对于疫情严重地区，防控疫情仍是首要任务，对于疫情得到有效控制的地区则要防控和生产并重。

实施数字赋能服务业战略，大力发展互联网新业态

新冠肺炎疫情在使传统服务业遭受重创的同时，也使互联网新业态的规模化增长迎来新阶段——"宅＋网"的模式可能会成为越来越多的消费者和劳动者新的生活和工作模式，从而为新兴服务业的规模化发展与传统服务业更新迭代提供了重要机遇。

对此，应将数字赋能作为提升服务业核心竞争力的重要引擎，推动传统服务业数字化转型，培育服务业发展的新动能，实现服务业结构升级。

首先，应大力发展"互联网＋"新业态新模式。此次新冠肺炎疫情带来了深

刻的"无接触式"场景变化。从餐饮、购物、娱乐到办公、教育、医疗、金融、会议等各种过去线下的活动被大幅线上化，增强了人们对互联网新业态的认识、使用和消费。应因势利导，促进人们的消费行为向线上转移，促进数字教育、数字医疗、数字娱乐、数字金融、数字办公等数字化服务新业态新模式加快成长。

其次，应大力支持餐饮、零售、旅游等传统服务业采用"线上＋线下"的新销售模式。引导企业进行数字化转型，不断创新商业模式，尤其要帮助中小企业提升信息化管理水平。此次新冠肺炎疫情期间推出的"无接触配送""智能取餐柜""人力资源共享"等新业态就是模式创新的范例。

最后，应适时研究出台适用于新业态和新商业模式的相关行业规则，为新业态发展提供鼓励包容、审慎监管的制度环境。

综上所述，具备了政策有保障、消费有需求、市场有供给、技术有支撑的基本面后，推进服务业高质量发展的目标就有了坚实的基础。

案例

|||||||||||

美团：押注无人机配送新战场

付玉梅

如果你生活在北京市顺义区，或许能在街头遇到这样一辆"小黄车"：车顶装着激光雷达和摄像头，车身印着醒目的美团 logo，正在道路上穿梭送货。

这是美团最新一代自动配送车"魔袋 20"，能实现 150 米范围内障碍物识别、360 度无死角实时感知、城市道路续航里程 120 千米……据相关负责人介绍，这是美团无人配送发展进入新阶段的重要标志。

外界曾对此充满疑问：美团为什么要进军无人配送领域？该领域长期具备

"烧钱"、技术门槛高、商业落地慢等挑战，美团能成功吗？在产品逐步投产后，这些疑问又渐渐转变为美团在这一领域已经走到了哪一步？未来又是如何规划的？近日，美团无人车配送部总经理夏华夏对这些问题做了解答。

自动配送车参与抗疫工作

此前，公众或许很难将美团和"无人配送"联系在一起。其实早在 2016 年，美团就成立了专项小组，启动了对无人配送技术的研究。2017 年 12 月，美团第一代自动配送车"小袋"诞生（见图 5-2）。2018 年 9 月，美团自动配送车在雄安落地运营，正式在园区内上线，随后便产生了第一份用户实际订单。

图 5-2　美团自动配送车资料图

图片来源：受访者提供。

在 2020 年新冠肺炎疫情暴发后，美团自动配送车得以密集进入大众视野，被大规模推广应用。

"在自动配送车的部分，2020 年是行业的落地元年，为配合疫情防控的需求，各家自动配送车都开始逐步在政策法规允许的区域进行常态化试运行。"夏华夏讲道。

作为美团首席科学家，夏华夏曾任谷歌高级工程师、百度主任架构师。2013

年，夏华夏受美团创始人王兴和穆荣均的邀请加入美团。在早期，美团的主要业务还是团购，夏华夏和几位技术团队负责人一起组建了美团技术学院。2016 年，美团启动 W 项目组，开始探索无人配送，夏华夏自那时起便一手推动美团无人配送业务发展至今。

据夏华夏介绍，疫情期间，美团自动配送车陆续在北京、广州、深圳、南京、成都及厦门配合当地政府，参与科技抗疫工作。

例如，在广州，美团自动配送车为因疫情被隔离的夫妇代送衣物，为封控区配送医疗物资；在南京，为百户独居老人配送熟食等生活物资；在中秋当日进驻厦门，保障封控区居民过节物资的顺畅运转。截至 2021 年 8 月，美团自动配送车在抗疫期间已累计配送超 2 万单。

同时，美团无人配送服务正处在探索的"常态化"阶段。夏华夏介绍，截至 2021 年底，美团的自动配送车"魔袋 20"已经在北京市顺义区的公开测试道路常态化试运营近 2 年，在顺义已拓展到 20 个小区，配送近 10 万份订单，自动驾驶里程超 50 万千米。

"美团的自动配送车主要面向城市末端 3 千米的即时配送场景，以'魔袋 20'为代表的高自动驾驶级别车辆能够满足园区、公开道路全室外场景的运营需求。"夏华夏说。

据了解，当前骑手送餐有几个主要环节：到餐厅取餐、在开阔的道路上行驶、送餐至目的地。无人配送主要解决的是中间公开道路行驶的环节，这也是最耗费精力和时间的环节。

夏华夏表示，公开道路是过去美团自动配送车重点探索的领域，主要是因为这个场景复杂度最高、对技术挑战最大、需要优先攻克。而在公开测试道路的场景上，美团重点推进的部分包括自动驾驶技术、落地运营能力，也包括行业侧在政策法规方面的推动。

美团无人配送的"野心"还不止于地面道路。2017 年，美团启动了对无人机配送服务的探索，表示要加快建设空地协同的本地即时配送网络，致力于为用户提供 3 千米、15 分钟的标准配送服务。

2021 年年初，美团无人机在深圳完成了首个面向真实用户的订单配送任务，并在其后的深圳疫情中建立起城市物资运送"空中通道"，给隔离区居民配送物资。数据显示，截至目前，美团无人机在深圳已经落地了 7 个社区，覆盖了超过 8000 户居民，为其提供无人机配送服务。

未来将在这两个方面发力

无论是在财报数据中还是在外界认知中，餐饮外卖、酒店旅行、出行等才是美团的主营业务。如果说，在生活服务主业上，美团已构建起足够牢固的护城河，需要寻找新战场，那么，为什么是无人配送？

事实上，这是一脉相承的。在介绍自身无人配送方案时，美团表示，"将发挥无人机、自动配送车等不同产品的优势，满足在园区、公开道路以及低空等不同场景下的即时配送需求，提升配送效率和用户体验，最终实现'用无人配送让服务触达世界每个角落'的愿景"。

美团 CEO 王兴曾表示，"美团从事的服务需要实现非常强大的履约和交付功能，所以我们不仅需要软件，还需要硬件"。以"无人机""自动配送车"为代表的无人配送，就是美团在硬件上的重要探索。

近年来，无人配送及相关的自动驾驶领域不乏玩家。但是，也有不少涌入者倒在了"烧钱"的路上。对企业来说，实现量产只是第一步，还远未上岸。如何大规模推进商用，才是跑到最后的关键。而每一步过程的衔接，都需要大量的研发投入和资金支持。这是整个行业都在面临的考验。

美团走到了哪一步？对于在无人配送上的具体投入，夏华夏称不便透露。但他表示，"技术研发成本目前不是美团最优先考虑的，美团希望未来自动配送车、无人机能够成为和骑手协同工作的重要运力，在对这件事情的探索上，美团会长期坚持投入"。

在商用进程上，夏华夏谈到，现阶段美团无人配送主要覆盖公开测试道路，这一复杂场景对自动驾驶技术的挑战更高，以安全第一为运营要义。

大规模商用的影响因素之一是整个行业的技术能力还在不断优化中。同时，还要考虑到政策法规的进一步完善能否给自动配送车更大的运营空间。"这两点目前都正在行业中积极推进，相信片区规模化运营时代很快就会到来。"夏华夏说。

值得注意的是，美团数据显示，截至 2021 年第三季度，美团过去 12 个月的年交易用户数达到 6.7 亿，活跃商家数达到 830 万，均创历史新高。在无人配送场景的转化和应用中，用户基础也将成为美团的重要筹码。

那美团未来的发展方向是怎样的？对旗下拥有出行业务的美团来说，此前已经涉足了网约车业务，那么接下来是否会进入如今大热的自动驾驶出租车（Robotaxi）领域？

夏华夏坦言，目前会优先把载物的场景做好，暂时不会考虑 Robotaxi 场景。"但底层自动驾驶技术能力是相通的，目前的技术积累也为未来拓展其他自动驾驶场景奠定了基础。"

对下一步的工作重点，夏华夏表示，美团整体的无人配送业务涉及无人机和自动配送车，未来也将持续在这两部分发力，协同骑手形成地空一体的配送网络。

"具体到自动配送车的部分，未来还是会持续提升高级别自动驾驶能力，重点运营公开道路场景。从长远来看，在政策法规允许的前提下，整个自动驾驶行业将会逐步实现一线运营全无人化和远程强监控。这一趋势也将对自动驾驶能力、信息安全能力、运营能力提出更高的要求。"夏华夏说。

案例

||||||||||

苏宁易购：做长家电长板，拓展家装赛道

张燕征

"7月以来，随着引入战略投资、董事会改选，苏宁易购作为独立主体进入了全新的发展时代。"近日，苏宁易购集团股份有限公司（下称"苏宁易购"）新任董事长黄明端在谈及企业未来的发展战略时表示，目前公司已经构建起中国国内最完整的线上线下零售服务体系，明确了未来发展的三大战略路径——做好零售服务商、做强供应链和做优经营质量。

稳坐中国家电销售连锁第一的宝座

苏宁创办于1990年。在初创期的前10年，苏宁的主要业务为空调专营，随着众多玩家的加入，空调领域成为红海。1999年，苏宁放弃了单纯的空调销售批发线路，将业务重心由批发转向零售。由此，苏宁开始了第二个10年战略：从销售批发转型为综合连锁零售。

　　凭借标准化、规模化的连锁销售模式，苏宁长期稳坐中国家电销售连锁第一的宝座，并于 2004 年在深交所上市。然而，随着电子商务的发展，作为传统实体零售商的苏宁察觉到了危机——要想活下去，就必须做出改变。2010 年，苏宁开启了又一场转型大"冒险"，通过在大数据、人工智能、区块链等前沿技术上加大研发，打造了线上线下融合的销售新模式。这一年，苏宁变得很快：7 月，上线网上商城；8 月，更名为苏宁易购。2011 年，苏宁易购正式上线。

　　于是，在第三个 10 年的转型发展期，线下实体有先天优势的苏宁易购开启了线上线下融合发展的加速之路，并不断刷新纪录。仅 2018 年，苏宁易购线下新开门店共计 8000 多家，其中围绕县镇市场推出的新业态"苏宁易购零售云"，加速"一镇一店"拓展，单年开店 2000 多家。2019 年，继收购万达百货后，苏宁易购又联手全球零售巨头家乐福，进一步夯实零售供应链。

　　深耕零售业 30 多年，苏宁易购在商品供应链、用户运营、服务建设和技术能力等方面形成了全链路数字化零售解决方案。由此，也形成了三大核心竞争力：一是具备线上线下全场景零售服务能力；二是拥有专业的数字化商品供应链体系；三是拥有覆盖售前、售中和售后的全链路服务体系。

加速"零售服务商"升级

　　2021 年 7 月，苏宁易购发布公告，公布了新一届董事会名单：黄明端出任新一任董事长，任峻出任公司总裁。

　　新的管理层将采取何种方法改进苏宁易购的经营状况？苏宁易购表示，自引入"新新零售基金二期"战略投资后，2021 年 8 月，苏宁易购联合授信委员会成立，公司获得银行百亿元新增授信，业务开展获得了有力的资金支持。目前，苏宁易购正在加快优势业务落地，与更多的品牌商和中小零售商深化合作，稳步推进业务增长。

　　首先，苏宁易购将不断创新合作模式，加速恢复供应链。苏宁易购指出，

2021 年 7 月，苏宁易购、海尔智家、江苏银行联合签署首个新增授信项目，探索银企合作新模式，打通物流、资金流、信息流、票据流，实现"四流合一"，以专款专用的方式，保障工厂资金的稳定性，加速恢复供应链，稳定货源。目前这种模式已在与多个头部品牌的合作中应用落地。

其次是做长家电长板，拓展家装赛道。苏宁易购表示，背靠两大万亿元级市场，公司正在加速家电家装赛道融合，争取实现 1+1>2 的效果。2021 年 7 月以来，苏宁易购与海信、海尔、康佳、创维、博西等头部家电品牌深化战略合作，进一步拓展市场。苏宁易购"7·17 海尔品牌节"期间，海尔全品类销售突破 11 亿元，创造史上最高销售纪录；苏宁易购"海信 9·9 嗨购盛典"期间，单日销售突破 4 亿元，同比增长 35%；2021 年中秋、国庆双节期间，在消费升级、线下线上融合的趋势下，苏宁易购携手上百家家电、家装品牌启动了全年最大规模的家电家装购物节。

此外，苏宁易购还将继续加速"零售服务商"升级，做深做透下沉市场。据悉，2021 年 10 月 1 日，苏宁易购零售云第 1 万家店落地广东佛山（见图 5-3）。至此，苏宁易购已深耕县镇家电市场 4 年，零售云覆盖 31 个省级行政区化单位的

图 5-3　苏宁易购零售云第 1 万家门店

图片来源：受访者提供。

上万个乡镇，帮助超过 1800 个品牌商下沉，双线服务超 2 亿用户，直接带动 5 万人就业。2021 年以来，零售云稳步发展，一季度整体规模增长近 70%。

随着县镇家电零售开放模式的日趋成熟，苏宁易购零售云已进入"万店时代"，将加速挺进两个新赛道：纵向来看，叠加家居品类，做深做透下沉市场；横向来看，切入快修业务，进军高线市场。未来，零售云有望成长为门店数量最多的县镇零售网络，成为渗透低线市场的毛细血管，助力传统零售商的数字化转型与升级。

未来 10 年，苏宁易购将如何发展？

作为中国零售行业的排头兵，苏宁易购未来 10 年的发展之路备受行业关注。苏宁易购总裁任峻表示，在"聚焦零售"的战略前提下，苏宁易购将做好两件事：一是进一步夯实和凸显三大核心力，即供应链、物流服务和场景体验；二是以更开放的方式重新构建零售服务商的组织、技术、运营，从而更好地服务用户和合作伙伴。

首先，苏宁易购将持续深化双线场景的一站式体验。家电家装行业逐渐向售卖场景的新模式进化，苏宁易购在不断推动自身新业态迭代升级的基础上，将与头部品牌携手共拓场景化的消费体验。苏宁易购将深化双线融合发展，打造人、货、场的数字化闭环，持续强化渠道、品牌、消费者的三方交互。

其次，以零售云为抓手助力小微实体实现数字化转型。目前零售云已经成为开放的零售解决方案平台，通过打造 S2B2C 的生态系统，整合品牌、供应链、技术、物流、金融、运营等资源，形成系统性零售解决方案，帮助传统门店实现数字化转型，提升门店经营效率和盈利水平。同时，智能补货、商品精准推荐和智能货架等智能化商业应用也在不断升级，这些工具将帮助加盟商提升商品的流通效率。

此外，苏宁易购将加大核心资源与能力的开放，驱动实业智造创新发展。苏宁易购将发挥消费洞察能力，将消费趋势作为智能制造的先导。以平台上数亿会员用户、数万家平台商户、数以千万的商品品类以及线下的 1 万多家新型零售门店为基础，苏宁易购已同上千家大型品牌商建立了柔性生产的合作关系，从而让产品与服务真正做到个性化、智能化。目前，平台内深度定制单品的比例已提升至 25%。

步入"十四五"时期，对于未来的发展方向，苏宁易购称，一方面将深耕零售优势业务，发挥自身核心能力和资源优势，不断夯实家电家装供应链，提升消费场景体验，精细化服务能力，探索线上线下融合的实体零售创新与变革，为实体经济的发展注入新动能；另一方面，将推动自身全链路零售能力与资源的开放输出，助力行业数字化转型。

案例
||||||||||

海底捞：从 4 张桌子到 1500 多家门店

闫淑鑫

说到中国餐饮行业，海底捞是一个绕不开的名字。

海底捞始创于 1994 年，凭借优质的服务从餐饮行业脱颖而出。2011 年，《海底捞你学不会》一书更是在圈内疯传。在很多人眼中，海底捞是餐饮行业的明星企业，是"神一样的存在"。

"其实海底捞没那么神。"海底捞执行董事、首席战略官周兆呈表示，作为一家成立不过 20 多年的火锅连锁餐饮企业，海底捞还有很多不足。"这么多年，我们也在不断地通过内部变革和调整来应对市场的挑战、解决自身的问题。"

而在之前，海底捞创始人张勇也曾在股东周年大会上直言，反感外界神化海底捞。

别人学不会的海底捞，究竟是怎样的海底捞？透过与周兆呈的对话，我们或许能找到答案。

从 4 张桌子到 1500 多家门店

1994 年，张勇还只是四川拖拉机厂的一名电焊工，在父母的帮助下，他在四川简阳县城支起了四张桌子，利用业余时间卖起了麻辣烫。这就是海底捞的雏形。

据张勇回忆，第一家海底捞火锅店开业时，4 个股东身上只有 8000 元现金。

四川是"火锅重镇"，这里的火锅店数不胜数，海底捞凭借优质的服务进行差异化竞争，逐渐站稳了脚跟。1999 年，海底捞开始跨省扩张，之后陆续在西安等城市开出多家门店。到 2010 年时，海底捞的门店数已达 60 多家。

2011 年，原华润创业董事总经理黄铁鹰出了一本书，名叫《海底捞你学不会》，曾在中国图书出版界风靡一时，书中介绍的海底捞近乎"变态"的服务、独特的企业文化也随之广为传播。至今，仍有不少人将海底捞视为中国餐饮行业"神一样的存在"。

2018 年 9 月，海底捞正式在港交所主板上市。透过招股书和财报，外界对海底捞的增长速度有了更直观的感受。

数据显示，2016—2019 年，海底捞的营收分别增长 35.63%、36.24%、59.53%、56.50%；归母净利润分别增长 169.60%、39.81%、60.16%、42.44%。2020 年，其营收规模达 286.14 亿元。

亮眼的业绩也让海底捞在港股市场备受资金的青睐。2021 年 2 月 16 日，海底捞的股价创下历史新高，为 85.80 港元/股，较发行价 17.80 港元/股，上涨了 382.02%。

与此同时，海底捞的门店版图也越拓越大，截至 2021 年 6 月 30 日，海底捞已在全球开出 1597 家火锅店。

海底捞究竟神不神

提起海底捞的这些辉煌成就，周兆呈却直言"海底捞其实没那么神"。

在他看来，海底捞之所以能够走到今天，成为国内火锅品类的一家龙头企业，归根结底是因为海底捞的发展周期刚好契合了中国消费市场的整体发展趋势，即消费升级、服务升级、品质升级。

"过去 20 多年，在火锅行业，中国消费者对于食材、口味、环境、服务、卫生等方面的追求越来越高，要求也越来越高。海底捞的发展刚好契合了这样一个大趋势。"周兆呈称。

同时，周兆呈认为，海底捞一直以来所遵守的一些发展原则，也起到了较大的价值支撑作用，比如"双手改变命运"的企业价值观、"连住利益、锁住管理"的管理理念等。企业为员工创造了公平公正的平台，助力员工实现个人发展，尤其对像海底捞这样的员工大量来自偏远地区的劳动密集型连锁餐饮企业来说，更契合了从帮扶就业到改变命运、实现共同富裕的理想。

周兆呈举例说，比如有一名员工，他可能来自农村，高中毕业，在海底捞的一家门店工作。"按照海底捞的竞争体系和激励机制，他的收入和能力会越来越高，甚至不亚于市场上其他热门行业的管理职位，那么他为家庭、为社会所贡献的也就越来越多。这就是'双手改变命运'。"周兆呈说。

周兆呈介绍，餐饮是一个劳动密集型行业，海底捞希望员工都能通过自己的努力，在海底捞的平台上，在公平公正、多劳多得的环境下，和企业一起发展。

"随着企业的发展，我们员工的收入也在提高，能够为家庭带来改变的能力也在不断提高，员工自然而然会将自身利益和企业利益联系在一起，这样一来，从企业文化到内部管理，就能形成一股力量。对外，顾客感受到的可能仅仅是我们员工的优质服务，而这背后的驱动力本质上是员工对自身发展的追求。"周兆呈解释称。

2021 年 5 月，海底捞首份股权激励计划正式开始实施，公司董事会批准向承受人授出 1.59 亿股股份，其中 1.43 亿股授予公司超 1500 名员工及多名顾问，0.159 亿股授予公司及附属公司的 17 名董事及最高行政人员。

"这次股权激励计划从 2019 年就已经着手准备了，目的在于回报优秀员工和骨干员工在自身岗位上为公司所创造的价值，通过股权激励的方式，也能增加员工对公司的归属感，提高他们对公司长期发展的信心，同时也通过这种方式将员工和企业的利益紧密联系起来。"周兆呈表示。

为消费者提供更多个性化选择

凭借"变态"服务，海底捞俘获了不少消费者的"芳心"。不过，随着年轻消费群体逐渐成为消费行业的主力军，他们还愿意为这种"变态"服务买单吗？海底捞在年轻化方面又做了哪些尝试呢？

安永（中国）联合中国连锁经营协会（CCFA）发布的《2021 中国餐饮行业数字化调研报告》显示，在餐饮消费者人群中，年轻一代已成为新的主力消费群体，其中"95 后"尤为突出，到 2020 年已成为第一大餐饮消费年龄群，贡献了近 40% 的餐饮消费总额。

报告提到，与"80 后""70 后"消费者不同，"90 后"消费者，特别是"95 后"消费者更注重体验的丰富性，不仅看重味道和食材，是否有趣才是他们决定餐饮消费场景的关键所在；越是能在个性化方面吸引消费者的商家，越能在具体场景中俘获年轻一代的心。

对于"消费主力军"这一概念，周兆呈有着自己的理解。在他看来，所谓"主力军"，应该是那些具有消费能力的人，年轻群体是其中重要的一部分。

周兆呈认为，市场之所以认为年轻群体已成为当下消费的主力军，或许是因为年轻人更善于表达和分享，通过社交媒体等平台，他们的声音能够被大多数人所听到，所以大家会觉得消费市场年轻化趋势会更为明显，这也是消费声量年轻化的体现。

"年轻人在吃完海底捞后，常常会在社交平台上分享海底捞的新菜品、海底捞的独特体验等，他身边的朋友、同事很快就能看到这条状态。而家里的长辈也会来吃海底捞，他们也会有自己喜欢的口味和菜品，只不过大家可能在社交媒体上感受不到。所以，业界直接获得的信息大多是年轻人的喜好。"他解释道。

因此，周兆呈表示，在重视年轻群体的同时，也要兼顾其他消费人群。周兆呈称，不管是年轻消费群体，还是孩子、中年人、老年人，当他们来海底捞吃饭时，首先得满足他们各自的基本需求，给他们提供最好的产品、服务和体验。

"针对一些个性化需求，我们会在产品和服务上提供更多选择，比如，我们增加了一些年轻人喜欢的产品，像慕斯兔子、DIY 自助奶茶等。这些产品在某种程度上满足了年轻消费者的社交和互动需求。而在人员上，我们的员工也有很多小哥哥、小姐姐，他们也会用年轻化的方式来跟顾客互动。"周兆呈称。

事实上，海底捞在"年轻化""个性化"方面一直在不断尝试，除一些具体的产品外，很早就推出了可以定制锅底的智慧火锅餐厅。

2018 年 10 月 28 日，海底捞全球首家智慧火锅餐厅在北京中骏世界城正式营业，该智慧餐厅推出"私人定制锅底"计划，结合大数据和云端记录，为顾客建立专属的锅底档案。海底捞自主研发了智能化配锅机，针对顾客"加麻、加辣""少盐、少油"等个性化需求，可以通过对原料、辅料、鲜料高达 0.5 克的精准化配置实现真正的私人定制。除智能化配锅机外，消费者还能在这里看到传菜机器人、自动出菜机等"黑科技"。

据海底捞 2021 年半年报，目前该公司已先后新建和改造超过 100 家新技术餐厅，智能化配锅机、出菜机、中央厨房直配成品菜等设备和技术得到了进一步推广。

"其中智能化配锅机已在 70 多家门店应用，让更多的顾客能够在海底捞品尝到更符合个人口味的定制火锅锅底。传菜机器人在超过 1000 家门店部署，丰富了顾客的就餐体验。多种后厨清洗设备已在全球超过 1000 海底捞门店部署，让员工工作更加轻松，使他们能更好地服务顾客。"周兆呈介绍。

周兆呈称，智慧餐厅是海底捞长远布局的方向之一，他们希望借助新技术的广泛应用来提升食品安全水平、门店管理效率、顾客消费体验，同时也进一步改善员工的工作环境。

回应外界声音：很惶恐，也很感恩

近期，关于海底捞，市场上出现了一些质疑甚至不友好的声音。这一切要从海底捞的业绩说起。

2020 年，受新冠肺炎疫情等因素的影响，海底捞的业绩表现不尽如人意，全年营收增长 7.75%，归母净利润 [①] 下滑 86.81%。之后，海底捞的股价也较此前的峰值有所回调。紧接着，各种负面声音扑面而来，甚至有人说海底捞"跌落神坛""跌进海底"。

"外界对于我们的评论一直都比较多，作为一家火锅连锁企业，关注度这么高，我们也很惶恐。这些批评或意见也正体现了大家对于海底捞的关心，我们很感恩，同时也会更认真地去反思公司内部存在哪些问题。"周兆呈说。

事实上，海底捞管理层也确实在反思，并未将业绩下滑的原因简单地归结为疫情，而是从自身找原因，直面内部管理缺陷。

海底捞在 2020 年的年报中表示，公司利润下滑无疑为管理层敲响了警钟，暴露了海底捞的管理短板和应对能力的不足，这种短板和能力不足，无关疫情，而是管理层自身的问题。

---

① 归属母公司的净利润，指企业利润总额在扣除所得税后按出资比例分配给母公司股东的留成部分，反映企业创造的价值对国家、大股东和小股东的利润分配情况。——编者注

在 2021 年 6 月的股东周年大会上，张勇更是坦言："海底捞从创业到目前为止，还没有真正建立过完全科学的制度。比如流程化操作方面，组织大了会有各种层级，每个层级在操作中都可能会违反一些制度。为什么之前网上炒作海底捞的制度很牛？因为被业绩给掩盖了。而且我每次说有问题，大家都说我是谦虚。"

同时张勇也大方承认，自己在 2020 年误判了疫情，在扩店方面有点"盲目自信"。数据显示，2020 年，海底捞一共新开 544 家店，截至年底，全球门店数增至 1298 家，同比增长 69%。

不过，张勇表示，"塞翁失马，焉知非福"，2020 年疫情给门店带来的经营压力，会锻炼出新一批店长，而"海底捞的成功正是因为有很多优秀的干部"。

"大家神化海底捞了，我本人对此非常反感。你们要理性，投资要谨慎。我常常讲，要想知道什么是名不符实，看看海底捞就知道了。所有餐饮企业面临的困难，我们同样有；所有餐饮企业不能解决的问题，我们也没有解决。盲目扩张的事情肯定会发生，一旦我整合好了现在的门店，我还会扩张，因为这是我的使命。稳定了我就冲锋，不稳定了我就稳定，稳定下来就再冲锋，直到海底捞倒下来为止。"张勇称。

提及海底捞 2021 年全年的拓店节奏，周兆呈表示："肯定会有所调整，我们现在的工作重点首先是进一步提升已开业门店的管理水平，提升各门店在内部管理、门店服务等方面的能力。"

周兆呈认为，作为一家餐饮企业，海底捞本质上还是得把产品和服务做好，努力满足消费者在食材、卫生、服务、综合环境等方面的需求，提升他们的消费体验。"只有扎扎实实把这些做好了，消费者才会真正喜欢你。"

案例

ⅠⅠⅠⅠⅠⅠⅠⅠ

万科：地产转型城市配套服务商的蜕变之路

薛宇飞

提到万物云，你会想到什么？是阿里云、华为云，还是腾讯云、微软云？万物云与这些互联网巨头的云产业有什么不同？未来又会出现在什么地方？

2021 年 11 月 5 日，万科 A 发布公告称，计划分拆子公司万物云到香港联交所上市，这也是万科第一次分拆单个业务板块进行上市。这份公告让外界得以窥见被万科寄予厚望的新兴业务的成色。

不止于物业

从 1990 年 8 月 18 日万科天景花园交付、万科第一个物业管理处成立开始，"万科 + 物业"催生了"万科物业"的诞生，它也是"万物云"的前身。万科集团合伙人兼物业事业集团（BG）首席合伙人、CEO 朱保全后来回忆说，万科以前是做贸易的公司，一开始建的房子质量一般，为了弥补这一不足，就要把服务做好。

最开始的万科物业只服务于万科交付的项目，到 2011 年以后才承接独立第三方的项目，并将服务范围从住宅小区拓展至商业物业。万科不断地输送已交付项目，再加上自身的对外拓展，万科物业常年稳居物业服务行业前列，并成为首个营收规模突破 100 亿元的物业企业。

近两年，逐渐做大的物业服务公司纷纷上市，特别是 2020 年，上市潮更是风起云涌。机构数据显示，2018—2020 年，A、H 股每年分别共有 6 家、12 家、18 家物业企业上市，2021 年上市的物业企业也有十几家。在头部物业企业中，恒大物业、融创服务、华润万象生活等都趁着 2020 年的高估值登上资本市场。一时间，物业企业风光无两。

但在物业企业上市潮中，始终没有万科物业的身影。外界也一直在猜测万科物业迟迟不上市的原因——它在等什么？

不管是万科董事会主席郁亮、首席执行官祝九胜，还是朱保全，都不止一次被问及具体的上市计划，但他们一直没有松口。对于 IPO 传闻，郁亮在前两年始终表示："没有千亿港元市值，不会上市。"

截至 2021 年 12 月，总市值达到过千亿港元的物业企业只有碧桂园服务、恒大物业、华润万象生活，还在千亿港元以上的物业企业则只有碧桂园服务。郁亮的千亿港元市值的目标足以透露出万科物业要牢牢占据行业最头部的野心。

除了规模，万科物业已经不满足于物业公司的概念。郁亮在 2019 年 9 月说："一定要等到大家认同万科物业是一家'城市服务商'才上市，只有区别于传统物业公司，它的价值才能得到充分肯定。"朱保全在 2021 年 5 月也说："我们一定会上市，但如果还是用物业概念上市，我觉得不一定合适。"

很多家物业企业都提过"城市服务商"这一概念，但其模式尚不清楚。在这个时候，万科物业给出了自己的答案。2020 年 10 月底，朱保全正式对外宣布，万科物业更名为万物云（见图 5-4），他说："在扎根物业服务 30 年的基础上，万科物业升级为万物云的时机已成熟。从品牌角度看，'万科物业'作为服务品牌，不应该让它更综合，而应让其更专注，从而更好地服务客户。从科技的角度看，万物云已有两家科技子公司被认定为国家级高新技术企业，获得了百余项专利，科技（Tech）模块已经成型且具备业务流程即服务（Bussiness Process as a Service，BPaaS）输出能力与广泛的物联网（IoT）连接能力。"

如今，万物云包含空间（Space）、科技（Tech）和成长（Grow）三大模块。Space 模块包含归属社区空间服务的"万科物业""朴邻发展"，归属商业企业空间服务的"万物梁行""祥盈企服"，以及归属城市空间服务的"万物云城"。Tech 模块包括"万睿科技""第五空间"等，前者提供软硬件服务能力、数字运营和行业人工智能服务，后者帮助搭建社区住户并为商户提供线上服务平台。Grow 模块的"万物成长"是公司的孵化器，持续联结成熟企业，孵化创新企业。

图 5-4　万物云

来源：万物云官网。

完成更名后，外界认为，万物云已完成了上市所必需的组织框架、业务版图乃至品牌矩阵的搭建，距离登陆资本市场仅一步之遥。一年后的 2021 年 11 月，分拆上市计划正式公布。

截至 2020 年末，万物云的在管面积达 5.66 亿平方米，全年实现营业收入 182.04 亿元。2021 年上半年，万物云实现营业收入 103.8 亿元，同比增长 33.3%。朱保全曾透露，公司 2021 年的收入将同比增长 37.4%，至 250 亿元，利润达 20 亿元左右。

新旧故事

在 2021 年 11 月底的万科临时股东大会上，郁亮说："万物云目前在'城市服务商'方面已呈现出良好的发展势头，今年增长特别迅速。如果万物云以'城市服务商'的战略定位出现，我觉得其意义是非凡的。而且在传统住区物业服务领域，每年新增的面积中由万科开发的项目已不足一半，所以我觉得万物云已经成熟了。"

郁亮所说的"城市服务商"，与万科集团的"城乡建设与生活服务商"的战略定位是一致的，协同效应可想而知。朱保全则将万物云看作服务业，他说："我们是披着物业的外衣，或者说带着历史基因的居住性质的消费和企业服务"。

不过，从万物云当前的经营数据去分析，被视为传统的、旧的物业服务业务，依旧起到了压舱石的作用。在2021年上半年103.8亿元的营收中，住宅物业服务收入达57.1亿元，占比为55.0%。虽然商业物业服务起步较晚，但自万物云与戴德梁行合资成立万物梁行后，其在商业物业及资产管理服务上就实现了快速跑马圈地，加上写字楼等商业物业的服务费较高，业务规模迅速壮大。2021年上半年，商业物业及设施服务实现营收31.6亿元，占万物云总营收的30.4%。

在其他业务方面，2021年上半年，智慧城市服务实现收入6.3亿元，占比为6.1%；社区生活服务实现收入5.6亿元，占比为5.4%；万物成长实现收入3.2亿元，占比为3.1%。

新业务的规模虽然不大，但万物云将科技、云服务视作未来重点投资的方向。按照计划，万物云旗下住宅物业应该静心做品质服务，将增速控制在30%以内，商业物业应该将增速控制在30%~60%，城市物业的增速应该大于60%。以上为Space板块的发展规划，不包括Tech板块和Grow板块。

最能体现万物云城市服务商定位的是增速应该大于60%的万物云城市物业板块。2020年10月，"万物云城"品牌正式对外发布，这是国内第一个定位于城市服务的全新品牌，当时就定下了3年内落地100个城市服务项目的目标。

城市服务业务始于2017年12月底，当时，朱保全与珠海横琴新区的管委会执法局局长见面，对方提出"大执法，大物业"的概念，说想像治理物业小区一样治理城市，双方当即就达成了一致意见。经过多轮沟通，万物云与珠海横琴新区于 2018 年 5 月正式签约。

朱保全说:"政府把城市管理的执法权收回,把对接下面整个城市服务的供应商交由我们总包商进行统筹管理,这样就能尽可能地把城市管理变成城市服务,我们就能把一个城市里的水系统、城管系统、城建系统、环保系统以及社区基层治理系统给打通。对于这件事政府有一句话叫'九龙治水',各个部门之间往往是树型机构,这个时候如果企业能在当中穿针引线,效率就可以得到大幅提高。"

签约珠海横琴并不能让朱保全十分确定城市服务模式的可复制性,之后,万物云又签约雄安新区,这才让他有了底气。他在 2021 年 10 月底称,已经签约了40 个城市,百城计划可以提前完成。

此外,在 Tech 模块中,此前做智能硬件集成商的万睿科技已成为国内首家集设计、研发、施工、运营于一体的一站式服务公司。

朱保全说:"很多人都在问,万物云未来的竞争对手会不会是阿里云、华为云、腾讯云、微软云,其实,这些公司做的都是底层的'基础设施即服务'(IaaS),并没有去做具体的云运营。对万物云来说,华为云、阿里云、腾讯云都是合作伙伴,万物云是不会去做 IaaS 的,而是在这些云的基础上构建基于城市服务、工单管理的云服务。"他还称,万物云与大型的云服务厂家有几个最大的不同,一是万物云有线下服务,二是有人工运营,三是有硬件施工能力,做的是一体化服务。

目前,万物云已经在武汉建立了全国远程运营中心,把物业管理服务的各项流程逐步通过人工智能物联网(AIoT)形成远程闭环。例如,遇到台风、暴雨天气,系统会根据天气预报以及摄像头对各项目积水情况的监测进行播报,并由系统根据具体情况向业主发送信息。

2021 年 5 月,万物云发布了安防机电服务品牌"万御安防",这是 Grow 模块孵化出的首个产业链。万御安防的前身为万科物业的安防机电运营中心,后由万物云联合海康威视于 2019 年底孵化成立。此次分拆并独立运营意味着万物云将对外输出其安防机电服务能力。

另外，由万物云组建的睿联盟也是一个重要的孵化平台，联盟成员可共享万物云的程序文件、作业步骤、客户资源等，万物云也会战略投资睿联盟的成员企业并支持其上市，由此实现其做物业界"平台"的设想。截至 2020 年 10 月，睿联盟共拥有 54 家成员企业。

得失之间

虽然外界对万物云上市已有预期，但万科在 2021 年 11 月突然宣布分拆，市场还是有些意外，尤其是在房地产市场不太景气的背景下。面对一些猜想，郁亮澄清道，万物云在万科的资产和利润中的占比只有 1%~2%，此时分拆上市并不是要解决万科的资金问题。

从物业服务行业看，由于受到地产行业不景气等多方面因素的拖累，2021 年下半年以来物业股的股价出现集体回撤，板块整体估值已不如 2020 年末及 2021 年初。

有声音认为，万物云之前一直不急于上市，是在为自身积蓄力量，既要在规模上占据行业最前列，又想逐渐摆脱其物业企业的属性，在科技、云服务领域有所突破。但市场的快速变化也让其错过了上市的最佳时机。

从目前看，能与万物云一决高下的只有碧桂园服务，而就在过去几年，碧桂园服务借助上市公司的融资便利，大肆收购中小物业企业，实力得以快速扩充。2018 年上市后，碧桂园服务通过配股、发行可转换债券等方式，累计向市场募集了超过 290 亿港元的资金，之后便在收并购上长袖善舞。

截至 2021 年上半年，碧桂园服务的在管物业面积达到 6.44 亿平方米，合约面积达 12.05 亿平方米，加上下半年收购的富力物业和彩生活的核心资产，其管理规模再度大幅扩大。

中物研协总经理杨熙在一篇文章中指出，尤其是在 2021 年物业并购市场的特殊窗口期，当资金链紧张的开发企业不得不甩卖"未来"，将旗下优质物业企业出售之时，碧桂园服务成为最大最好的"金主"；而没有及时上市的万物云在面临这一突然涌现的并购窗口期时，可能会错过一些急需大量现金的优质物业标的。这也是为何万物云在与阳光城的交易中选择了股权置换而非现金交易。

从经营数据看，碧桂园服务已经开始超过万物云。2021 年上半年，碧桂园服务实现营业收入 115.6 亿元，实现净利润 21.13 亿元，而万物云同期的营收为 103.83 亿元。

不过，对于行业内的收并购，朱保全有自己的看法。他认为，当前的收并购价格很高，存在非常严重的隐患。在资本对赌之下，收并购活动一定会涉及未来几年的经营利润率，到那个时候，赚钱是第一位的，那些对物业服务中看不见的地方的投入有可能会能省则省，这恰恰是对整个资产最严重的践踏。万物云会按照将住宅物业的增速控制在 30% 以内、将商业物业的增速控制在 30%~60% 的既定节奏静心做下去。

案例

‖‖‖‖‖‖‖‖‖

水滴公司："中国保险科技第一股"的智能化升级

魏薇

2021 年 5 月 7 日，34 岁的沈鹏带领水滴公司的创业团队一起在纽交所完成了敲钟仪式，水滴公司也随之成为纽交所"中国保险科技第一股"。从辞职创立水滴公司到站上 IPO 敲钟台，沈鹏仅用了 5 年时间。

在创业之前，沈鹏为外界所熟知的身份是美团第 10 号员工、美团最年轻的高管。在事业一路顺风顺水之时，他做了一个令所有人都意外的决定：离开美团，并创立北京纵情向前科技有限公司（下称水滴公司）。

用科技助推普惠保险一直是他的内心所想。与传统的保险中介公司不同，水滴公司从一开始就将互联网科技赋能保险作为公司发展最重要的策略，"用互联网科技助推广大人民群众有保可医，保障亿万家庭"也成为水滴公司自创立以来的愿景。

提供更有性价比的保障方式

沈鹏与保险行业的缘分颇深。1987 年，他出生于中国人民保险集团股份有限公司家属院。他的父亲 1985 年就加入了中国人民保险集团股份有限公司，此后一直从事保险业直到退休。沈鹏从小便目睹父亲卖保险。在他看来，保险是份有温度的事业，但想做好它却很难。

2015 年，他看到了中国保险业的上升趋势，萌发了创业的念头。彼时，互联网保险商业模式刚刚兴起，已在美团积累六年互联网从业经验的沈鹏也跃跃欲试，他想用自己的互联网经验助推保险公司更好地经营保险业务，于是 2016 年上半年他正式离开美团，走上了创业之路。

沈鹏谈到，水滴公司从成立的第一天起就明确了自己的使命——"用互联网科技助推广大人民群众有保可医，保障亿万家庭"，其中互联网科技很重要的一部分就是数字化。

在水滴公司的业务版图中，水滴保无疑是其最为核心的一块业务。2017 年 5 月水滴保正式上线，其运营主体是水滴保险经纪有限公司。在沈鹏看来，水滴保的独特之处在于场景和用户，水滴公司通过水滴筹、水滴健康构建了一个数量庞大的用户群，而且这些参与大病救助、关注健康的用户对于保险保障的意识和需求相对较强，这为水滴保的业务构建了一个高效的场景并打下了坚实的用户基础。

沈鹏表示，在水滴公司的业务矩阵里，水滴保的定位是保险科技平台，"我们希望水滴保能够联合众多的保险机构、医疗机构来为广大人民群众提供更有性价比的保障方式、医疗方式"。

疫情加速保险业数字化转型

新冠肺炎疫情给全球保险行业带来了前所未有的冲击，也加速了保险业的数字化转型升级。

沈鹏认为，数字化、网络化和智能化是各行业发展的大趋势，其中也包括保险业。与大部分行业发展的历程相似，保险数字化的过程也会面临一些挑战。他说："比如对传统保险公司线下体系的冲击，这会造成一部分保险公司在改变现有模式、推进数字化方面遇到一些阻力。"

他观察到，此前保险业整体处于持续增长阶段，大部分保险公司的经营状况良好，这个时候保险公司主动变革的意愿相对没那么强烈。但新冠肺炎疫情发生后，保险业的线下模式遭遇到了非常大的挑战，而互联网保险业务保持了快速发展，增速甚至比前几年还要快，水滴保 2020 年产生的首年保费超过 144 亿元，较 2019 年增长一倍多。2021 年上半年，水滴保产生的首年保费接近 100 亿元，仍保持了快速增长。

"疫情发生后，人民群众对于自身健康和相关的保障更加重视，购买商业保险的需求大大增加，由于疫情的原因，线下模式并不能为这些消费者提供很好的服务，消费者本身也不倾向于面对面交流，而是更喜欢在手机上购买保险。"沈鹏表示，互联网保险经过多年的发展，在产品的性价比、购买的便捷性、信息的安全性、理赔的可靠性等方面都能完全满足消费者的需求，因此互联网保险业务自 2020 年以来实现了较快的增长。

但是他也提到，目前国内保险业仍以线下模式为主，因此疫情期间保险公司的业绩都受到了影响。所以，保险公司必须重视线上业务，加大信息化建设的投入，加快业务的数字化进程。

从网络化向智能化升级

当前，科技已经成为推动保险业转型的核心力量，各家保险公司纷纷加大了对数字化领域的人才投入和资金支持力度。作为一家互联网保险科技公司，水滴公司也不例外。公司 2021 年的二季报显示，公司单个季度的研发投入已超过 1 亿元，占二季度营业收入的 10% 以上，投入比在国内保险行业中领先。

此外，沈鹏对人才培养也很看重，他说："保险数字化最关键的是人才。要做好保险数字化，既要懂保险又要懂技术，这样的人才，尤其是高阶人才，在行业里是非常稀缺的。"

据介绍，水滴公司研发体系的团队规模已超过 600 人，既有人来自其他大型互联网公司，也有人来自其他相对传统的保险公司。沈鹏谈到，水滴保经过几年时间的发展，已逐渐磨合出一只优秀的团队，业务团队能够准确分析、找到保险产业链中值得优化和提升的地方，研发团队能够准确理解业务团队的需求，给出合理有效的解决方案，为用户和合作伙伴创造价值。

在沈鹏看来，保险行业数字化是手段而不是目的，数字化转型的核心目标是提升效率，所以，这是一个长期的过程。

"要达到提升效率的目标，数字化转型的过程大致可以分为信息化、网络化、智能化，每个阶段能够提升的效率是呈几何级数增长的。"沈鹏称，经过几年在大数据、人工智能等科技方面的投入，水滴公司已经逐步从网络化向智能化升级，并开始收到成效。

他以智能营销举例，水滴公司通过算法分析为每名销售人员智能匹配合适的目标客户。在智能匹配的客户群中，单客户销售额提升幅度在 20%~45%；在广告投放上，通过人工智能算法进行大数据建模，对投放过程中用户的点击、转化、续费和投诉的概率进行预估，从而指导实时接口（RTA）给出精确的出价，获得更多的高质量流量，提高投资回报率（ROI）。

数据安全的核心是合规意识

移动互联网的迅猛发展，极大地改变了客户的消费行为和消费方式，也为保险行业提供了大量的数据资料。对大数据技术的运用已成为保险公司商业模式转型和营销方式创新中不可或缺的一部分。

在沈鹏看来，数据是一种新型资源，如何用好数据资源是对公司的技术研发、商业分析、业务运营、网络安全等方面的能力的一个综合考验。

他分析称，保险是一个相对复杂的行业，供给侧的产品有很多都是非标品，从触达用户到用户投保、理赔和后续的健康管理是一条非常长的链路。同时，保险又和医疗、医药、健康等行业强相关，仅有保险相关的数据是远远不够的，能做的事情比较有限。

沈鹏认为，只有在保险产业链路上积累足够多的数据，并与其他相关业务的数据进行交叉验证，通过数据分析得出的洞察和结论才有可能产生更大的价值。

近年来，人们已逐渐认识到数据的价值，与此同时，数据价值与数据安全之间的矛盾也愈演愈烈。

对于这一点，沈鹏一再强调，数据安全的核心是合规意识。他说："保险是个比较特殊的行业，各个监管部门对于保险用户的数据安全和隐私安全都有非常明确的要求，所以，保险机构在运营过程中，各个部门都要有合规意识，要根据监管部门的指导和要求来开展工作。"

沈鹏指出，水滴公司将主动健全全流程的数据安全管理制度，结合管理制度的内容对公司员工开展数据安全培训，持续采取相应的管理措施和技术措施开展数据安全保护。公司信息系统已通过了公安部"国家信息系统安全等级保护三级认证"，符合相关安全等级要求。

助力数字化转型

数字化是一项长期的、需要大规模投入的系统工程。银保监会相关负责人此前表示，尽管保险业加大了科技投入，但其科技应用的能力、数字化的经营水平与自身转型发展的要求还存在差距。

随着数字化转型的深入推进，行业需要提升整体的生态协同能力。"未来的保险行业要想取得成功不仅要靠自身的优势，更重要的是要找到更多的合作伙伴，创造新的价值。"沈鹏表示。

关于水滴保相对于传统保险经纪机构、其他互联网保险平台的优势，沈鹏指出，水滴保的业务涵盖了健康险的产业链，而水滴公司的其他业务又涵盖了医疗、医药等领域，这些领域与保险的关联性很强，但具有很强的专业门槛，所以同时跨这几个领域的保险机构很少，而互联网科技往往能在多个产业跨界融合的部分创造出新的价值。

"水滴保从诞生起就是数字化的平台和业务模式，并且一直致力于联合更多的传统保险公司，帮助它们更多地用数字化方式来设计产品、销售产品、服务客户，推动保险行业的数字化。"沈鹏说。截至目前，水滴保搭建了多个智能化业务中台，包括智慧保险、智能营销、智能客服、智能核保和智能理赔等，在场景营销、线上获客、风险控制、渠道拓展、智能服务等方面积累了大量案例和经验。

沈鹏预计，保险业务线上化程度的不断提升对保险科技基础设施的建设提出了新的要求，势必会带动新一轮基础设施的升级和再造。"我们希望通过这些业务中台，帮助保险业内的合作伙伴提升服务能力、流量转化效果、保费产出水平，同时降低获客成本、运维成本和人力投入。"

谈及未来保险业的发展趋势，他认为，接下来保险业将呈现产品线上化、用户年轻化、营销场景化、服务智能化四大趋势。

"水滴保的两个关键词是开放和助力，我们要把更多的数字化能力输出给合作伙伴，帮助合作伙伴由信息化向网络化和智能化发展，从而推动行业的数字化。"沈鹏说。

案例

||||||||||

光源资本：陪伴百家公司进入百亿美元俱乐部

张燕征

在北京东三环的办公室里，光源资本创始人、CEO 郑烜乐正在面试新员工。到了约定的采访时间，郑烜乐对记者摆手道："抱歉，我先和董事总经理处理一下紧急事务。"

身穿黑色西装、白色衬衣的郑烜乐步履轻快。他有段时间每天只睡三个半小时，不是在飞机上，就是在去机场的路上。光源资本的大部分员工也和他一样，都是"空中飞人"。

"员工都在各地的项目上，和合作伙伴对接洽谈。"郑烜乐介绍道，光源资本属于财务顾问（financial advisor，FA）行业，在中国，这一行业涵盖了创业创投领域的各种服务，包括为企业提供融资、并购等投资银行服务。

创业公司价值的发现者与创造者

在互联网经济浪潮的冲击下，许多创业公司的命运正在发生剧变：有的在纳斯达克上市，有的来不及挣扎就被巨头吞噬，更多的小公司则被技术变革的大浪拍到了断崖上，不少创业公司只是昙花一现。而处于一级市场的投行也被资本的浪潮推到了这个时代的风口浪尖上。

作为一家一级市场投行，从 2014 年底成立到 2021 年 8 月，在六年多的时间里，光源资本帮助快手科技（下称快手）、哔哩哔哩（下称 B 站）、货拉拉等 150多家客户总共完成超过 210 笔私募融资交易，累计交易金额超过 210 亿美元。公开数据显示，在成立 6 年后的 2020 年，光源资本做到了新经济私募融资行业年度公布交易金额的第一。

除了投行业务，目前光源资本还管理着 6 只基金，包括光源成长基金（美元、人民币各一只）和 4 只专项基金。

回顾自己的成长经历，郑烜乐笑称，一切都是那么自然而然。从厦门大学会计系毕业后，他曾任职于全球四大会计师事务所之一的安永，随后在世界 500 强中的中化国际、清科资本等公司工作。

在清科，他开始思考什么才是他想要的财务顾问，什么模式才是能够最大程度创造价值的模式。

郑烜乐表示，自己开始创业时主要有三个方面的思考。一是价值判断，如何去寻找真正有潜力、能够代表未来的好公司。二是方法论，比如如何提炼并讲出一家公司的价值。"业内的人认为这是在包装公司的亮点，而在我看来，提炼价值不是包装，而是把行业的本质梳理清楚，然后告诉投资人应该按照什么逻辑看标的，最后找到最好的那家公司。"三是和最好的企业家建立长期信任，跟他们一起成长，而不是做一个项目赚一轮钱。

幸运的是，创业前半年，他和团队便一鼓作气拿下了麒麟合盛网络（APUS）、快手、B 站，随着这些企业的发展壮大，光源资本也逐渐得到了业界认可。

最有成就感的是发现了快手和 B 站

在上百个客户中，令郑烜乐最有成就感的是发现了快手和 B 站。

2021 年，当郑烜乐和快手游戏团队负责人唐宇煜聊起陈年往事时，唐宇煜问："你当时（2014 年）为什么会认为我们能做到 10 亿用户？"

2013 年底，快手摆脱了工具属性的制约，"GIF 快手"中的"GIF"在 2014 年下半年的品牌升级中被拿掉。2015 年 6 月，快手的用户数超过 1 亿，2016 年 2 月达到 3 亿，目前已经超过了 10 亿。

郑烜乐答道："其实信心是你们给我的。如果短视频是一个终极的互联网记录和内容消费的媒介解决方案，那么它应该是所有中国人都会用的产品，它一定是 10 亿级以上，甚至是全球级的产品，在这个逻辑下一定会有 10 亿用户。"

2014 年，郑烜乐也跟当时所有的投资人提到了这些逻辑。但不少投资人还在担忧，快手到底能不能涨到两三千万日活跃用户？

"基于 2014 年 4G 已落地农村、智能手机前后置摄像头的像素基本接近，及自拍能产生短视频内容的大趋势判断，我对投资者说，快手至少能涨到一亿日活跃用户，后来确实如我所言。这是很有成就感的一个价值发现。"郑烜乐说。

另一个让郑烜乐感到兴奋的价值发现是 B 站。

2014 年，市场对 B 站的认识还处于早期阶段，认为弹幕网站是一种年轻人的视频网站，是长视频领域的一个子集，其对标的是 YouTube 等网站。

在和 B 站董事长陈睿的对话中，郑烜乐认为，B 站绝不只是一个年轻的视频网站，它是一个年轻人进行互联网文化娱乐的发动机。

"中国有无数的互联网公司，但是从来没有一家互联网文化公司。B 站很有可能成长为中国的互联网迪士尼。"

"陈睿对 B 站的想法第一次被人提炼出来，这种价值提炼非常符合他对 B 站的预期。"郑烜乐称。

发现了快手和 B 站的价值后，郑烜乐及其团队开始和这些公司形成长期合作关系。

从 2015 年开始，光源资本帮助快手完成了 1.3 亿美元的 C 轮融资、1.5 亿美元的 D 轮融资及数亿美元的 E 轮融资。B 站方面，在其赴美上市前的 2015—2018 年，光源资本帮助 B 站完成了累计近 4 亿美元的数轮融资，占 B 站上市前融资总额的 90%。2016 年，光源资本还促成了 B 站和上海久事大鲨鱼俱乐部的合作。

在资本的助力下，快手和 B 站迅速发展壮大。2021 年 2 月 5 日，快手在港交所挂牌上市，成为港股首家以短视频和直播为主要载体的内容社区与社交平台。

同年 3 月 29 日，已经在美国上市的 B 站返回香港上市。光源资本继续为 B 站提供服务，旗下的威灵顿金融扮演了 B 站在香港上市的牵头经办人角色。

如何长期陪伴企业成长

在郑烜乐看来，FA 行业的价值在于其"选品"和定价能力。他认为，一方面 FA 机构作为渠道方，要对"选品"负责，要有能"选品"的价值；另一方面，FA 机构要有定价能力，对公司的定价要有判断。

"我们的核心价值观是求真。首先，就是要搞清楚赛道是不是好赛道，赛道里哪一家是好公司，这家公司的数据有没有问题，有什么风险，在此基础上我们才能表述它的价值，这说的是如何选品。"郑烜乐说。

"价值发现之后，要让公司以正确的方式去融资。我们既不会盲目建议企业家以高估值融资，也不会为了促成交易，建议企业家以很低的价格融资。我们需要告诉投资人，以我们的判断，这个领域内哪些公司值得投，应以什么逻辑来估值。"他说。

郑烜乐反复强调，除了要与创业者相互认同价值观外，FA 机构还要与企业共同成长。

"比如知乎从开始融资到 IPO，B 站从私募融资到二次上市，我们都具备了相应的资本市场经验和能力。"郑烜乐表示，只有 FA 自身保持良好的发展速度，才能长期陪伴企业，为它们创造价值。

国内创业创投市场上有大大小小数十家 FA 机构，这些机构在帮助企业实现融资、服务企业资本运作方面起到了很大作用。

在郑烜乐看来，当前对 FA 机构有各种评判标准，包括项目数量、交易金额等，实际上这些指标都无法真正评判 FA 机构做得好不好。

"以光源资本自身的经验看，光源资本之所以受到认可，是因为光源资本服务的公司中正在不断成长出快手、B站、货拉拉、得物这样的公司，这些公司影响了人们生活的方方面面，不仅具备经济价值，也具备社会价值。"他说。

那么，光源资本有何核心竞争力？郑烜乐认为其竞争力主要有以下五方面：一是拥有行业核心技术能力，包括研究、判断、验证好公司的能力；二是交易能力和交易经验；三是多年积累的各种投资人资源；四是可为企业增值赋能；五是自身的组织能力。

未来看好哪些领域

过去几年，光源资本辅助快手、B站、趣头条、360金融等企业成功上市。未来，光源资本又将看好哪些领域？

"'十四五'规划就是一个指南，非常有参考价值，照着它去做投资、做业务即可。"郑烜乐指出，中国过去二三十年的发展得益于两个重大的红利：人口红利和制度红利。人口红利提供了生产力，制度红利带来了长期稳定的社会环境。在这个大背景下，技术、资本、企业家的雄心相结合，对新经济产生了巨大的推动作用。

在他看来，围绕"十四五"规划会诞生很多机会。比如如何让人的生产力更高效，这涉及工业自动化、企业服务等方面；怎样让中国企业拥有更大的市场，这可能涉及跨境出海；怎样提升文化创新力，这可能涉及文化娱乐行业。

值得一提的是，光源资本的To B业务持续发展，在下一阶段还会继续加码。

"将To B服务做起来，一是顺势而为，二是出于使命感。"郑烜乐介绍道，To B业务具有时代正当性，比如企业服务、工业自动化机器人、芯片等，有的业务是国家命脉行业，有的业务能维持和强化人口红利，这正是时代所需要的；所有这些努力最后都能够让社会更高效、更良性地运转，我们想为此做贡献，我们有一种使命感。

郑烜乐还透露，光源资本内部对每个行业都建立了一套价值评分标准。"不是什么热就去做什么，我们希望将行业本质讲清楚，进而形成针对每个行业的不同判断标准。以企业服务为例，一类是偏重实施的，需要去攻克大客户、实施，然后交付；另一类是更偏软件、工具层的 SaaS。两类公司都有价值，但特点和判断逻辑不一样。"

　　谈及光源资本的愿景，郑烜乐表示："用 10 年时间陪伴 100 家公司变成市值 100 亿美元的公司。我们把这个目标叫作'1T'（one trillion），即 100×100 亿。如果我们发掘有潜力成为'1T'的企业家，成为他们的战略及资本长期合伙人，那么整个光源资本会变成一个提供包括资产服务和资产管理等服务在内的一体化集团。"

第 6 章

消费的下一站

消费是我国经济平稳运行的重要动力。依托巨大的人口规模，我国居民消费的潜力巨大。不过，消费潜力的释放还面临着多方面挑战。此外，全面建成小康社会后，人民群众的消费需求也面临从低层次向高品质和多样化的转变，如何更好地满足人民群众的需求也成为一个重要课题。

本章就如何深挖"十四五"新需求下的消费潜力展开论述，并对数字生活时代下文旅消费的未来进行展望。同时，以携程、Keep、名创优品等为典型案例挖掘消费转型之路。

深挖"十四五"时期新需求下的消费潜力

滕　泰　万博新经济研究院院长

张海冰　万博新经济研究院副院长

李明昊　万博新经济研究院研究员

"十四五"时期的新要求

"十四五"时期最重要的经济战略思想是构建新发展格局。"十四五"规划指出，加快培育完整内需体系，把实施扩大内需战略同深化供给侧结构性改革有机结合起来，以创新驱动、高质量供给引领和创造新需求，加快构建以国内大循环为主体、国内国际双循环相互促进的新发展格局。

扩大内需一直是国家经济政策的重点，"十四五"期间，供给侧结构性改革就是要从经济增长的根本动力方面来扩大内需。当一个国家的经济结构出现供给老化或供给过剩的情况时，就需要深化供给侧结构性改革来扩大内需，提高新供给的比重，降低老化供给的比重。从政策上来看，"十四五"时期扩大内需不会再走原来的老路，而是会沿着供给侧结构性改革这条路探索一些新政策。

2021年政府工作报告强调要重视研发。创造新需求和提高研发投入的有效性，是民营企业创新转型要解决的重要问题，创新应用场景和消费场景是创造新需求的重要方面。要通过产品服务场景体验的方式更好地满足人们的潜在需求，改变人们的生活方式，提高人们的生活质量，还可以通过提升企业的价值来创造新需求。

在新发展格局的要求下，从扩大内需的角度来看，要扩大中等收入群体的消费；从供给侧的角度来看，要将要素和产品相结合。目前，我国中等收入群体约有4亿人，到2035年预计将增加到7亿人，中国消费者足以支撑起全球最大的消费市场。所以要想深刻理解新发展格局，民营企业家既要重视全球市场，更要重视国内市场。

中国的市场资源优势及挑战

从中美两国的对比来看，虽然两国GDP尚有34%左右的差距，但是中国的零售市场规模已经与美国相当接近（见表6–1），显示出"市场资源是我国的巨大优势"。

表6–1　　　　　2020年中美两国经济规模与零售市场的规模对比

单位：万亿美元

	GDP（现价）	零售总额
中国	15.57	6.01
美国	20.94	6.25

注：按2020年12月31日美元兑人民币中间价折算。

数据来源：wind数据、万博新经济研究院。

目前我国的中等收入群体约有 4 亿人，占人口总数的 30%。假设未来 15 年每年新增 2000 万中等收入群体，到 2035 年，中等收入人群可达 7 亿人，中国的市场规模将稳居全球第一。

尽管市场规模巨大，但是我国的社会消费品零售总额的增长速度自 2009 年以来一直在回落，同比增速从 16.95% 的高点一路下滑至 2019 年的 6%，内需增长已经呈现出较为疲弱的特征（见图 6–1）。

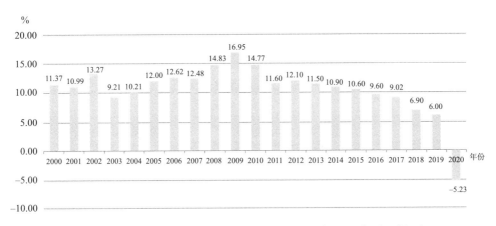

图 6–1　中国的社会消费品零售总额实际同比增速自 2009 年后不断下行

2020 年，在新冠肺炎疫情的冲击下，我国的社会消费出现了改革开放以来的首次负增长，名义增长率为 –3.9%，实际增长率降至 –5.23%。尽管 2021 年一季度社会消费品零售总额实现了 33.9% 的同比高增长，但这是基于 2020 年低基数的失真数据。实际上，两年的平均增速仅为 4.2%。

消费增速的持续下降，一方面是因为居民收入增速的下滑，另一方面是居民消费倾向的下降。

居民消费倾向的降低具体体现在储蓄倾向提高方面。中国人民银行公布的数据显示，2019 年底，我国居民的存款规模为 81.3 万亿；2020 年底，我国居民的存款规模为 92.6 万亿，同比增长 13.9%；2021 年前 3 个月，新增人民币存款 1 月为 1.48 万亿元，2 月为 3.26 万亿元，3 月为 1.94 万亿元。这表明疫情冲击下不降息显著提高了居民的储蓄倾向，降低了消费倾向。

传统需求：提高居民收入和边际消费倾向

提高居民可支配收入的手段一是扩大就业，二是深化收入分配体制改革，关键是要把更多的中低收入者转化为中等收入群体。

为了扩大就业，应当继续贯彻"六稳""六保"政策，尤其要重视对中小微企业和个体工商户的支持，确保每年可新增就业 1000 万人以上。扩大就业还需要进一步深化要素市场化配置等改革，消除妨碍人员流动的体制机制障碍，破除户籍制度限制，取消一切歧视性的就业规定，让进城人员、非户籍人口也能享受到各类公共服务。

要深化收入分配体制改革，在初次分配方面就要按照要素贡献进行分配，将土地和金融部门所获得的超出要素实际贡献的超额回报降下来，让劳动者、技术者、管理者等获得合理的要素报酬。同时要提高财政转移支付资金的造血功能。增加居民收入、扩大中等收入群体规模的另一个重要途径是增加中低收入群体的财产性收入，比如，加快农村土地和宅基地确权后的流转以及交易制度建设，使农民的资产转化为实质性的财产性收入；考虑到资本市场的投资主体在不断扩大，资本市场的繁荣也是提高居民收入、扩大中等收入群体规模的现实途径。

为了提高居民的消费意愿，应灵活运用多种货币政策工具来引导实际利率下行。由于对疫情的全面防控较早取得了成效，因此我国在经济复苏过程中没有像欧美国家那样实施全面的"量化宽松"政策，而是灵活精准、合理适度地实施了稳健的货币政策，货币政策空间较为宽裕，工具箱中也保留了较多的选择。从降低实体经济融资成本和增加居民消费意愿的角度出发，应灵活运用多种货币政策工具引导实际利率下行。

中国用短短 40 年的时间，走完了西方国家近 300 年的四次工业化革命历程。

40 年间诞生了一大批成功的企业，尽管有风雨，但总有一部电梯在托着大家上行——这就是中国的快速工业化进程。当前，对处于快速工业化后期的中国企业来说，产能过剩已成为普遍现象，传统制造业领域几乎已经不存在"蓝海"。从结构上看，中国经济过去 40 年的高速增长总体上是比较普惠的增长，各个行业、各个地区、不同层次的企业都搭上了中国经济这趟高速列车，而下一个 40 年的增长，恐怕是更不平衡的增长。

以上经济背景的重大变化对企业最直观的影响都体现在了市场上——传统制造业和服务业的供给过剩的局面已不可逆转，只有那些能够引领生活方式、创造并满足新需求的企业才能搭上新时期的快车。那么在新树开新花的同时，如何让传统产业的老树也能够发新芽呢？苹果公司可以用研发创意和新产品来创造新需求；而可口可乐的产品口味虽 130 年没有变化，同样可以通过不断创新消费场景、改善体验、引领生活方式来创造新需求！

每一次购买都是对生活方式的选择。不管是传统农业、传统制造业，还是传统服务业，在基本物质需求已基本满足的年代，企业要更加重视人们追求新生活方式的精神需求，并用软价值来引领、创造新需求。比如，农产品不仅要满足温饱的生理需求，还要满足绿色、环保等新需求；传统消费品除了要具有高质量的使用价值，其背后的历史、文化、品牌故事还应为人们带来一定的社交满足感，并满足人们追求美和时尚的新需求；传统制造业的产品也应像电子消费品一样，80% 以上都是软件的价值，硬件的价值则不足 20%……这些产品的研发、设计、品牌等"软价值"创造，与知识、信息、文化娱乐、高端服务业的软价值创造遵循着同样的规律。

总之，在新时期，大部分企业遇到的创新与转型难题，归根到底是因为没有深刻认识到这个特定阶段的经济背景的重大变化，所以跳不出固有的思维模式和商业模式。如果不能再靠"练内功"、降成本来谋生存，那么就必须靠创新和转型来谋发展。无论是让新树开新花，还是让老树发新芽，创新转型的秘诀都在于用更多的"软价值"来满足人们对美好生活需求——"以前我们创造财富主要靠自然资源，今后主要靠人的资源；以前创造财富主要靠劳动，今后主要靠智慧"。

新供给创造新需求

在供给结构快速变化的经济中，市场需求的变化除了受价格、收入、利率等因素的影响，还受新供给的影响。新供给经济学提出，在乔布斯创造苹果手机之前，世界对它的需求是零——新供给创造新需求，并带来新的经济增长。在新供给创造新需求的背景下，总需求的公式为：

$$D = f(P, I, R, N S \cdots)$$

式中，D 代表需求，P 代表价格，I 代表收入，R 代表利率，NS 代表新供给。因此，扩大消费需求必须靠创新驱动，以高质量供给引领和创造新需求。

当前，新一代移动互联网、新能源、人工智能、云计算、大数据等技术正在加速应用，相关领域已经逐渐出现新供给扩张的态势，创新的应用场景和消费场景不断出现，它们正深刻改变着人们的生活方式、工作方式和社会运行方式，这将是下一阶段创造和释放新需求的主要领域。

第一，新技术的应用和推广创造新需求。例如，特斯拉、比亚迪、蔚来、华为等企业正在重新定义汽车，新能源汽车"将出行功能加挂在信息处理终端上"，而不再是增加了信息处理功能的出行工具。如果自动驾驶技术能够大规模应用，车辆将成为人们休息、工作、娱乐的"第四场所"，所创造出的需求规模可能超越手机产业和汽车工业。又如，VR 看房已经是常规操作，AR 远程会诊系统、AR 查房也正在成为现实，越来越多的人开始接受虚拟现实、人工智能在医疗、法律、教育、管理等领域发挥作用，互联网医疗、互联网法律顾问、人工智能家教等应用场景越来越丰富和清晰，创造出的需求又有多少？又如，随着移动互联网带宽速率呈几何级数增长，业界正在创造出以往难以想象的视、听、玩体验，如 8K 甚至更高清晰度的视频、能够直接捕捉人的感官反应甚至思维变化的 VR 设备等，它们所能够创造的新需求也是难以计算的。

第二，生活方式、工作方式和社会运行方式的变化创造新需求。例如，当前人们已经逐步养成了在线学习的习惯。2020 年新冠肺炎疫情暴发后，在线教育获得了发展机遇。2020 年 3 月，国内的在线教育用户规模达到 4.23 亿，占中国互联网用户的一半，三线、四线、五线城市贡献了主要的流量增量。未来几年，随着人们对在线教育的接受度不断提升、付费意识的提高以及线上学习内容日益丰富等，其市场规模将突破万亿元。2019 年，在线医疗的市场规模也突破了 1000 亿元，年复合增长率达到了 15%。

在工作方式上，线上协作变得越来越普遍，线下固定工作地点的重要性正在下降，中国视频会议市场的规模将由 2020 年的 160 亿元左右上升至 2023 年的 200 亿元以上，住宅和商业用房的供求比例可能会发生很大变化，个人办公方式和办公空间的变化可能会创造出新的需求。又如，通过网络进行各种要素资源组合的新就业、创业方式正在涌现，原有的企业组织和雇佣关系正发生嬗变，这种个人成为"激发态"量子的财富创造方式是否会创造出我们意想不到的新需求？

第三，政策调整创造新需求。以通用航空市场为例，由于相关政策的限制，我国通用航空市场的规模目前只有美国的 3%。实际上，在交通、科考、探险、旅游、搜救等领域，通用航空有着广阔的应用场景，如果能调整相应政策，中国通用航空产业的规模将达到美国的一半，将创造每年 2000 亿～3000 亿元的巨大需求。又如，2019 年，中国人消费了全球 40% 的免税品，但同期我国免税市场的销售额却只占全球免税销售额的 8%；随着政策的调整（如海南离岛免税新政实施），以往大量流向海外的免税消费额留在了国内。自 2020 年 7 月 1 日免税新政实施起至当年 12 月 31 日，海南离岛免税店日均销售额超 1.2 亿元，同比增长 2 倍多。

因此，除了继续加大力度推动"放管服"改革、积极改善营商环境、支持创新创业之外，在新一代移动互联网、新能源、智能化驾驶、通用航空、教育培训、文化娱乐、新型就业方式、雇佣协作方式等领域，适当放开过多过严的政策法规等"供给约束"，将释放出巨大的应用场景空间，创造巨大的新消费需求。

数字生活时代下文旅消费的未来

魏小安

世界旅游城市联合会首席专家、中国旅游协会休闲度假分会会长

当前，文旅消费的发展与数字生活不断融合，呈现出新的特点。在数字生活发展的浪潮中，一批文旅企业抓住了机遇，通过对应新需求、推动持续变革、扩充经营内容、提供便捷服务等方式迅速崛起。其中，平台化是这些企业的根本变化。平台化的企业依托巨大的用户规模，与庞大的市场需求相对应，可以提供更加多样化的服务，构造更全面的服务体系，满足不断变化的市场需求。

面对数字生活带来的变化，文旅企业应注意两个挑战

第一个挑战是文旅企业的表现形式和组织状态应该如何调整，以适应数字生活时代的新变化。物联网时代已经来临，万物互联，以 5G 通信技术为基础的数字生活开始形成。在这一波世界竞争中，中国终于可以和发达国家并行，并有可能领跑。科技的进步是在不断加速的，其在社会生活中的实际应用也必然会加速推进。物流、人流、信息流一起形成了服务流，包括与之对应的科技流、资金流，都会一直存在。但是，其表现形式和组织状态不可能永恒。也可以说，未来，服务形态和服务活动将始终存在，但没有服务业了，行业性的划分过时了，取而代之的是生态圈。产品在不断融合，消费将是场景式的。这恐怕是对现有文旅平台的第一个挑战。

第二个挑战是从生活服务到生活方式的引导。首先是服务概念的拓展，《第三次工业革命》一书指出："在第三次工业革命的经济模式之中，时间成了稀缺的资源和交换的关键组成，服务的获得超越了所有权成为主要的商业驱动力。"说到底就是谁服务、服务谁、服务什么、怎么服务的问题。进一步说，则是产业格局、产业体系、产业政策的问题。总体而言，就是要落实中央提出的治国理念，以人

民为中心；就是要以工业化社会发展为着眼点，以产业体系建设为着力点，以社会服务培育为突破点。

未来十年，中国服务有六大发展趋势：一是"均服务"的态势产生，发展优势显现；二是"高服务"的品牌集中，市场优势显现；三是"文服务"的经典创造，积淀优势显现；四是"精服务"的理念推广，国际优势显现；五是"泛服务"的链条形成，集群优势显现；六是"云服务"的体系完善，网络优势显现。

进入数字化时代，新需求变化迅速，并由此形成新的生活方式。这将培育出新的产业，生活方式服务或将是复合型、系统化、场景式、沉浸式的，最终将形成新业态。

"十四五"期间，文旅行业的发展还应注意两个问题

第一是感知消费者的变化，让旅游进入生活。具体来看，要强调以下几点。一是教育赋能，增加户外活动，发展研学旅游，强化亲子游。二是技术赋能，学习玩的技能，提高玩的本领，掌握玩的技术要领。三是时间赋能，增加休假时间，改革休假制度，让员工自由安排，自主休假。四是金融赋能，增强未来的稳定感、安全感，开办消费信贷，学习信贷等。五是环境赋能，营造良好的消费环境，建设友好的社区环境。六是文化赋能，传统文化，现代解读；传统资源，现代产品；传统产品，现代市场。让历史变得时尚，让文化变得可亲，让自然可以接触，让旅游进入生活。

第二是必须珍惜消费，消费不是无止境的，需要培育消费能力，强化消费赋能。为此，文旅行业一要转换动能，强化软开发，适度硬开发，重在整合资源，深度利用资源；二要增加能量，延长文旅产业链，扩大产业面，形成产业群；三要增强能力，消费是增长的动能，细化是消费的追求，个性是消费的变化。大水漫灌式的投资方式和漫天撒网的营销方式已经过时，精耕细作是未来的方向；四是提升能级，从有没有到好不好，从贵不贵到值不值，最终是对性价比的追求。

当前的消费格局是短链供给，长链生活。短链提供了直接性和便利性，长链产生了选择的无限性，同时也会凸显消费的局限性，这又为文旅平台提供了良好的发展契机。变革要求快求猛，生活则求慢求精，更高的境界则是追求生活的艺术，最终能够艺术地生活，这才是新平台的真意所在。我们寄希望于消费者的成长，更寄希望于未来的企业。

案例

携程：发力乡村旅游，吸引中高端客户

张燕征

2021 年 6 月 1 日开始施行的《中华人民共和国乡村振兴促进法》无疑给乡村旅游产业的发展注入了一针强心剂。

"乡村旅游是乡村振兴的一把金钥匙。"谈及"十四五"规划给旅游业带来的机遇，携程集团（下称携程）董事局主席梁建章表示。

自 1999 年创立至今（2021 年），携程马上要满 22 岁了。昔日以旅游预订服务起家的携程旅行网也已成长为全球互联网旅游企业中的佼佼者，用户数从当年的 784 人增长到超过 4 亿。如今，携程服务的国家和地区超过 200 个，全球合作的酒店超过 140 万个，合作航线超过 200 万条。

作为携程的灵魂人物，梁建章除了关注旅游业，还长期关注中国的人口问题。他表示，人口与各行各业密切相关。他说："一个文明或种族，不论其科学、文化或社会的发展成就有多高，如果在繁衍后代方面长期处于劣势，最终将没落。"

全球交易额领先

2020 年以来，受新冠肺炎疫情的冲击，和所有同行一样，携程的日子也不好过。2020 年财报显示，携程全年的总营收为 183 亿元，同比下滑 48.65%。不过，2020 年，集团的商品交易总额（GMV）仍达到 3950 亿元，连续 3 年位居全球在线旅游行业前列。

我们将时间的指针拨回 1999 年。这一年，中国互联网市场初现雏形：马云凭借东拼西凑的 50 万元创办了阿里巴巴；这一年，李彦宏放弃了美国硅谷的高薪工作，回到北京创办了百度公司；还是在这一年，马化腾参考 ICQ，开发出了具有中国特色的 OICQ，也就是 QQ 的前身。

在风起云涌的时代，各行各业都插上了互联网技术的翅膀，旅游行业也不例外。那时，在上海地铁口等地，卖地图的生意最为红火。人们可以用它查公交线路、看景区位置、找酒店住宿，然而通过这种方式获取的信息资源很有限，不少人到了景区才知道当日不开园或者宾馆已满房，旅行体验"一言难尽"。

看到中国旅游业发展的困境，1999 年，梁建章、季琦、沈南鹏、范敏四个志在改变中国旅游业态的青年携手创建了携程。季琦任总裁，梁建章任首席执行官，沈南鹏任首席财务官，范敏任执行副总裁，后来人们称他们为"携程四君子"。

如今，季琦还担任华住酒店集团创始人兼董事长，沈南鹏成为红杉资本全球执行合伙人，范敏更关注邮轮事业。梁建章经历了求学、卸任携程 CEO 后，自 2016 年至今，担任携程集团董事局主席。

回顾携程过去 22 年的发展历程：2002 年开始发展机票业务；2003 年在美国纳斯达克上市；2004 年开始发展度假业务；2006 年开始拓展商旅业务；2011 年开始拓展火车票业务。随着业务的发展，目前携程已不再局限于为传统的"吃、住、行、游、购、娱"提供线上服务，其线下门店、定制旅游、电商平台等业务也逐渐铺开。

为了持续做大做强，不少企业会选择并购的发展方式，携程也不例外。2014—2015 年间，携程投资了多家行业机构，与百度达成股权置换交易，战略投资了去哪儿网。

携程不仅在国内巩固了自己的市场地位和布局，在国际市场也动作频频：2016 年以 120 亿元收购了欧洲机票搜索比价引擎 Skyscanner；同年又投资居于印度在线旅游市场第一位的 MakeMytrip。

截至 2021 年 6 月 10 日，携程在美股的市值为 238 亿美元，位居旅游行业全球第三，仅次于 Booking（约 954 亿美元）和 Expedia（约 252 亿美元）。值得一提的是，2021 年 4 月 19 日，携程集团又选择了赴港上市（见图 6-2），上市首日，开盘价为 281 港元，较发行价 268 港元上涨 4.85%。

图 6-2 携程在港交所上市

图片来源：受访人供图。

下一步，携程怎么走

此前，梁建章曾在携程集团 20 周年庆典峰会上表示，携程下一步将实施"G2 战略"。他介绍，G2 即 2 个 G：great quality（高品质）和 globalization（全球化）。

他说："我们有信心在 3 年内成为亚洲最大的国际旅游企业，5 年内成为全球最大的国际旅游企业，10 年内成为无可争议的最具价值和最受尊敬的在线旅游企业。"

然而，谁都没想到，受新冠肺炎疫情的影响，国际旅游业于 2020 年按下了"暂停键"。那么，携程"5 年内成为全球最大的国际旅游企业"的目标是否会改变？疫情后期的旅游业又将如何发展？

梁建章表示，2020 年，公司在经营层面承受了巨大压力，但得益于政府在防疫过程中的出色表现，目前公司在国内的业务已经全面恢复。此外，疫情在对行业形成冲击的同时也加速了国内旅游的品质升级。

在他看来，在扩大内循环的背景下，未来国内旅游将呈现以下几个趋势：一是休闲化、高端化和小团化；二是深度化、精品化和主题化；三是景区和民宿深度融合；四是夜经济。

关于民宿的发展问题，梁建章指出，这需要在乡村找机会。他说："2021 年是'十四五'开局之年，乡村振兴战略的地位日益凸显。到底哪个产业更适合乡村振兴战略？经过统计分析，我认为，乡村旅游会是乡村振兴的一把金钥匙。"

梁建章介绍道，我国的乡村地区早已经突破了交通、基础设施建设等方面的瓶颈，但在高端住宿产业方面还存在明显的品质缺陷，这也是现阶段乡村旅游的短板。此外，在旅游过程中，游客在目的地的停留间夜数越大，所需的消费场景就越多，产生消费的可能性也就越大。

所以，在发展乡村旅游的过程中，能不能让客人住下来，尤其是能不能让中高端客人住下来非常关键。"中高端客人对住宿的品质要求较高。目前，绝大部分优质乡村目的地仍未火起来的主要原因就是没有高端的甚至'合格'的住宿配套支持。现在，携程要做的就是通过研究和投入，为目的地补齐这块住宿短板。"梁建章称。

据了解，携程在新的复苏计划中已经把"旅游乡村振兴"提升至公司的战略层面。携程准备以公益性质投入建设 10 个携程度假农庄样板。样板间的品质、内部设施、服务都会做到五星级标准，建筑 100% 符合环保要求，并做到生态和谐。后续，携程还会通过"五年行动计划"全面推进乡村振兴战略，发力乡村旅游产业。

作为旅游企业家，为何如此关注人口经济

2021 年 5 月 31 日，中共中央政治局召开会议，听取"十四五"时期积极应对人口老龄化重大政策举措汇报，审议《关于优化生育政策促进人口长期均衡发展的决定》，提出进一步优化生育政策，实施一对夫妻可以生育三个子女的政策及配套支持措施。

当天，梁建章在线上解读放开三孩生育政策时称："推动三孩生育政策落地有很多种方法，其中一个办法是，要多提倡灵活在家办公。现在的网络很发达，可以让女性在怀孕的时候，或者在孩子比较小的时候，灵活地在家办公。携程早在前几年就已经开始实行相关措施，让女性能够更好地在职业发展和养育小孩之间取得平衡。"

如今，作为第一作者、主编或合著者，梁建章已出版数部有关人口问题的学术著作，其中包括《中国人太多了吗》《中国梦呼唤中国孩》《人口创新力》等。2020 年，他还出版了一本与人口问题有关的科幻小说《永生之后》，主要内容是对人类未来的终极目标做出畅想。

作为一名旅游行业的企业家，梁建章为何如此关注人口问题？

这或许要从他的求学经历说起。2007 年，梁建章前往美国斯坦福大学攻读经济学博士学位，研究方向为人力资源与经济发展。

他认为，在过去，我国最大的优势就是人口众多。在未来，新出生的孩子越来越少，如果不尽快放开生育，可能就将影响到国家未来的发展。中国能否保持强盛的创新力在很大程度上取决于能否维持现有的人口规模，尤其是年轻人口的

规模。

在梁建章看来，放开三孩生育对中国经济将有很大的激发作用，也会增加投资者对各行各业的信心，对整体产业，特别是婴幼儿产业、亲子游产业有一定的帮助。

他以酒店行业举例。业内如果能够把三孩、多孩人群的需求解决好，就能够吸引更多的亲子旅游客群。携程未来将把多孩房间的功能开发出来，方便这部分客群找到相应的服务。

案例
‖‖‖‖‖‖‖‖‖

Keep：运动智能化助力健康达人

林琬斯

"下班'Keep'一下。"后疫情时代，Keep 等智能健身 App 成为不少健身达人的装机必备软件。被称为中国运动健身领域首个独角兽公司的 Keep，在 6 年内完成了 8 轮融资，共获得 6 亿美元投融资，用户数已突破 3 亿。

然而，在行业蓝海面前，外界对 Keep 也有所质疑：为何搞健身 App 的公司要靠卖东西挣钱？在激烈的市场竞争下，Keep 将如何留存用户？近日，Keep 副总裁赵茜就相关问题聊了聊她的想法。

自律很难，提升运动体验是解决路径

2015 年的健身赛道是彼时的风口赛道。2016 年，多项有关体育产业的战略性文件陆续出台，加上移动互联网大潮，一时间，除了传统的健身房健身，线上健身、直播健身、私教、团课等也纷纷进入人们的视野。

彼时，就读于北京信息科技大学的王宁在毕业时决定减肥。没钱泡健身房，他只能跟着网上零散的减肥视频练习，半年时间成功减肥近 50 斤。自己的减肥效果与经历给了王宁"完全从用户需求出发"的创业启发。

向外界输出瘦身经验是 Keep 最初的创业驱动力。2015 年 2 月，Keep 正式上线。Keep 副总裁赵茜作为早期创业团队的成员，不仅带领团队挖掘了第一批种子用户，而且见证了 Keep 一路的成长。

赵茜介绍，Keep 以工具类应用起家。初期，Keep 走的是互联网＋健身路线，上线了移动健身 App，即线上提供免费的训练课程、实时记录运动数据，帮助用户解决怎么练、练多久等问题。

2015 年 6 月，Keep 的月活跃用户人数达到 100 万。2016 年 7 月，月活跃用户人数翻了 10 倍。2017 年 8 月，Keep 迎来了 1 亿注册用户。

2018 年，为了探索商业模式，Keep 发布了 Keepland、智能硬件等战略级产品，开启了多元化的商业布局。

在线上自营运动消费品方面，2018 年至今，Keep 推出的运动服饰、智能硬件、健康轻食等产品已经构成了公司收入的主要部分。

在线下，Keep 推出线下运动空间 Keepland。赵茜介绍，Keepland 既联结了家庭，又联结了城市；既能让用户在家练，又能让用户在城市场景里进行线下训练。

"Keepland 有教练资源，有线下授课经验，是不是可以成为线上直播业务、教练团队的孵化器，或者是'黄埔军校'？从那里产生的认知可以通过互联网去放大、去拓展。"赵茜一直在思考这个问题。

当前，Keep 在北京拥有约 10 家 Keepland，并继续在加快食品和电商产品的开发和推进速度，加快线上健身内容的持续迭代。

Keep 的宣传语是"自律给我自由"，但很多人都认为自律太难了。

"有人说，运动是反人性的，难以坚持。我个人不同意这个看法，也问过自己：要想变成更好的自己，一定要经历痛苦的过程吗？ Keep 该如何用所谓'顺应人性'的方式来解这道题？后来我们发现，聚焦'更好的运动体验'，也许就是解决这个问题的核心路径。"赵茜说道。

重新审视 Keep 的商业化之路

2015—2020 年，Keep 相继完成了从 A 轮到 F 轮的战略融资。在这个不断壮大的过程中，如何实现商业化成了 Keep 的难题。

在 Keep 完成第七轮 3.6 亿美元的融资后，市场的关注点不再是它下一次能融多少资，而是为何搞健身 App 的公司却在靠卖东西挣钱？在激烈的市场竞争下，Keep 如何留存用户？

赵茜坦言，消费品业务发展得很快，目前贡献了公司最大的商品交易总额，这也从侧面反映了运动健身用户本身对消费品拥有庞大的需求，但"搞健身 App 的公司却靠卖东西挣钱"这种说法本身割裂了健身与运动健身领域的消费品的关系。

她表示，Keep 刚上线时，更像一个有社交属性的移动健身工具，随着用户数量的增长、服务的扩充，Keep 团队认为不应该将自身局限于一个工具类产品。团队希望，用户在线上跟练之余，可以通过智能产品的入口，借助运动装备、运动小器械、专业的运动服装来解锁各类运动方式。

同时，赵茜指出，除了训练，不少人对健康饮食也很在意，于是 Keep 推出了健身食品，以满足用户对膳食营养的需求。这样一来，用户不管是想进行小器械训练、想在跑步机上跑步、想在家骑动感单车，还是需要简单健康的饮食方案，Keep 都可以为他们提供对应的方案和商品。

虽然囊括了健身用户"吃、穿、用、练"的各个场景，但实现这个愿景并不简单。Keep 所布局的各个业务分类不断有竞争对手入局，用户留存率面临考验。

在移动互联网的大潮下，出现了以咕咚运动、乐刻、悦动圈，以及以创新了线下模式的超级猩猩等为代表的互联网健身产品，平台间出现了直接竞争。

对此，Keep 提出了"内容精品化"和"运动科技化"的应对策略，聚焦家庭健身场景，为家庭健身用户的吃、穿、用、练需求提供一站式解决方案。

赵茜介绍，在内容精品化层面，截至目前，Keep 已累计自主研发超过 1200 套官方课程，覆盖跑步、瑜伽、骑行、行走、冥想、健身操课等多种运动品类。不仅如此，为保证持续输出优质内容，Keep 还积极和健身行业的头部 IP 达人（如帕梅拉）合作。不同于其他平台，帕梅拉在 Keep 上并不是简单地同步课程内容，而是基于 Keep 用户的数据和需求，针对 Keep 提出的内容方向和建议去适配课程内容和强度。

在运动科技化层面，Keep 推出了一系列交互性更强的智能化产品，通过游戏化体验提升用户的运动时长与运动频次，Keep 还为有进阶运动需求的用户量身定制结构化的训练计划，并提供饮食、身体管理等生活服务，并在用户的日常运动及徒手训练中提供全方位的指导。

"想运动的时候，不必费太多心思去设计训练方案、挑选课程；在训练过程中，有陪伴、有鼓励；训练结束后，能得到即时反馈、指导，从而激励用户开启下一次运动，"赵茜表示，"如此循环反复，Keep 能有效地帮助用户更好地坚持运动。"

5G 来了，健身场景怎么变

近年来，我国健身市场在飞速发展。2021 年 8 月，国务院印发《全民健身计划（2021—2025 年）》，计划明确提出，到 2025 年，经常参加体育锻炼的人数比例要达到 38.5%。

艾媒咨询 2021 年发布的数据显示，2020 年，中国健身行业的市场规模达到了 3362 亿元，预计 2021 年将继续增长并达到 3771 亿元。2020 年，中国健身房会员人数为 7029 万人，渗透率为 4.87%，而美国健身房会员的渗透率为 19.0%，这意味着中国的健身房事业具有巨大的发展潜力。

但新冠肺炎疫情给全球健身行业带来了一定程度的挑战。赵茜也发现，2020年对于健身行业是颇为特殊的一年：疫情使得公众对锻炼身体、提高免疫力产生了更为深刻的认识。

与此同时，赵茜也发现，疫情期间运动场馆、健身房等线下场所暂停营业，健身客户对运动环境的选择受到了限制，大量的健身教练赋闲在家，并纷纷开始了运动直播。

在人工智能技术更迭及后疫情时代，及居民生活模式发生改变的情况下，智能运动健身也在逐渐受到重视。

艾媒咨询的数据显示，2021 年中国智能运动健身行业的市场规模预计约为180 亿元，到 2025 年这一数据预计将达到约 820 亿元。

以直播健身为例，赵茜表示，4G 的普及使移动网络的速度得以提高、资费变低，促生了短视频行业，而 5G 时代的来临又会让每个领域的视频载体逐渐直播化，不仅包括电商、在线教育和综艺，运动领域也不例外。

技术的变革也为居家运动提供了基础设施。赵茜认为，即使疫情彻底结束，居家运动也将成为未来不可阻挡的潮流。

2021 年 4 月，Keep 提出"运动智能化"战略，旨在用更加科技化、智能化的产品降低运动门槛、提升运动体验，协助用户更好地完成训练过程。截至 2021 年3 月，Keep 已累积了 3 亿用户，其中有 600 万日活跃用户，超 3000 万月活跃用户。

赵茜指出，在此基础上，用户足不出户就可以接触到专业的、体系化的运动内容，并与教练进行实时互动，进行运动训练，因此线上健身从整体上降低了运动门槛，扩大了健身人群的规模，从根本上提升了运动的普及率、渗透率。

案例

||||||||||

均瑶集团：民营企业百年老店的探索者

薛宇飞

从做印刷品的小买卖起家，到坐拥四家 A 股上市公司的大型民营集团，浙江温州的王家三兄弟在改革开放的浪潮中完成了华丽转身。如今的均瑶集团，形成了航空运输、金融服务、现代消费、教育服务、科技创新五大业务板块，位列中国民营企业 500 强的第 256 位。

在均瑶集团创业 30 周年纪念日时，均瑶集团总裁王均豪畅谈了企业当前的变革及未来的远景。均瑶集团要做的是百年老店，希望以一个长跑者的姿态去迎接未来。他说："将来不管成功与否，都可以给民营企业提供一个案例。"

民营航空公司里的第一梯队

没有人天生就是企业家。王均豪回忆三兄弟的创业经历时说："温州人并不是天生的做生意的料，温州人做生意都是被逼出来的。我刚开始从一个渔村出来，当时就想赚点钱让家里过得好一点。"

但不可否认的是，偏居东南的温州人在过往的几十年间创造了不少商界传奇。生于温州苍南县普通渔民家庭的王均瑶、王均金和王均豪三兄弟，早年的生活十分清苦，后来在大哥王均瑶的带领下，先后干过很多小生意。

1990 年，中国当时承办的规模最大的国际综合性运动会——第十一届亚运会在北京成功举行，王均瑶的生意也借此起步。有报道称，当时对会旗、徽章、招贴画等亚运会宣传品的巨大需求让他们做成了几百万元的生意，赚到了第一桶金。

1991 年春节前，在长沙做生意的王氏兄弟要坐长途汽车一路颠簸返乡过年，当时，一位同乡的一句"飞机快，包飞机回家好了"的调侃让王均瑶有了承包飞机的念头。

经过几个月的奔波，他们居然真的承包下了"长沙—温州"的飞机航线。1991 年 7 月 28 日，一架从长沙起飞的"安 -24"银鹰客机降落在了温州机场。但由于当时动静太大，有媒体直接用"农民胆大包天"的标题报道了此事，这也导致中国民航局的介入，包机业务差点终止。在 1992 年南方谈话后，包机业务才得以继续开展下去。自此，王家三兄弟成为中国民营包机领域的先行者，其创办的温州天龙包机有限公司成为中国第一家民营包机公司。

2005 年 6 月，均瑶集团获准筹建上海吉祥航空有限公司（以下称吉祥航空），并于 2006 年 9 月实现首航，9 年后，吉祥航空在上交所上市。如今，吉祥航空已经成为国内首屈一指的民营航空公司，共拥有 74 架空客 A320 系列客机与 6 架波音 787-9 梦想客机，开通了 190 多条国内、地区及亚欧目的地定期航班，2020 年运输旅客超 1500 万人次。

疫情下亏损最少的航空公司之一

检验企业能力的从来都不是规模，而是其应对极端风险的举措。新冠肺炎疫情的暴发给全球航空业带来了极大影响。谈起公司对此类"黑天鹅"事件的应对，王均豪有着自己的方法论。他说："均瑶集团要做中国民营企业百年老店的探索者，我们把做久放第一位，把做强放第二位，把做大放第三位。在这个过程中，企业始终有危机管理预案。"

据王均豪介绍，疫情暴发之初，均瑶集团将全球各地的办事处改成了医用物资采购捐助处，购置了 100 多万件物资。在所有的欧洲航线都暂停运营后，吉祥航空于 2019 年 6 月开通的赫尔辛基—上海浦东航线成为公司仅留的一条欧洲航线，这条航线存在的目的就是将从欧洲采集的物资顺利运回国。在中国疫情得到控制、欧洲疫情大面积暴发的时候，均瑶集团又将采购的物资通过上海浦东—赫尔辛基航线运往了欧洲。

"到后来，物资多到放不下，我们就向民航局提出申请，实现了机舱'客改货'。所以，我们787这条航线是盈利的。"王均豪称，虽然吉祥航空在2020年亏损了4.74亿元，但却是世界上亏损最少的航空公司之一。随着国内疫情的迅速好转，吉祥航空在2020年下半年就已经实现盈利，到2021年上半年，情况进一步好转。

危与机是并存的。疫情之下，吉祥航空实现了逆势扩张。王均豪说："我们致力于开辟支线航班，培养航线市场。比如，以前不安排支线客机飞上海，现在因为疫情空出来了，我们就开辟了'岳阳—上海'这一类支线航线。"在他看来，随着中国经济的不断增长和旅游市场的壮大，航空市场的规模将持续扩大。而在国际上，当下正是中国航空公司拓展市场的好时机。

科技赋能第四次创业

与大多数民营企业专注于在一个赛道内拓展市场有所不同的是，均瑶集团的业务范围相对广泛，囊括航空、金融、消费、教育、科技创新等领域。在王均豪看来，每一个赛道都值得深耕。

20世纪90年代初，绝大多数的中国家庭还不算富裕，没有形成消费牛奶的习惯，但国外的经验表明，随着生活水平的提高，居民对乳制品的消费会增加。1994年，均瑶集团进军乳制品行业，之后，均瑶牛奶慢慢地打开局面，在行业内站稳了脚跟。

但之后，面对竞争越来越激烈的牛奶市场，均瑶集团选择了主动转型。王均豪说："我们做事情的战略一直是把做得长久放在第一位，砍掉纯牛奶业务，转向常温乳酸菌领域，是从一个'红海'跳进了另一个'蓝海'。"转战常温乳酸菌市场后，均瑶集团陆续推出新产品，尤其是旗下的乳酸菌饮品品牌"味动力"迅速成为拳头产品，财报数据显示，2017—2019年，"味动力"系列乳酸菌饮品（瓶装）的销售收入分别为11.17亿元、12.41亿元、11.14亿元。

王均豪很满意公司在常温乳酸菌市场的表现，他说："当整个牛奶行业不景气的时候，我们从'红海'里跳了出来，这就是我们的经营能力，而不是说赚多少钱的问题。"除保证主力品牌"味动力"的良性发展外，均瑶健康也在积极布局其他细分市场，如益生元牛奶等。

2020 年 8 月，均瑶集团又迎来一个里程碑式的大事，旗下的均瑶健康正式登陆 A 股资本市场，成了"乳酸菌饮料第一股"。

上市从来都不是终点，而是一个更高的起点。王均豪称，经过几年的摸索，均瑶健康的发展思路已经很清晰，就是"科技赋能，做家人想吃的产品"。除了要巩固在乳酸菌市场的地位，均瑶集团还在发力益生菌、矿泉水甚至玻尿酸等产品。这一切都被视为均瑶的"第四次创业"。

在采访中，他向记者展示了公司即将推出的一款能放在名片夹里的巧克力新品。"我们在向健康产品领域转型时，一直想着在产品中体现科技的力量，把益生菌做到巧克力里面去，最终形成了跨界混搭，这还是头一个。"王均豪满怀欣喜地说，公司目前研发的很多新产品都具有发明专利。

在 2021 年 6 月举行的亚布力论坛期间，当他拿着巧克力新品请一些知名企业家品尝时，得到了很好的反馈，这让王均豪很高兴。他信心满满地告诉记者："由于中国发展得比较晚，巧克力现在还是国外做得最好，但我可以告诉你，我的目标就是把均瑶巧克力的品质、价格做到最高端。"

科技赋能产品研发，还将在均瑶的很多产品中得到体现。据悉，均瑶健康正与在食品领域拥有很强实力的江南大学合作，推出味动力新品。

除此之外，市场已经注意到，均瑶已进军高端矿泉水市场。就国内市场而言，近几年推出的饮用水品牌不在少数，但真正能在市场中占据一定份额的品牌并不多，而且竞争已经十分激烈。均瑶集团为什么会选择踏入这片"红海"？

"做矿泉水，但我的脑子并没有进水。"采访中，王均豪诙谐地回应了外界的疑虑，也表明了进军矿泉水行业的决心。王均豪介绍道，他与矿泉水结缘是在精准扶贫的过程中碰到了一位研究水资源的专家。最开始他对做矿泉水也是拒绝的，但后来去贫困山区考察后觉得，让这些好水白白流走太可惜了。

"调研之前，我都不知道什么叫矿泉水，相信很多中国人也搞不清楚天然矿泉水、天然饮用水、包装饮用水有什么区别。我们做矿泉水，不是一定要让消费者喝我们的水，而是让他们知道什么是矿泉水，并能够享受大自然的馈赠。"王均豪称。

如今的均瑶集团已经不满足于在国内争夺市场份额，已着手调研国外市场，让中国的快消品走向世界。王均豪说："国内有很多领先世界的东西，我希望大家能够一起走出去，而不只是给国外品牌做代加工工厂。"

百年老店之路

从 1991 年算起，30 多岁的均瑶集团拥有 2 万名员工，正向着建设"国际化现代服务业百年老店"的目标挺进。

在采访中，王均豪多次透露，公司布局的每一个业务、推出的每一个新品，都不是为了迎合短期市场变化设计的，而是为实现"百年老店"的目标设计的。他说："现在很多'网红'产品只是在渠道上进行了创新，运用互联网渠道做了更快的传播与迭代，但要注意的是，产品品质才是最核心的竞争力，只有渠道创新的产品不过是个噱头。我们是通过科技赋能来提升产品品质的。"

从更广阔的角度看，均瑶集团正在为"百年老店"的实现搭建一个四平八稳的平台。创业的 30 多年间，它创造了多个第一。除了是第一家民营包机公司外，它还创办了第一批民营银行之一 ——上海华瑞银行，第一批参加国资混改并重组了爱建集团……此外，进军科技创新业务被均瑶集团称为公司的第三次创业，旗下的陶铝新材料还被运用到了国产 C919 飞机上。

航空运输、金融服务、现代消费、教育服务、科技创新五大业务看似各不相关，却可以让均瑶集团有效对冲不可预知的经营风险。王均豪称，在未来的长久经营中，公司很难预料会遇到什么样的风险，如果把所有业务都限制在一个行业，容易出问题，"我们的设计逻辑是均瑶集团永远都要在，因此我们选择了多元化投资、专业化经营的路子，希望这几个柱子都能茁壮成长"。

"我们希望把每个产业都做到名列全国前茅，做不到的话，早就砍掉了。"他很坦然地说，"我们三兄弟早就把钱赚够了，在钱用不完的时候，就开始思考还能做点什么。之后我们就定下来，要做中国民营企业百年老店的探索者，将来不管成功与否，都可以给民营企业提供一个案例。"

就王均豪自己而言，这位从草根起家的民营企业家早在十几年前就将自己的墓志铭想好了：明哲保昇，智童道合，生意人。生前就想好墓志铭的人是很少见的，王均豪之所以这么做，是希望他能够按照墓志铭的内容一直做下去。"把墓志铭想清楚、干明白，这就是我个人的终极目标。"他说。

后 记

当今世界正处于百年未有之大变局，新冠肺炎疫情持续肆虐，全球化面临严峻挑战，全球产业链、价值链面临重新整合。进入 2022 年，俄乌冲突这只"黑天鹅"又给整个世界带来了新的不确定性，而以美国为首的西方国家高通胀持续、加息潮到来，又给新兴市场国家的经济发展带来了更大挑战。

在这样的环境下，中国经济继续保持着超强的韧性，政策上亦保持了更多的独立性。2021 年中国的 GDP 为 114 万亿元，相比 2020 年的 102 万亿元，同比增长 8.1%（按不变价格计算），两年平均增长 5.1%。投资、消费和出口作为拉动经济的三驾马车，也都保持了较快的增速。2022 年确定的发展预期目标是：国内生产总值增长 5.5% 左右。新公布的 2022 年第一季度数据显示，中国经济仍在稳步增长，初步核算，一季度国内生产总值 270 178 亿元，按不变价格计算，同比增长 4.8%。这无疑为"十四五"时期中国经济的稳定发展开了一个好局。

对于中国未来的经济发展走向，"十四五"规划纲要已经指明了方向。在"十四五"规划纲要的引领下，各行业未来五年会有哪些发展特点？各行业该如何从国家经济政策的大方向中挖掘自身的机会？企业又该如何规划自身发展？我们试图通过《未来的企业》这本书给予回答，也希望可以为那些对自身的未来感到迷茫的企业提供一些指引和建议。

就当前的经济变局、"十四五"规划对各行业的影响，以及未来经济的发展趋势，我们邀请知名专家进行了深入解读。同时，我们也从企业视角入手，实地走访了众多知名企业，它们遍布中国经济的各行各业，有扎根传统行业、在数字经济冲击下与时俱进的工商银行、格力电器、海信等传统行业巨头，有勇于创新、占据科技高点的华为、百度 Apollo、科大讯飞等高科技企业，也有与百姓生活密切相关、致力于满足百姓消费升级需求的飞鹤、新希望、闪送等实体企业。在走访中，我们观察了企业布局与发展，希望通过这些优秀案例为更多企业提供借鉴与参考。

作为一家媒体型智库，中新经纬研究院一直和学界、业界保持着良好的沟通，也希望可以成为业界与学界沟通思想和经验的桥梁。2020 年，中新经纬研究院曾联合中国人民大学出版社出版了《微观中国经济之变》一书，从中国经济发展的见证者和参与者的角度解码中国经济的变革之道。《未来的企业》可以说是该书的姊妹篇，未来，中新经纬研究院将继续致力于编写反映中国经济变化、行业发展趋势、企业变革之道的系列书籍。

本书的编写有幸得到了中国社会科学院副院长、中国社会科学院大学党委书记高培勇的大力支持，并为本书作序，在此感谢高院长对我们工作的肯定与帮助。同时要感谢中国银行原行长李礼辉、全国社保基金理事会原副理事长王忠民、中国贸促会研究院副院长赵萍、北京大学国家发展研究院副院长黄益平等 20 位各界专家的鼎力支持，他们都是深谙各行业发展之道的学界翘楚，对政策及行业发展皆有独到见解，相信他们的分析对我们把握"十四五"时期中国经济的发展趋势和行业的发展机遇有重要的指导意义。

在本书的组稿过程中，我们围绕企业对"十四五"规划的理解、困惑以及企业在"十四五"期间的发展规划等主题，实地走访了多家名企，并与相关负责人进行了愉快和深入的交流，这对我们把握好本书的组稿思路很有帮助，在此一并表示感谢。

中国经济正处于转型升级的关键时期，新事物、新业态急速更迭，未来我们也期待能继续就中国经济发展的重要课题和大家共同探讨。

同时，特别感谢中国财政科学研究院院长刘尚希、北京大学国家发展研究院院长姚洋、国务院发展研究中心市场经济研究所所长王微等专家学者对本书的大力推荐。感谢中国人民大学出版社的编辑对本书提出的宝贵意见以及为本书顺利出版所做出的努力。